中国矿业大学“十三五”品牌专业培育项目资助

国家公务员制度概论新编

施 炜 朱诗华 编著

中国矿业大学出版社

图书在版编目(CIP)数据

国家公务员制度概论新编 / 施炜,朱诗华编著. —徐州:中国矿业大学出版社,2017.12

ISBN 978-7-5646-3785-9

Ⅰ.①国… Ⅱ.①施… ②朱… Ⅲ.①公务员制度—研究—中国 Ⅳ.①D630.3

中国版本图书馆 CIP 数据核字(2017)第 286380 号

书　　名 国家公务员制度概论新编
编　　著 施　炜　朱诗华
责任编辑 侯　明
责任校对 张海平
出版发行 中国矿业大学出版社有限责任公司
（江苏省徐州市解放南路　邮编 221008）
营销热线 (0516)83885307　83884995
出版服务 (0516)83884895　83884920
网　　址 http://www.cumtp.com　**E-mail**:cumtpvip@cumtp.com
印　　刷 虎彩印艺股份有限公司
开　　本 787×1092　1/16　**印张** 17　**字数** 277 千字
版次印次 2017 年 12 月第 1 版　2017 年 12 月第 1 次印刷
定　　价 32.00 元
（图书出现印装质量问题,本社负责调换）

目　录

第一章　现代公务员制度的缘起与发展 …… 1
第一节　公务员制度的概念与内涵 …… 2
第二节　现代公务员制度建构的三种路径 …… 9
第三节　英国文官制度的首创与改革 …… 10
第四节　美国文官制度的初创与发展 …… 18
第五节　其他国家公务员制度的建立与发展 …… 25
第六节　国外公务员制度的共同特点 …… 27

第二章　我国公务员制度的沿革之路 …… 31
第一节　我国人事管理制度的历史渊源 …… 32
第二节　计划经济时期的干部人事制度 …… 33
第三节　我国现代公务员制度的形成和发展 …… 35
第四节　我国公务员制度的特点 …… 38
第五节　我国公务员制度的基本原则 …… 41

第三章　公务员的分类制度 …… 46
第一节　品位分类制度 …… 47
第二节　职位分类制度 …… 52
第三节　我国公务员的分类管理制度 …… 59

第四章　公务员的录用制度 …… 70
第一节　考试录用制度的产生和发展 …… 71

第二节　我国公务员录用制度的含义与原则 …………………… 75
第三节　公务员录用考试的种类与录用的资格条件 ……………… 76
第四节　公务员录用考试的方法和内容 ……………………… 79
第五节　公务员录用考试的程序与录用的主管部门 ……………… 81

第五章　公务员的义务与权利 …………………………………… 85
第一节　公务员义务与权利概述 ……………………………… 86
第二节　公务员的义务 ………………………………………… 89
第三节　公务员的权利 ………………………………………… 93

第六章　公务员的任免制度 ……………………………………… 98
第一节　公务员职务任免概述 ……………………………… 100
第二节　公务员的任职 ……………………………………… 102
第三节　公务员的免职 ……………………………………… 107
第四节　公务员的兼职 ……………………………………… 109

第七章　公务员的培训制度 …………………………………… 113
第一节　公务员培训概述 …………………………………… 114
第二节　公务员培训的原则和法律保障 …………………… 117
第三节　公务员培训的内容与种类 ………………………… 120
第四节　公务员培训的程序和方法 ………………………… 123

第八章　公务员的考核制度 …………………………………… 128
第一节　公务员考核概述 …………………………………… 129
第二节　公务员考核的原则、种类与内容 ………………… 131
第三节　公务员考核的范围、等次与标准 ………………… 134
第四节　公务员考核的方法与程序 ………………………… 136
第五节　公务员考核结果的反馈与使用 …………………… 139
第六节　公务员考核的发展趋势 …………………………… 140

第九章 公务员的升降制度 ······ 144
第一节 公务员职务升降概述 ······ 146
第二节 公务员的升职 ······ 148
第三节 公务员的降职 ······ 154
第四节 公务员级别的升降 ······ 156

第十章 公务员的奖惩制度 ······ 159
第一节 公务员的奖励制度 ······ 160
第二节 公务员的纪律 ······ 166
第三节 公务员的惩戒制度 ······ 171

第十一章 公务员的交流与回避制度 ······ 177
第一节 公务员交流与回避的含义及意义 ······ 179
第二节 公务员的交流制度 ······ 181
第三节 公务员的回避制度 ······ 188

第十二章 公务员的工资、保险、福利 ······ 196
第一节 公务员的工资制度 ······ 197
第二节 公务员的保险制度 ······ 205
第三节 公务员的福利制度 ······ 209

第十三章 公务员的退出制度 ······ 215
第一节 公务员的辞职 ······ 216
第二节 公务员的辞退 ······ 221
第三节 公务员的退休 ······ 225

第十四章 公务员制度的发展趋势与展望 ······ 232
第一节 当代西方各国的公务员制度改革 ······ 234
第二节 西方各国公务员制度改革的共性特征 ······ 239

第三节　我国公务员制度的改革与发展 …………………………… 250

附录　国家公务员通用能力标准框架(试行) …………………………… 258

参考文献 ………………………………………………………………………… 261

后　　记 ………………………………………………………………………… 264

第一章　现代公务员制度的缘起与发展

公务员，是指依法履行公职、纳入国家行政编制、由国家财政负担工资福利的工作人员。公务员制度是对公务员进行管理所依据的法律、法规和规章的总称。美、英、法、日等国的公务员制度是适应资本主义社会发展需要而建立起来的一种人事管理制度。随着形势的发展和变化，制度也在不断地调整。由于各国的具体国情不同，公务员制度的细节也不尽相同，但是作为资本主义的一个通行制度，公务员制度通常具有以下主要特点：公开考试，择优录用；严格考核，论功行赏；终身任职；强调“政治中立”；知识化、专业化水平较高。

导引案例

美国总统被刺案所引发的改革

1881年7月2日，加菲尔德总统没带警卫进了华盛顿的巴尔的摩和波托马克火车站，只有国务卿詹姆斯·布莱恩(James. G. Blaine)陪伴。当布莱恩停下来跟一个朋友聊天时，猛然间，两声枪响，总统倒地不起，两个月后不治身亡。行刺者名叫查尔斯·吉托(Charles. J. Guiteau)，是一名落魄的律师。当旁观者缴了吉托的枪时，他们听到他说：“这下好了！他们必须给我那个职务！”在凶手的口袋里，他们发现了一封寄往白宫的信。信中，吉托为他称之为杀死她丈夫的“必要性”而向加菲尔德夫人致歉。吉托向加菲尔德夫人保证：正如所有虔诚的基督教徒都知道的那样，总统在天堂里要比在华盛顿快乐。

吉托为何要行刺总统，又为何将总统之死与谋取职务归为一谈呢？原来吉托是传教士、作家和律师，也是当时共和党内保守派系“忠诚派”的成员。在加菲尔德代表共和党竞选总统时，吉托曾撰写演讲稿为加菲尔德鼓气拉票，加菲尔德最终以微弱优势胜出当选总统，吉托认为他写的文章起了很大的作用。根据当时政坛流行的“政党分赃制”(也叫“政党分肥制”)的做法，吉托要求得到回报，他希望成为美国的驻外大使，比如瑞士、法国等，但他的要求被多次拒绝。吉托也曾与其他许多求职者一样，到白宫以及国务院外排队等候。5 月 14 日时任国务卿布莱恩亲口告诉吉托不要再提求官的要求了，政府无法满足他的愿望。

加菲尔德上任之初，继续前任总统海斯开启的改革官员任命的做法，不采用任人唯亲的政党分赃制，而采用任人唯贤、择优任命的做法，使得不少为共和党竞选出过力的人失去了担任公职的机会，引起了党内的纷争。当时共和党内以参议员罗斯科·康克林(Roscoe Conkling)为首的保守派系“忠诚派”坚持实施政党分赃制，其成员包括接替加菲尔德担任总统的切斯特·阿瑟(Chester A. Arthur)，而坚持实施公务员制度改革的便成为共和党的温和改良派，海斯、加菲尔德以及布莱恩等人都属于这一派。吉托在刺杀加菲尔德被捕时，曾称自己是真正的“忠诚派”成员，并高呼阿瑟现在是总统了。根据吉托的想法，阿瑟当时是副总统，加菲尔德一死，根据法律规定，阿瑟自然就名正言顺地成为总统了。而吉托顺利获得他所想要的职位也是顺理成章的事了。

思考分析：加菲尔德总统被刺反映了美国公务员制度的弊端是什么？

第一节　公务员制度的概念与内涵

一、公务员的概念界定

“Civil Servant”一词首先于 18 世纪在英国出现，用来表示那些有别于东印度公司军事人员的文职人员。19 世纪中后期，随着英国文官制度的建立，这个术语被用来称呼那些不与政党共进退、经过公开考试录用、无违法与重大过失即可职业常任的政府公职人员；而那些政党内阁成员包括首相、大臣、政务次官等与内阁共进退的政务官和法官则不在文官之列。根据《布莱克韦尔政治制度百科全书》的说法，在 20 世纪的英国，“Civil Service”最终表示除军队系统之外的全体领薪水的人员，他们的角色是执行由中央政府所制定和批准的政策。在英语中，“Civil Servant”和“Civil Service”都表示

“文官”，前者是单数名词，后者是集合名词，表示全体文职人员（“Civil Service”有时也表示“文官制度”，与“Civil Service System”含义相同）。中文译作“文官”，虽然在英文中该词没有包含“官”的意思，但在国人眼中，英国的文职人员与中国封建社会的“官”的阶层非常类似，都表示着一种拥有特定官服、官阶、官话等不同于普通老百姓的特权阶层，故而被翻译为“文官”。文官一词尤其在介绍英国的公务员制度时较为常用。

目前，在西方，“Public Service”一词十分流行，它既表示公共服务领域，又表示公共服务人员。在后一种意义上，“Public Service”不同于“Civil Service”，它不仅包括政府的文职人员，而且也包括军队系统的文职人员，政府系统的军事人员以及在公共公司、学校系统、警察部门等公共机构任职的人员。在英国、美国、加拿大、澳大利亚、印度和巴基斯坦等英联邦国家或泛美联盟成员国中，一般通用“Civil Servant”或“ Civil Service”，即文官及文官制度的用语。而在德国、法国、瑞士和日本等国中，第二次世界大战前习惯称公职人员为“政府官员”或“文职人员”；第二次世界大战后，由于公职人员扩大等方面的原因，公职人员被称为“公务员”。相应地，文官制度被称为“公务员制度”。

在我国古代文献中并未出现“公务员”一词，它是清末民初西法东渐背景下的“舶来品”，最早见诸民国初年的《修正刑法草案》（也称为《第一次刑法修正草案》）。该草案总则第十七章《文例章》中，第 81 条第 1 项规定：“称公务员者，谓职官、吏员及其他依法令从事于公务的议员、委员、职员。”①其后，国民党政府于 1928 年正式颁行的《中华民国刑法》承袭了《改定刑法第二次修正案》中的“公务员”用语；1929 年立法院法制委员会在讨论考试院拟具的《官吏任用暂行条例草案》时，均使用了“公务员”一词。

中华人民共和国成立后，废除了民国时期的《六法全书》，“公务员”一词在 1950 年 11 月 22 日中南军政委员会制定的《中南区惩治贪污暂行条例》中出现。之后，很长一段时间国家政治法律内容中未再使用该词。直到 20 世纪 80 年代初开始酝酿公务员制度，“公务员”一词才开始复用。1984 年 11 月，中央组织部会同当时的劳动人事部开始起草《国家工作人员法》，可是因

① 谢振民：《中华民国立法史》，中国政法大学出版社 2000 年版。

为条件不具备，遂改为《国家机关工作人员条例》。因国家机关工作人员这一概念范围还是太广泛，所以又改为《国家行政机关工作人员条例》。1986年，由中央组织部牵头、原劳动人事部参加，组成干部人事制度专题工作组，在《国家行政机关工作人员条例（草案）》的基础上，进一步提出了建立国家公务员制度的建议。1987年4月，专题工作组提出了实行干部分类管理和建立公务员制度的设想，并将《国家行政机关工作人员条例（草案）》更名为《国家公务员暂行条例》。于是，“公务员”这一名称在我国政治法律生活中又开始出现并被普遍使用。

目前，公务员的概念和范围在法律中均有明确的界定，已经成为一个规范的专业学术用语。

二、公务员的范围

1. 西方国家公务员的范围

受各国政治体制、政府管理模式和执政理念等因素的影响，公务员的范围划分差别很大。有的国家，公务员的范围较宽泛，有的国家则较窄。学界多年沿用的大、中、小范围三类划分法基本囊括了有代表性的国家。当然，这种方法不可能涵盖所有的国家，而且随着社会经济的发展和公共社会福利部门的增加，很多国家的公务员体系自身也都在变化。

（1）“小范围”公务员（代表国家：英国、波兰）。

在这类国家，公务员只限定在行政系统内，并且排除了经选举产生和任命产生的公务员，即公务员就是指政府中事务次官以下的所有工作人员，一般称事务官或常任文官。英国是这种类型中的典型代表，而且英国是世界上最早形成文官系统的国家，影响很大，英国在海外的很多属国独立后，仍然沿用了英国文官制度的规定和原则。如亚洲的印度、巴基斯坦、缅甸、马来西亚，大洋洲的澳大利亚、新西兰，非洲的加纳、阿尔及利亚、肯尼亚、南非等。

在英国，文官（公务员）就是指政府行政部门中除“政治人员”（又称政务官）以外的所有工作人员，不包括由选举或政治任命产生的议员、首相、部长、国务大臣、政务次官、政治秘书和专门委员等政务官，也不包括政府经营的企事业单位的工作人员和自治地方工作人员，更不包括法官和军人，范围很窄。

在波兰，依据1998年12月18日颁布的《波兰公职人员法》的相关规定，公务员的范围也属于小范围一类。在波兰，同时存在着“公职人员”、“公务员”和“公务雇员”三个概念。其中，“公务雇员”是指依据公职人员法的基本原则而招聘的、与行政机关签订劳动合同的人员；“公务员”是指依据公职人员法规定，通过任命的方式产生的人员；“公职人员”的范围最大，包括“公务员”和“公务雇员”两部分，由总理公署、内阁部长和内阁委员会主席办公室，中央政府行政分支各部门、省府，以及隶属于中央政府办公厅的地方政府所辖机关、政府战略研究中心、省府和县府机关总部、监察局(处)及其他职能机构等的工作人员组成。“公务员”，只是包括在中央政府从事公务的人员，因实行地方自治制度，故地方政府工作人员不属于公务员范围。具体来看，公务员包括如下6个方面的人员：① 总理办公厅的人员；② 政府所属的15个部的工作人员；③ 国家28个中央局和总理管辖的部级单位人员；④ 总理任命的省督；⑤ 在全国16个省督府的工作人员；⑥ 中央政府派到地方负责税务、统计、矿山、矿业、海洋、关税等方面的工作人员。总之，波兰公务员范围很窄，法官、议员和地方公职人员都不属于公务员，甚至在中央政府从事公务的人员也不全是公务员，如个别部的部长和副部长、部长和副部长的顾问团、警察等都不属于公务员的范围。[①]

(2)“中范围”公务员(代表国家：美国、德国)。

在这类国家，公务员包含了行政系统内的所有工作人员，也包括由选举产生的和政治任命产生的公职人员(“政务官”)。世界上有不少国家仿效美国的文官制度。如亚洲的菲律宾、泰国、韩国，北美洲的加拿大等，基本上都属于此类。

在美国，相关概念有三个，一是“政府雇员”，范围比较大，包括总统、州长、市长等民选公职人员，部长、副部长、助理部长、独立机构的长官等政治任命官员，以及行政部门的其他所有文职人员。但是，立法部门的议员和雇佣人员、司法部门和法官除外。二是“公务员”，是指由选举和政治任命产生

① 相关内容请参见佟宝贵：《德国和波兰公务员制度概述》，载《法学杂志》2003年第3期；刘畅、孙茜：《公务员范围分类研究——以澳、波、荷、墨、泰五国为例》，载《法制与社会》2007年第9期。

的高级官员以外的政府部门的文职人员，但范围要更广泛一些，包括公共事业单位从业人员和政府经营的企业的管理人员。三是"职业文官"，范围最小，仅指联邦行政机构中执行公务的人员，不包括国会的雇员和法官及法院的雇员，这部分人由联邦人事管理总署根据公务员法进行管理。①

在德国，公务员分为两类：一类是以民选方式任用的特别职的公务员，他们随内阁的更迭而进退，相当于英美等国家的政务官，即经过选举和政治任命产生的官员，比如内阁总理、国务委员、部长等，不适用公务员法；另一类是一般职公务员，他们不同内阁共进退，是适用公务员法的普通官员，包括政府人员、医护人员、士兵、教师、清洁工、大学教授、公共游泳馆馆长、法官和国有企业的领导人等，凡是在联邦、州、乡以及受国家监督的团体、研究所和基金会从事公务活动的人员都属于公务员范围。②

(3) "大范围"公务员(代表国家：法国、日本)。

在这类国家，所有国家机关，包括立法、行政、司法三大系统的所有工作人员以及公共企业、事业单位的工作人员全部都是公务员。法国和日本最为典型，摩洛哥、尼日利亚和几内亚等也都属于此类。

在法国，"公务员"包括中央政府、地方政府及其所属的公共事业单位中任职的所有工作人员，他们分为国家公务员、地方公务员和医护公务员。其中，中央政府和地方政府机关各部门从事行政管理事务的常任工作人员、外交人员、教师、医务人员等适用公务员法；议会工作人员、法官、军事人员，以及工商业性质的国家管理、公用事业和公立公益机构的人员，不适用公务员法。

在日本，公务员分为国家公务员和地方公务员两类。国家公务员，是指在中央政府机关、国会、法院、国立学校和医院及国有企业事业机构等工作的所有人员。地方公务员，是指在地方政府机关、地方立法机关、地方法院和地方政府经营的企业事业机构工作的人员。国家公务员和地方公务员又分为"特殊职"和"一般职"。特殊职，是指对任免有特别规定的职务，如需要选举产生或须经国会表决任职等，主要包括内阁总理大臣、国务大臣、人事

---

① 相关内容请参见胡建森：《比较行政法——20 国行政法评述》，法律出版社 1998 年版，第 148 页；池瑛、刘娴：《中外公务员范围比较》，载《法制与社会》2006 年第 12 期。

② 参见中国人事部：《外国公务员制度》，中国人事出版社 1995 年版，第 319 页；池瑛、刘娴：《中外公务员范围比较》，载《法制与社会》2006 年第 12 期。

官和检察官、内阁法制局长官、政府次官，任职需经选举或国会两院或一院议决或同意的职员，驻外大使等政府代表、审判官及法院的其他官员，国会职员、防卫厅职员、公共事业职员等。这部分人不适用于公务员法。一般职，包括上至事务次官下至各官厅的清洁工在内的所有工作人员，这部分人受公务员法的规范和管理。

综合上述分析，各国公务员的范围虽宽窄不一，但大致可以归为上述三种情况。需要注意的是，在每一种情况内部，公务员群体覆盖的范围也并不完全相同。因此，可以说各国对公务员范围的界定并没有统一的认识，划分方法是多样化的，很复杂。但是适用于公务员法规范的人员却大致相同，即行政系统中非选举产生和非政治任命的公职人员，这部分人是公务员的主要范畴，也是公务员法的适用范围。如英国的“常任文官”、美国的“职业文官”、德国和日本的“一般职”公务员等。因为，从某种意义上讲，这主要是从政府管理的角度出发，而公务员的范围大于公务员法适用范围的现实，主要解决的是群体的身份问题，并不影响对公务员一般范围的认识。

2. 我国国家公务员的范围

我国 1993 年的《国家公务员暂行条例》（以下简称《暂行条例》）第三条规定“本条例适用于各级国家行政机关中除工勤人员以外的工作人员”，把公务员的范围界定为中央和地方各级行政机关中除工勤人员以外的工作人员。1993 年中共中央发出（1993）8 号文件通知，中国共产党的各级机关“参照”试行《暂行条例》；1994 年 6 月中共中央又先后发出文件，通知人大常委会机关、政协机关“参照”执行《暂行条例》进行管理；后来又增加了完全行使国家行政职能，但使用事业编制的单位“依照”国家公务员制度进行管理。由此可见，在我国现行的《中华人民共和国公务员法》颁行之前的《暂行条例》时期，公务员的主体范围包括有四：其一是各级国家行政机关的工作人员，工勤人员除外；其二是中共各级党委机关的工作人员；其三是各级人大和政协机关工作人员；其四是完全行使国家行政职能的事业单位工作人员。可以说，在《暂行条例》的框架下辅之以通知、文件的“参照”，基本囊括了党政立法机关以及部分事业单位的所有带有公职性质的人员。

2005 年 4 月 27 日，我国第十届全国人大常委会第十五次会议通过了《中华人民共和国公务员法》（简称《公务员法》），该法第二条规定了“公务员”的认定标准:“本法所称公务员,是指依法履行公职、纳入国家行政编制、由国家财政负担工资福利的工作人员。”按照这样的认定标准,公务员的范围(见表1-1)进一步扩大,《暂行条例》时期参照公务员管理的一部分人也纳入了公务员范围。

表1-1　　按照《公务员法》认定标准的公务员范围

组织机构	包括人员
1. 中国共产党党中央和地方各级委员会、纪律检查委员会	中央和地方各级委员会、纪律检查委员会的专职领导成员(即编制和工资福利关系在各级党的委员会、纪委机关的领导成员),中央和地方各级党的委员会、纪委的办事机构和工作部门的工作人员,街道、乡镇党委机关的工作人员
2. 全国和县级以上地方各级人大常委会机关	人大常委会的专职组成人员(即编制和工资福利关系在人大常委会机关的组成人员)和人大常委会办事机构、工作机构的工作人员,人大专门委员会办事机构工作人员
3. 行政机关	各级人民政府的组成人员,政府工作部门以及派出机构的工作人员
4. 政协机关	政协各级委员会专职领导成员(即编制和工资福利关系在政协机关的领导成员),办事机构和工作机构的工作人员,政协专门委员会办事机构的工作人员
5. 审判机关	各级人民法院的法官、审判辅助人员和行政管理人员
6. 检察机关	各级人民检察院的检察官、检察辅助人员和行政管理人员
7. 民主党派机关	民主党派中央和地方各级委员会专职领导成员(即编制和工资福利关系在党派机关的领导成员),民主党派中央和地方各级委员会办事机构和工作部门的工作人员

同时,按照《公务员法》第一百零六条的规定:“法律、法规授权的具有公共事务管理职能的事业单位中除工勤人员以外的工作人员,经批准参照本法进行管理。”但是,对过去参照《暂行条例》管理的部分人民团体、群众团体工作人员,《公务员法》中没有明确规定而实际上仍要参照管理的,不列入公务员范围。此外,通过对公务员交流制度的规定否定了一般性国有企业、事业单位中从事公务人员的公务员主体身份,即在该类企事业单位中从事公务的人员达到副处级调研员及以上职务时,通过调任进入公务员序列的方才具有公务员主体身份。在关于公务员范围的学界探讨中最突出的就是将

“法官、检察官”纳入了公务员的主体范畴，尤其是对“法官、检察官行政化”的质疑声最为强烈，但是至少这个概念的内涵与外延相对是可以确定的。

三、公务员制度的含义

公务员制度，是对公务员进行管理所依据的法律、法规和规章的总称。建立和推行公务员制度，就是通过制度法律、法规和规章，对政府机关行使国家行政权力、执行国家公务的人员依法进行科学管理。

按照系统权变观点，可将公务员制度分为进口、出口和日常管理等环节。

1. 进口环节

公务员制度的进口环节，是指社会公民进入公务员队伍，与政府机构形成公共人事任用关系，确立公务员身份的各种渠道、措施。进口环节主要包括公务员考试录用、调任制度、聘任等。

2. 出口环节

公务员制度的出口环节，不仅包括退出公务员队伍、丧失公务员身份的各种渠道、措施，也包括公务员因法定事由而转任或被降职、免职，改变工作关系，但保留公务员身份。出口环节主要包括职务升降、免职、开除公职、辞职、辞退等。

3. 日常管理环节

公务员制度的日常管理环节，是指除进口、出口环节以外，其他的日常公务员管理活动。日常管理环节主要包括公务员考核、职位分类、任职、纪律与奖惩、交流与回避等。

第二节　现代公务员制度建构的三种路径

现代意义上的公务员制度肇始于英国。19世纪中后期，随着英国工业经济的腾飞和资产阶级民主政治的发展，英国公务员制度应运而生。作为与现代政治、经济、文化体制相适应的公共人事管理制度，英国公务员制度在西方国家迅速传播开来。美国、德国、法国等国在借鉴英国公务员制度的基础上，结合本国国情，构建了公务员制度。

现代公务员制度在各国的形成大致有三种基本路径。

一、路径一：在反对“恩赐官职制”“政党分赃制”过程中逐步确立国家公务员制度——典型代表：英国

英国是现代公务员制度的发源地。英国在封建专制制度下，国王集立法和行政大权于一身，所有的官吏都是国王的臣仆，一切听命于国王。资产阶级革命之后，重要官员的任命权大都被议会中占多数席位的党派所掌握。针对“恩赐官职制”和“政党分赃制”的弊端，1853年，英国明确提出对公职人员实行考试任用制度。1854年发表的《关于建立英国常任文官制度的报告》，系统地提出了以考试任用制度取代“恩赐官职制”和“政党分赃制”的官吏改革建议，从而形成了英国公务员制度的基本特征。

二、路径二：在反对“政党分赃制”过程中确立国家公务员制度——典型代表：美国

美国在反对“政党分赃制”的过程中确立了公务员制度。1801年，托马斯·杰弗逊上台，创立了民主党，开始任命一批自己的亲信。1829年，安德鲁·杰克逊上台，立即提出任命大批本党成员担任政府公职。在其任职期间，撤换了大约20%的官员以安插同党。从1840年开始，美国社会各界反对“政党分赃制”的舆论日甚，国会和总统也开始在小范围内进行小规模的考任制试验。1883年，国会通过《彭德尔顿法》，提出建立公开考试、择优用人的制度，以此为基础确立了美国的公务员制度。

三、路径三：总结仿效英、美等国公务员制度建立起符合本国国情的国家公务员制度——典型代表：法国、日本

以法国和日本为代表的各国在第二次世界大战之后，汲取了不同国家人事管理的经验和教训，在制定公务员制度过程中做过许多技术方面的修改，但其基本原则和内容却相对稳定，形成了现代公务员制度的基本特色。

第三节　英国文官制度的首创与改革

自19世纪中叶以来，英国已进行过两次较大的文官制度改革。第一次

是1855～1870年，第二次是1968年。两次改革的背景、内容、重点虽各不相同，但其基本价值取向是一致的，都是为了建立一支高效、勤政、廉洁的文官队伍，以适应资本主义生产力和社会发展的要求。

一、公务员制度率先在英国产生的原因

从英国公务员（文官）制度的产生与发展来看，其形成并非偶然，而是经济、政治与管理方式变革等多种因素的结果。

1. 从经济上看，公务员制度适应了英国资本主义市场经济发展的需要

到19世纪中叶，英国完成工业革命，随着工业化的进展，封建社会自给自足的自然经济生产方式已然过时，社会日益要求资产阶级国家机器干预经济管理，以满足不断增长的市场经济的需要。于是政府职能不断扩大，资本家对国内市场的扩充与对海外市场的开辟，都需要政府的干预和支持，政府的社会经济管理职能日趋重要，而原有的文官队伍却无法保障政府职能的正常发挥，这时革除传统文官制度的弊端，选拔一大批既懂经营又懂管理的专门人才进入政府部门，建立廉洁高效的行政管理体系遂成为当务之急。另外，工业革命导致英国社会结构发生重大变化，工业资产阶级成为社会经济舞台的主角。工业资产阶级开始在国家权力机关中占据主导地位，这使他们有能力向传统文官制度发起挑战。文官制度的改革势在必行。

2. 从政治上看，公务员制度适应了资产阶级政党政治的需要

英国的文官制度萌芽于17世纪资产阶级革命时期。在此之前和之后的一段时期，政府官吏的录用方法以封建色彩浓厚的“恩赐官职制”为主。先是由国王及枢密大臣，后来由各部大臣或各部下属机构的负责人，根据个人意愿任命官吏，某些高级文官也享有恩赐权。由于文官的任命操于少数权贵之手，结果造成任人唯亲、文官素质不高、国家行政人员普遍缺乏责任心和进取心等腐败现象。进入19世纪，政党政治的兴起带来了文官任免的“政党分赃制”。新上台的执政党公开将官职作为“战利品”分赃，导致政府官职成为个人赡恩循情、私相授受的赠物。两党的权力之争使文官制度的腐败性更显突出，文官队伍中贪污腐化现象严重。此外，在两党轮流执政的体制下，议会选举的变化和内阁更迭经常导致政府官吏大换班，这既不利于

政策的连续性，也妨碍行政官员熟练掌握业务，影响了政府效率的提高，不利于政府职能的正常发挥，因此，建立一种新的文官制度迫在眉睫。

3. 从思想上看，资产阶级所推崇的自由平等思想为公务员制度的推行奠定了思想基础

政治思想上的自由、平等、博爱得到了广泛的传播，民主、人权、公平竞争、法制等观念以及崇尚科学和理性的思想深入人心，使选择专业人才的最终解决方法文官制度得以建立和推行。

总之，无论是“恩赐官职制”，还是“政党分赃制”，都不可避免地导致政府的腐败与低效。其原因在于它们都是建立在个人任命官吏的原则基础之上，而个人任命官吏是一种垄断性的封建特权。怀特指出，“权力导致腐败，绝对的权力导致绝对的腐败”，因而，“直到 1855 年，都很少有把自己全部能力贡献给国家公职的集体观和义务感。冷漠、懒惰和无纪律是很多部门的特征”。① 为了巩固资产阶级统治，需寻求合理的解决办法，即找到一种既能维护资产阶级政权又能克服“政党分赃制”缺点的制度，而保持政治中立、不受政党活动干扰的公务员制度正是资产阶级理想的政府官员制度。

二、英国 1870 年文官制度改革

为了使内阁更迭时政府各部门的工作依然保持稳定，早在 1805 年，英国财政部就率先设立了一个专管日常事务的常务次官。这样在财政部便有了两名次官。一名是政务次官，在议会和政党活动中辅佐财政大臣；另一名是常务次官，主持财政部的日常工作。常务次官及其属下都称为“文职服务员”，按规定他们不得参加政党活动，也不与内阁共进退。此后，各部都以财政部为榜样，相继设立了常务次官，并成为制度。

1840 年，议会就政府开支严重浪费的问题质问财政部，议员认为政府中的一般官吏经常受到党派的庇护。拉关系、讲门第、卖官鬻爵之类的政治丑闻屡见不鲜，政府声名狼藉。新兴的资产阶级日益认识到，建立资产阶级自己的文官队伍以取代封建贵族的统治已势在必行。因此，从 19 世纪 50 年

① 吴小安：《论国际联盟的诞生与威尔逊的失败》，载《厦门大学学报》（哲社版）1993 年第 2 期。

代起，英国政府对文官体制展开较全面的改革工作。

1852 年，阿伯丁（Aberdeen）政府的财政大臣格莱斯顿（W. E. Gladstone）指派屈维廉（G. M. Trevelyan）与诺斯科特（Northcote）调查和研究英国文官队伍的现状。1853 年英国东印度公司的特许状期满，向议会请求继续任用。由于东印度公司是公认的肥缺，为阻止贵族倚仗权势安插其子弟亲友，英国议会向该公司明确提出了改进东印度公司人事考选制度的要求，并向该公司派出了一个三人委员会。该委员会提出了改革公司人事制度的报告，建议采取公开竞争考试的办法来选拔人才。与此同时，英国当局又派专人对英国国内文官制度状况进行全面调查。

1854 年调查小组提出了《关于建立英国常任文官制度的报告》。这个报告对当时官吏任用制度的种种弊端进行了尖锐批评，提出要借鉴东印度公司的经验，并提出了一个全面改革文官体制的建议，其主要内容如下：① 文官录用须经公开考试，内容应注重知识与实用性；② 高级文官考试的内容应以牛津和剑桥大学的课程为准；③ 成立相应的管理考试机构，其成员必须摆脱党派和裙带关系的影响；④ 应试者经考试合格录取后，须分配到有关部门接受培训半年至两年后再酌情录用；⑤ 平时要对被录用文官的工作情况进行严格的考核，并根据其工作成绩予以提升。这个报告当时遭到贵族院反对而未通过，然而，它却成为“英国近代文官制度的基础文件”。

后来，在克里米亚战争期间，由于政府机构的混乱，政府官员的昏庸无能和玩忽职守，导致部队的惨重伤亡，舆论哗然。为了平息公众的舆论，满足自由主义势力对改革的要求，帕麦斯顿内阁于 1855 年 5 月 21 日颁布了文官制度改革的第一个枢密院院令，成立文官制度委员会，负责考试事宜。这一命令奠定了考试用人的组织基础，这种用人和晋升的方式又称为“功绩制”。

1870 年 6 月 4 日，格莱斯顿内阁又颁布了关于文官制度改革的第二个枢密院院令，以弥补第一个院令的不足，规定除外交、内政两部外，所有缺额均应由公开竞争考试合格者填补。英国内阁的这两个枢密院院令，规定了文官制度的最重要原则，所以一般都把 1870 年 6 月 4 日枢密院院令的颁布作为英国近代文官制度正式确立的标志，也是世界上第一个常任文官制度建立的标志。

英国 1870 年文官制度改革取得了以下成就：

首先，确立了文官考选制度。此次改革首先从文官的选拔、录用方式上开刀。它规定由独立于党派政治之外的文官委员会来主持文官考选事宜，采取公开竞争、择优录用的方式选拔文官，这就从制度上取消了任命官吏的个人特权，因而也就从根本上杜绝了由特权派生出的腐败，文官队伍的廉洁得到制度上的保证。而且，“要得到第一流的人选，必须求助于竞争”。考选制度将公平竞争机制引入文官制度，优胜劣汰、选贤任能，使得优秀人才源源不断地进入政府部门，文官队伍的素质和行政工作的效率明显提高。

改革的积极作用在第一个枢密院令颁布之后很快便显现出来。据统计，从 1855 年颁布枢密院令后的 9 个月里，被提名应试的文官候选人有 1078 人，经考试淘汰了 309 人。从 1855 年到 1869 年的 14 年中，从应试的候选人中共淘汰 8169 人，主要原因是文化程度太低或能力太差。1870 年以后公开考试逐步推广，以后的 20 年，文官经历了一个转换时期，新的通过公开竞争的人逐步取代了恩赐的和任命的人。东印度公司的高级官员约翰·斯图亚特·穆勒当时就称道文官制度改革是“形成一个历史时代最大的公务革新之一”。

其次，改革确立了文官职务常任、政治中立的原则。文官作为从事具体的行政管理及法令实施工作的人员，不受选举与执政党更迭的影响，只要无过失就不受免职处分，可一直工作至退休。为避免文官在执行政策中受政治倾向的影响，改革还要求文官恪守“政治中立”原则，文官不得参加政治活动，不得兼任议员或政务官员，不得参加政党和营利性经济活动。而文官的录用权不再掌握在某个人或某个政党手中，而是由独立于党派政治之外的文官委员会通过考选择优录取，这一制度赋予了文官“政治中立”以现实的可能性。在文官常任、中立制度下，文官成为“从不更迭的幕后政府”。前台轮流秉政，后台永不变更，这就使国家的行政管理工作得以有条不紊地进行，政局的稳定性和政策的连续性得到保证，不再因两党的权力之争而朝令夕改。同时，文官队伍保持相对的稳定性和独立性，有利于文官积累行政管理经验，提高自身素质和工作效率，也有利于文官摆脱党派偏见，保持公正廉洁的办事作风。经过这次改革，文官“逐渐被看成是模范的政府官员，廉洁、无政治色彩和全力以赴，受到许多其他国家的羡慕”①。

再次，实行分级考试，根据不同的教育程度和录取标准将文官分为高、低两大级别。高级文官的职位要求具备多方面的知识和丰富的工作经验，因此对高级职位的竞争考试是以这个国家最高的教育水平为标准的。低级文官主要处理部内具体的日常事务。行政级高级文官或专门技术人员主要通过考试选拔，或从别的部门挑选而来；低级文官除通过考试选拔外，其中的执行级文官较多地是通过晋升事务级官员来补缺，因为后者有多年部内工作的经验，能够胜任执行官员的任务。这就是说，根据文官的文化程度和能力大小分别安排适当的工作，力图做到量才适用、各适其所、人尽其才。这样防止了大材小用、浪费人才或因能力低下不能胜任，致使工作遭受损失等弊端的发生，杜绝了因事权职责不明而产生的相互推诿扯皮、人事摩擦等消极现象，有利于政府行政效率的提高。

最后，此次改革确立了政府录用文官的通才原则。它规定高级文官的考试科目分为必考科目和选考科目两种：必考科目有作文、英语、现代或基础经济、普通科学、辅助文字等 5 门；选考科目有文学、历史、哲学、经济、法律、经典、梵语、外文、政治、数学和自然科学等 11 门，任选 6 门。可见，高级文官的考试内容以基础理论、人文科学为主，考试的目的是选拔知识渊博、应变能力强的通才。通才型高级文官以其渊博的知识和丰富的行政领导经验在政府各部起着重要作用。他们既可以向政府大臣提供决策所需要的有关资料和建议，又可代替大臣向议会提交法案和重要计划，回答议会质询，充当大臣的助手和顾问。这在当时的历史条件下，无疑对政府工作效率的提高起到了一定作用。随着历史的发展，通才原则在新形势下也暴露出一些问题，这就成为 1968 年文官制度改革的重点所在。

三、英国 1968 年文官制度改革

1870 年改革以后的近 100 年间，垄断资本主义的发展使得政府越来越多地干预社会经济生活。到第二次世界大战前后，政府干预已扩及社会的方方面面，这就需要越来越多的各方面专家进入文官队伍。20 世纪 60 年代

---

① 萨那、孙成木：《第一次世界大战史》，人民出版社 1979 年版。

兴起的科技革命，一方面使经济发展越来越依靠新技术手段；另一方面，科技成果日益广泛地应用于政府的日常管理工作。这些变化要求政府职能进一步朝职业化和部门专业化方向发展。此外，人们在重视科技应用的同时，也越来越重视人在管理中的作用，要求政府在文官的管理中注意发挥文官的主动性、积极性，进一步提高政府的工作效率和廉洁程度。面对新的时代要求，建立于100年前的传统文官制度显得力不从心。1968年，《富尔顿报告》发表，它对当时英国的文官制度状况作了全面审查并提出详尽的改革建议。英国政府批准了它，并于当年开始对文官制度进行新的改革。改革的主要内容有以下几方面。

首先，加强文官专业化。1855～1870年改革所确立的文官通才原则对当时政府工作效率的提高曾经起过很大的促进作用。而今，时过境迁，通才原则的弊端日益显露出来。一方面，通才原则把具有真才实学的专业技术人员排除在高层决策和管理工作之外，这就造成专家既无充分职责，也得不到发展机会的状况，同时使政府政策缺乏科学性和可行性；另一方面，通才型高级文官虽然具有开阔的视野和通盘考虑问题的能力，但缺乏从事专门性工作的技能和经验，被时人批评为“一无所专的万金油”。高级文官的知识结构与他们承担的责任及科技时代对文官的要求是极不相称的。对此，《富尔顿报告》指出：“今后‘通才’文职官员仅仅是操纵政府机器的专家是不够的，他还必须具备同他管理的范围和他的责任、级别相应的基本概念和知识，不管是社会的、经济的、工业的，还是财政的。”管理人员“应是具有较高程度的专业化知识的专家”。

1968年改革将矛头直指这一点。第一，改革通才官僚垄断决策的体制，重视专家的作用。规定除常务次官外，各部增设一名政策顾问，负责研究部内的长期政策和计划，并保证现有政策的执行。1966年在政府工作的经济学家不过百余人，而且很少参与经济政策的制定。到1968年底，各类专家（被称为“专家文官”“科学文官”）人数共达40500人，比改革前增加了1倍。以前专家隶属行政官管辖，改革后建立了联合负责制，后来又在某些部门进一步实行以专家为主的工作制度。1970年还建立了研讨基本政策的“思想库”，外行领导内行的体制开始被打破，专家对决策的影响得到了加强。

第二，加强对文官的专业培训。新成立的文官部、文官学院开展了科学规范的文官培训工作。文官部规定，凡新录用的行政级文官须经两年的见习期，在文官学院学习两期为时20周的课程。第一期学经济、法律、公共行政等课程，第二期研究政策制定、财政管理等。文官学院也为在职的中高级文官提供为期3～10周的学习机会，并设有若干高级研究班，以进一步开展政策研究。30～40岁左右的文官都要学习决策程序、个人管理技术、电脑使用等课程。有兴趣开展社会问题调查研究的文官还会获得财政资助。从以上文官培训的科目可以看出，培训内容以职务和形势对文官素质结构的需要为依据，侧重于对文官专业知识技能的培训和实际操作能力的训练，目的是提高文官的专业素质，使其与科技的迅速发展同步化，与政府职能增加和行政工作专业化的趋势相适应，提高行政管理的效率与水平。

其次，变“封闭结构”为“开放结构”，打开低级文官的升迁途径。1870年改革时，各等级之间界限森严，缺乏开放性和流动性，不利于中下级文官工作积极性和行政效率的提高。1968年文官系统进行了结构性改革，变“封闭结构”为“开放结构”，取消“六等级制”，代之以以职类为基础的“三类制”，即行政类、专家类、秘书类。文官结构的开放性使各级文官之间的垂直流动成为可能，由于上下层人员合并为一类，下层人员向上升迁的途径被打开，某些有才能的执行级人员也有可能直接进入行政级行列，中下级文官的积极性、主动性随之提高。

最后，完善文官激励机制。1855～1870年改革确立的文官职务常任制度固然有维持政策连续性与政局稳定性的一面，但一项制度行之既久，弊端必生。这种事实上一包到底的终身制易使文官捧着“铁饭碗”，安于现状、不求进取，助长官僚主义习气，降低行政效率。为了发挥文官系统的功能和效率，激发每个文官工作的积极性是非常必要的。1968年将晋升机制——这一“科层组织最引人注目、最有魅力的激励手段”提上改革日程，强调建立严格而科学的考核机制，结合文官自我鉴定和实际表现择优晋升。一般遵循逐级晋升原则，有特殊贡献者还可越级晋升，对不称职者予以降级或剔除。此外，1968年改革还完善了退休制度，严格掌握养老金的发放，奖励功绩优异者，惩处功绩不佳者，防止退休制度蜕化为单纯的福利保障，丧失激励功能等消极现象的发生。在“开放结构”的保障下，政府通过灵活的晋升机制和严格的考核奖惩机制使文官意识到，自己的切身利益和前途命运完全取决于个人功绩和能力，文官个人进取心和工作积极性被激发起来，文官系统的活力增强了，政府工作的效率也得到了提高。

第四节　美国文官制度的初创与发展

一、美国文官制度建立的社会背景

美国国家政府的组织形式实行总统制。宪法规定总统经参议院的建议和同意，有任命高级官员的权力，如国会同意总统还可直接任命中下级官员。而在美国1787年宪法中对文官的选用并未作出明确的规定。

就官员的任用标准而言，乔治·华盛顿总统侧重于名望和门第，强调良好的出身与教养。华盛顿之后的约翰·亚当斯和托马斯·杰斐逊两位总统任职期间，则注重“才气”。即选任官员时主要看其是否受过大学文科教育。于是，美国建国初期的政府官职就掌握在那些受过良好教育、有高贵的门第、在社会上有地位的人及其亲信手中，人称“绅士政府”时期。这些“绅士”们一旦被委以官职，就相当稳定，一般不被更换。如华盛顿的两届政府先后任命了300名官员，期中仅有17人被罢免或自动离职。

但是，在“绅士政府”时期，也不是完全按上述标准选用官员的，随着两党政治在美国的出现，政党分赃制已初见端倪。约翰·亚当斯执政期间，由于“留用了华盛顿政府的全部内阁成员”而深感苦恼，华盛顿逝世后，他便按自己的意志任用了一批官员。杰斐逊上台后，撤换了亚当斯政府的许多官员，仅“在其任期的头两年就以民主共和党人接替了约200名联邦党人”。这就是说，杰斐逊时期，在按“绅士”标准选用官员时，已经开始在一定范围内实行了政党分赃制。杰斐逊的后继者们，效法其前任，也“都为他们的朋友留下职位”，以酬谢自己的亲朋故旧和政治追随者。

随着美国领土的不断扩张，联邦政府的机构急剧膨胀，行政事务也日益纷繁复杂，安德鲁·杰克逊时代“公职十分简单”的情况已经成为过眼烟云。政党分赃制越发暴露出其严重危害：首先，在分赃制下，总统和部长们把公职作为奖赏政客党徒和亲朋故旧的礼物，结果是每一个新总统上台，就带来一次官员任免的大动荡，形成“一朝天子一朝臣”的局面，影响了政府工作的连续性。1876～1880 年，纽约海关平均每天罢免人数超过 1 人，更换总数等于雇员总数的 2 倍。其次，在分赃制下，一些有能力的英明党派官员被撤换，而一些政治上投机钻营、吹牛拍马甚至是腐化分子进入政府各级官职。他们目光短浅，道德沦丧，为官伊始便担心几年之后被撤换，因而便利用职权，贪赃枉法，损公肥私，中饱私囊，严重污损了文官的形象，降低了文官的威望和工作效率。如安德鲁·杰克逊任命的纽约港税务官塞缪尔·斯沃特贪污盗窃公款 120 万美元逃往欧洲。19 世纪中叶，各种丑闻充斥美国社会。最后，在分赃制下，每当新总统任职后，就被众多的钻营求职者所包围。第九任总统威廉·哈里逊就职仅一个月便病故，恐怕与分赃制带来的分配职位的繁忙不无关系。第十六任总统亚伯拉罕·林肯任职后，在与南方各州脱离联邦的威胁进行斗争时，就深为求差谋职者所苦，他曾抱怨说：“我简直就像这样一个人，他忙于把他的住宅这一头的房间租出去，以至于他无法去扑灭在另一头燃烧的火。”最受其害的莫过于第二十任总统詹姆斯·加菲尔德，他曾无可奈何地写道：那些“老练的谋求官职者，就像劫路人掏出手枪那样，把求职申请书掏给我”，真是令人苦不堪言。由于分赃不均，加菲尔德竟被一求职未遂者枪杀，成为分赃制的牺牲品。总之，分赃制造成了官箴不修、用人不当，浪费公帑、效率低下，党派倾乱、政局动荡。

二、美国 1883 年文官制度改革

从 19 世纪 60 年代起，美国公众对分赃制愈益不满。一些有识之士遂发起了吏治革新运动，资产阶级知识分子则充当了运动的马前卒。他们利用议会讲坛和报纸杂志做阵地，抨击分赃制的腐朽，倡导文官制度改革。1864 年，共和党参议员查尔斯·萨姆纳提出了第一个文官改革法案，要求通过竞争考试选拔录用文官；成立文官委员会主持考选事宜。1865 年底，被誉为美国“文官改革之父”的托马斯·詹克斯又提出一个改革法案，主张文官的选用必须经过公开竞争考试，择优任用。1868 年，他向议会呈交了一份文官改革报告，报告根据他调查得来的详尽资料，介绍和评述了英国、法国、普鲁士和中国的文官制度，论证了美国制度改革的重要性和迫切性。1871 年，格兰特入主白宫后，促使国会通过了一个文官法。1872 年，格兰特总统颁布

了文官规则,规定根据量才录用的功绩制原则录用文官,并随即在美国举行了公开竞争考试。但是,以废除分赃制为目标的文官法,直接触及了分赃制的既得利益者,遭到了他们的强烈反对。1875 年,文官法停止实行,这次改革也告夭折。

改革者们并未由于改革受挫而丧失信心,他们建立文官协会继续鼓动改革。1881 年又成立了全国文官改革联盟,将改革运动推进到有组织有领导的竞争阶段。加菲尔德当选总统后,曾试图改变分赃制,在任用官员时力图摆脱党派影响,并表示支持改革。但壮志未酬,他很快便成为分赃制的牺牲品。加菲尔德的被害,举国震惊。一方面,改革派和社会中下层群众深感切肤之痛,更加坚定了他们要求改革的决心。他们印发宣传材料,向国会呈递请愿书,指控贪官政客的腐败行为,将改革运动推向高潮。另一方面,一些官员政客们也不得不面对现实,重新审视分赃制的得失,承认此种制度已经过时。亨利·道斯参议员写道:"任命文官的方法必须改变……适合任命 1000 名文官的方法已不适合任命 20 万名文官了。"国会在公众舆论的压力下,经过辩论于 1883 年 1 月通过了参议员彭德尔顿提出的文官法案,阿瑟总统随即签署,使之成为法律,史称《彭德尔顿法》或《1883 年文官法》。

《彭德尔顿法》以英国文官制度为蓝本,但不是照搬英国模式,它主要是结合美国自身的特点而制定的,因而鲜明地表现出了美国特色,可以说是"外国发明的美国化"。其主要内容有:

第一,设置文官委员会,作为联邦政府最高人事行政机构。委员会由 3 人组成,其中 1 人必须是反对党。委员会由总统任命,参议院批准,任期 6 年。其职责是:制定联邦文官管理规则和职位分类标准;办理文官考试事宜;进行文官管理研究;调查监督文官法执行情况,防止政治腐化,受理人事诉讼。

第二,通过"竞争性考试和考核"录用晋升文职官员,强调"机会均等""用人唯才""奖优罚劣"的原则。这是功绩制的核心。

第三,相对的职业保障。凡通过考试被录用文官者,终身任职,非犯有错误,不得解雇。官员受到惩处,有权提出申诉,任何部门作出惩处决定,须提出充足理由。

第四，文官政治上保持“中立”，不得参加党派性政治活动，也不得因党派性原因罢免文官。

第五，基于各州人口按比例分配数额。文官分为政务文官和业务文官两类，政务文官是由总统任命并随政府共进退的高级文官；其余的文官均为业务文官。《彭德尔顿法》原则上适用于所有的业务文官。

《彭德尔顿法》的颁布实施，是美国人事制度的转折点，对美国政治体制的调整和改革具有重要意义。首先，它把竞争机制引入文官的选拔与管理之中，以功绩制取代了政党分赃制，从法律上保障了每个公民均有提任公职的权利和机会，进一步完善了资产阶级民主制度。它鼓励人们在竞能、竞技、竞智中显露聪明才智，凭能力而不是靠关系或金钱去谋求官职，因而在很大程度上防止了官员任用方面“任人唯亲”的弊端，有利于统治阶级网罗人才，最大限度地将国民中的精英部分选拔到政府部门中来，从而扩大了统治基础，缓和了社会矛盾。其次，它使美国的人事管理从此走上了有章可循、有法可依的法制化轨道，有利于增强文官的职业安全感、荣誉感和责任感，使他们在工作中做到举措有度，起止有规，岗有专责，事有专管，对官员无所用心、得过且过的惰性心理起到了有效的抑制作用，从而保证了政府工作的连续性，提高了政府的工作效率。再次，它使许多学有专长的管理专家和技术人员进入各级政府部门，使美国文官队伍整体素质提高，并且日益趋向职业化、专业化和知识化。最后，它通过文官政治中立，禁止文官介入党派活动，切断了两大政党的财政来源，客观上促使两大党向工商业巨头靠拢以取得竞选支持。“两大党用政纲和金钱吸引选票比用官职笼络少数党派骨干更能争取选民，大企业直接过问政纲和候选人比通过间接控制政治更为有效。”

《彭德尔顿法》颁布后，起初仅适用于10％的文官职位，其余的90％仍然是政党分赃制。克利夫兰、哈利逊、麦金莱等总统利用文官法覆盖狭窄的缺陷，继续在政府内安插党派势力。但总的趋势是功绩制的范围不断扩大，1900年达到45.6％，1930年达到79.6％，1977年已达到90.9％，文官法得到全面实施。

三、美国1978年文官制度改革

《彭德尔顿法》只是在一些基本原则方面对文官制度作了规定，在一些具体问题上还不够详细，为了使其更加适应社会发展的需要，美国国会陆续通过一些法律，对其进行补充和完善。1920年颁布的《退休法》，规定文官实行退休制。1923年制定第一个职位分类法，把各部人员分为5类，每类再划分5等到15等，并划出各类职位的薪金范围。1949年又制定第二个职位分类法，将文官职位归纳为两大类：一类叫作"一般职位分类表"或"一般行政工资表"(General Schedule，简称GS)按工作难度和薪俸差别分为18等。另一类叫作"技艺、保护和保管类表"，分为10等。职位结构依性质分为27个职组、569个职系，使文官职位分类更加合理、完善。

但是，随着美国经济政治结构的发展变化，政府的规模日益扩大，职能不断增加，美国文官的人数也急剧膨胀。1951年为244.5万，1970年增至300万，之后虽有减少，但也一直维持在280万左右。文官的薪金每年就达460亿美元，这些人制造的文牍，又花费了同样的金钱。1970～1975年，仅登载联邦规章的《联邦年鉴》就达6万页。文官队伍的庞大和机构的臃肿，已经对社会经济的发展起到了制约作用，文官制度也愈益不适应形势发展的需要了。首先，文官委员会既是文官管理规则和政策的制定者，又是文官权利的保护者和上诉的裁决者，这两者的职能往往又是矛盾的，所以，它很难做到"公平竞争""机会均等"。其次，由于相对的职业保障，一个文官即使表现不好，但只要没什么大错误，就不能开除他或对其进行处罚，结果使得一些文官养成了得过且过、不求有功、但求无过的懒惰作风。再次，文官的薪金制度也不尽合理。晋级加薪主要依据工作年限，论资排辈，只要熬到了年头，就可升级，工作表现好坏往往不是主要依据。最后，文官考核制度不健全。大多数部门的主管者为了避免冲突，考核时往往给其属下都写上"满意"的评语，工作干好干坏一个样。总之，传统的文官制度发展到20世纪70年代以后，已经面临危机，它造成各级政府机构庞大、人浮于事、互相扯皮、赏罚不明、效率低下，导致政治腐败、经济衰退，难以调动文官的工作积极性。美国公众强烈要求进行改革。

面对这种情况，1977年当选为美国第39任总统的吉米·卡特，审时度势，在进行经济政治体制改革的同时，提出了改革文官制度的计划。1978年3月12日，他在致国会的咨文中指出：现行的文官制度"已成为官僚主义的迷宫。这座迷宫忽视功绩制，容忍拙劣的工作表现"，它"对工作出色者奖励太少，而对工作不好的却很少惩罚”，因而不利于调动文官的积极性。他提出要把“私人企业中那种高效率移植到政府中来”。1978 年 10 月，卡特总统促使国会通过了《文官制度改革法》，1979 年 1 月正式生效。该法第一次以法律形式确立了联邦政府人事制度应遵循的九条功绩制原则。

《文官制度改革法》确立的九条功绩制原则包括：

(1) 联邦政府应该从具有不同背景的符合任职资格条件的求职者中进行招募，以使劳动力来自于社会的各个部分，对求职者的筛选和录用，应该采取公正、公开的竞争方式，完全以相关的能力、知识、技能为依据，以确保所有人具有平等的机会。

(2) 所有雇员和雇用申请者在所有人事管理方面应该得到公正、公平对待，而不考虑政治关系、种族、肤色、宗教、出生地、性别、婚姻状况、年龄、身体缺陷状况，同时适当考虑他们的隐私和宪法赋予的权利。

(3) 同等价值的工作应该给予同等的薪酬，同时适当考虑整个国家和地方的私营部门雇主所支付的薪酬水平，对绩效突出者给予适当的激励和褒奖。

(4) 所有雇员应该保持高标准的诚实、行为举止和关心公共利益。

(5) 联邦劳动力应该有效率和有效益地使用。

(6) 雇员应该保持适当的绩效水平，未达到合适绩效水平者应该改进，对不能或不愿改进绩效以满足规定标准的雇员应予以辞退。

(7) 应该向雇员提供有效的教育和培训，并通过这些教育和培训提高组织的绩效。

(8) 雇员应该：第一，得到免受专横行为、个人偏袒或为政府政党目的压力的保护；第二，禁止使用职权或影响力干涉或影响某一选举或选举提名的结果。

(9) 当雇员以自认为充分的证据合法揭发下列行为时应该得到免受报复的保护：第一，触犯任何法律、规则或规章的行为；第二，管理不当、大额资金浪费、滥用职权或对公共健康或安全形成实质性、特殊危害行为。

在九条原则中“最突出的是强调利用报酬鼓励政府雇员工作的积极性，以及保护揭露政府工作缺点和弊病的人”。其核心内容是推进按工作表现付酬的功绩制，以提高政府的工作质量和效率。

美国 1978 年文官制度改革的特点为：

(1) 强调利用报酬来鼓励政府雇员工作的积极性。

(2) 保护揭发政府工作缺点和弊病的人不受打击报复。

(3) 严格考核，论功行赏。这一制度对于提高文官的素质、奖优罚劣以及提高政府的行政效率，都有积极作用。

(4) 对文官的知识化专业化水平要求不断提高。

(5) 立法比较完善。过去美国在恩赐官职下，官吏主要是对总统负责，在政党分赃制下，官吏主要是对党派负责。在这两种制度下，人事立法当然不受重视。文官制度改革以后，立法比较完善。文官对国家、对政府、对民众、对上下级的关系，都是通过法律来调整，有关文官的考试录用、考核、升降、奖惩、福利待遇、培训、退职退休等一系列管理制度，都是以法律的形式固定下来的。

(6) 实行九条功绩制原则。实行九条功绩原则，可以选择素质最好的人员担任公职，为所有对公职感兴趣的公民提供平等的机会，工作不受定期的政治性行政变动的影响，增加公众对政府的信任，减少吸收和培训公职人员的费用，减少人事变动。

(7) 这次改革通过设立"高级行政职务"(SES)，不仅有利于提高行政工作效率，还有利于部门内和部门之间的人员流动，也有利于政府直接从民间罗致人才。而且，改革使政府在变动高级职业文官的职务时，有更大的灵活性；同时，对于任 SES 职务的人员实行有奖有罚的考核制度，这样可以充分调动这部分人的积极性，而这部分人一般都主管一个单位，影响甚大，对他们的考核，不但包括本人的工作成绩，还包括所主管单位的工作成绩，抓住一人，就可以推动全局工作。

1978 年文官制度的改革，是美国政治制度史上一次较大的资产阶级政体改革，使文官制度进一步适应了第二次世界大战以后，尤其是 20 世纪 70 年代以来在第三次技术革命浪潮影响下，美国政治经济结构发生的变化，在一定程度上完善了垄断资产阶级的统治地位，有利于经济的发展和社会的安定。卡特总统任期内，美国经济呈现回升趋势，不能不说与 1978 年文官制度改革有一定的关系。但是，这次改革在一些重要问题上却进展不大。例如"功绩工资制"由于国会一再限制获奖的人数和浮动部分的数额，这就失去了刺激力，而中央人事部门又没有具体指导业务部门制订奖励制度，致使各部门之间数额差别太大，苦乐不均，招来不满。在考核问题上，虽比过去有所改进，但由于缺乏科学的准确的考核办法，仍然起不到应有的杠杆作用。

第五节 其他国家公务员制度的建立与发展

一、法国公务员制度的建立与发展

法国公务员制度的建立始于拿破仑时期。拿破仑执政时期，草创了公务员制度的雏形：

第一，建立等级制。1809年法国第一次把公务员的等级同工资联系起来，并以进入行政部门的任职时间、在行政部门中的地位及过去在行政部门以外的工作经历作为划分等级的标准。

第二，规定在行政部门实行严格的纪律。

第三，颁布了某些适用于所有公务员的规章制度，这些规章制度确立了统一培训的原则，统一了行政部门的工作方法。

第四，创办了许多培训官吏的专门性和综合性的技术学校，使这些学校成为培训官僚队伍的摇篮。

随着工业革命的发展和成熟，经济活动、电气事业及交通运输被列入政府管理之列，使政府职能不断增加，其性质日趋复杂，原有的官僚体制已逐渐显露弊端，亟须改革。从19世纪到20世纪前半叶，法国政府陆续建立一些文官管理制度，主要有：1853～1859年退休法；1905年关于纪律的规定(其中规定公务员受处分时有权看到宣布这个处分的文件)；1913年的转调法等。

第一次世界大战结束后，法国政府颁布了两项重要法令，规定各县市政府公务员的选拔、公务员升迁及惩罚等办法。到第三共和国时期，制度已具有相当规模，形成了比较完备的人事制度：在选用官吏时注重人才，官吏所必须接受的教育与训练由各用人机构自选决定；公务人员的任用须经公开竞争考试，考核科目则注重业务技能，而不是一般的通才教育，并适当放宽报考年龄的限制等。

法国现行的公务员制度是第二次世界大战结束后，在废除 1941 年维希政府颁布的法国第一个公务员总章程、改革旧官吏制度的基础上建立的。1945 年 10 月 9 日法国政府颁布法令，创立了国立行政学院和公务员事务领导中心，以便对公务员进行统一的管理、考核和培训，同时对公务员作了具体的分类。1946 年，应法国公务员联合会代表大会的强烈要求，法国政府在效法英国公务员制度的基础上，着手制定了统一的管理公务员的法规——《公务员总章程》，同年 10 月 19 日法国制宪会议讨论通过此章程，作为正式法律颁布。该章程是法兰西第四共和国政府管理公务员的基本准则，它奠定了当今法国公务员制度的基础。由于 1946 年的总章程是在特定政治条件下制定的，许多弊端需要得到有效的克服，于是，1959 年 2 月 4 日戴高乐总统发布法令，公布了新的《法国公务员总章程》。新章程分为总则、录用、报酬和社会福利、鉴定和晋升、惩戒、公务员的现况、最后终止职务和其他条款，共 8 章 56 条。该章程适用于在中央政府以及所属的派出机构和中央政府管辖的公共机构中正式任职的人员，不适用于议会工作人员、法官、军人和工商性公立机构的人员。随后法国又颁布了 7 个补充条例。1981 年法国社会党密特朗总统执政后，法国政府认为，1959 年的公务员总章程所规定的公务员范围，没有包括地方政府公务员和医疗机构的公务员，因此有必要制定一个统一的、同时适用于中央政府和地方政府以及医疗机构公务员的总法规。从 1983 年起，法国政府对《公务员总章程》进行了修订，修订的主要内容是扩大公务员制度的适用范围，使地方公务员和医疗机构公务员享有与国家公务员基本相同的法律地位。此外，历届法国政府都根据新的情况和需要陆续颁布了一些法令和条例。至此，法国公务员制度日臻完善。

二、日本公务员制度的建立与发展

日本的文官制度，是明治维新以后建立起来的，以第二次世界大战为界，可分为两个阶段。

第一阶段，可称为官僚型的文官制度。这种官僚制度的形成，起始于 1867 年征夷大将军德川庆喜归还政权于明治天皇。此举造成明治维新的契机。正是明治维新的实行，使日本舍弃故步自封的封建制度，而加以吸收现代文明。

1887年，明治政府颁布了《文官考试试用及见习规则》。这项法规，主要是确定了选拔高级文官和普通文官的范围，并特别重视国立大学的学历，给帝国大学及其前身旧东京大学毕业生以免试的特权。

1893年，明治政府改革了《文官用人令》和《文官考试规则》，将文官考试规则中优待官学出身者的规定取消，首次建立了功绩主义原则。

1899年，明治政府进一步修改了1893年的《文官任用令》，并制定了新的《文官资格保障令》和《文官惩戒令》，此即所谓“文官三令”。这种官僚制度的文官体系是按照“天皇亲政”、“官吏是天皇的私臣”精神建立的。因此官吏自视为天皇的代理人，以“在上者”自居，形成了绝对的官僚集团。这种绝对的官僚精神实行的独裁，形成了军阀主宰一切的局面。这对于日本军国主义的形成有很大影响。

第二阶段，是民主与效率统一的文官制度。第二次世界大战后，日本政府开始进行政治体制改革，废除天皇专权制，对旧官吏制度进行改革。1947年5月3日开始实施新宪法，建立议会和内阁，实行立法、司法、行政三权分立制度。1947年10月，日本政府参照美国的人事制度，制定并公布了《国家公务员法》，开始实行国家公务员制度。1950年又制定了《关于国家公务员职阶制的法律》，同年12月又制定了《地方公务员法》，这些法律经过多次修改和补充，一直实行至今，是第二次世界大战以后日本公务员制度的主要法规。除此之外，日本政府还制定了有关的补充法规定、条例及实施细则数百个，如《关于一般职公务员的工资待遇的法律》《国会职员法》《关于公务兼职的规定》等等。所有这些法规、政令勾画出了日本公务员制度的总貌，规定了基本内容，包括考试和任用制度、工作评定和晋升制度、工资待遇和退休保险制度等。

德国和意大利等国在第二次世界大战以后，也逐渐确立了资本主义现代文官制度——国家公务员制度。

第六节　国外公务员制度的共同特点

资本主义各国的文官制度和人事制度是在各种不同的情况下，逐渐形成和完善的。由于国情不同，在各个环节的做法上就形成了不同的特点，但从资本主义国家这个整体的常任文官体制来看，一般具有如下共同特点。

一、通过公开竞争考试，择优录用

公开竞争考试，择优录用，是资本主义国家近现代文官制度的最显著的特点。美国的文职官员中，十分之九是通过考试方法录用的。1946年法国的《公务员法》规定，公务员的录用主要取决于各部门考试的结果。日本《国家公务员法》第三十三、三十七、一百一十等条规定，职员的录用、晋升均需通过公开竞争考试或选择考试进行，违反者处三年以下徒刑或罚款十万日元。

二、制定严格的考核制度，实行"功绩制"

"功绩制"的原则就是"论功行赏"，首创于英国，后逐步在其他资本主义国家推广，并被认为是提高工作效率的有力手段。美国一直很重视论功行赏"功绩制"的应用和推广，强调各级公职人员的提升应以工作考核为基本依据。日本《国家公务员法》第七十二条规定，政府机关的首长"应对其所属职员的工作进行定期评定"。法国公务员的升迁，要参照服务年资与工作成绩两个方面，但平时服务成绩的考核，仍为升级的重要依据。总之，西方各国均以考核作为公务人员奖惩和提升的主要依据。目前，各国都力图在考核定量化和标准化方面取得进展，使考绩制进一步完善。

三、坚持两官分途，政治中立

政治中立，文官不得参与党派斗争，是资本主义国家文官制度中的一项重要原则，也是一个共有的特点。西方公务员一般分政务类和业务类。政务类公务员根据其政策好坏和选举结果上台下台，参与党派竞选斗争。但对业务类公务员规定，禁止参与党派斗争，不与内阁共进退。美国《文官制度法》规定："政府公务员在政治上必须采取中立态度，禁止参加竞选等政治活动，禁止进行金钱授受。"日本《国家公务员法》规定："公务员不得为政党和政治目的谋求接受捐款及其他利益，不得以任何方式参与上述行为，不得作政党或其他政治团体的负责人，政治顾问或有同等作用的成员。”

四、实行职业常任制

资本主义国家的公务员一般均为终身制(政务类除外),一经录用,便受文官制度的保护,除特殊情况(如机构撤销或合并等),本人如不违犯法纪,无重大过失,能胜任工作,是不会中途被解雇的,这就是职业常任制,是西方公务员制度最重要的原则和最突出的特点之一。这样既保证了国家机关工作人员队伍的稳定,也保证了政府工作的连续性,使其不受政党政府更迭的影响。

五、注重公务员管理法制建设

西方发达国家注重公务员管理的法制建设,适时制定、修订、完善与公务员制度的法律法规,作为公务员管理的前提和基础,各国纷纷制定了公务员制度的“基本法”,如《英国公务员管理法》、《文官制度改革法》、《法国国家公务员章程》等。

本章小结

本章主要介绍公务员制度的含义和范围、国外公务员制度的基本内容,认为国外公务员制度是适应资本主义发展的需要而建立起来的一种官吏制度,并且随着形势的发展而变化,制度也在不断地修改和完善。但是由于各国的具体国情不同,因而各国公务员制度的细节也不尽相同,因此重点介绍了美国、英国、日本、法国等国公务员制度的发展历程,总结了西方国家公务员制度的内容与特点。

关键术语

文官　公务员　公务员制度　恩赐官职制　政党分赃制　彭德尔顿法　公开　平等　竞争　择优原则

复习思考题

1. 国外公务员制度产生的路径有哪些？
2. 英国文官制度改革的基本内容有哪些？
3. 日本公务员制度改革的历程是怎样的？
4. 国外公务员制度有哪些共同特点？

第二章 我国公务员制度的沿革之路

当今世界，政府在经济与社会发展中的中心地位越来越受到人们的重视，而有效政府成功的先决条件是要争取一流的人才，拥有高素质的公务员队伍，并使人才能够在政府组织内得以迅速成长，所谓“为政之要，唯在用人”。中国是文官制度的发源地，科举制度被公认为开创了世界文官制度的先河。2005 年 4 月 27 日颁布的《中华人民共和国公务员法》正式确立了中国现代化的人事管理章程，标志着中国的人事管理进入了法制化的轨道。

导引案例

公考热还能“热”多久？

4 月 22 日，全国有 24 个省份举行 2017 年公务员招录的省考笔试，因为选择同一天“扎堆”考试，这也被称为公务员“联考”。从最热岗位的竞争来看，根据华图教育的统计数据，截至报名结束，上述 24 省份的招录中，有 8 个岗位的竞争比超过“千里挑一”，竞争最激烈的岗位是宁波市江北区人才市场管理办公室“人才开发”岗位，竞争比高达 1746:1。

近年来，相比其他“拼爹”的行业招聘，公务员考试还是相对比较公平的，也没有什么名校“情结”，考公务员几乎成了当下许多大学生最为普遍的想法。究其原因不外乎有三点理由：首先，是大学毕业生的“择业难”。许多学生家长认为，大学毕业后，即便是研究生、博士生，最终目的还是有个比较稳定、保障、实惠、体面的公务员“饭碗子”最重要。有了公务员这个岗做坚强后盾，在职在岗后，个人愿意后天再深造。理由之二，公务员这个岗位“既体面、又风光”。从工资到福利，“混进”这个队伍，说出去，要比国企民营企业“强多了”。真可谓是“吃着不尽”，退一万步来讲，就连将来说个“媳妇”也好说些。理由之三，“体面光荣、有权力”和“官本位”思想。调查报考公务员的学生们，在回答“为什么报考公务员”的问题上，基本上是大同小异：“你看我某某同学，刚毕业就考进国税局，上班签下到，网上不误‘种菜收菜’，多体面光荣，人家找他办件事，一句话‘搞定’，真有权力。”“面对公务员队伍的‘老龄化’，说不准，哪年月就能混个科长、局长的当当！”

大学本应该是一个民族一个国家思想库，当所有大学生都在争抢报考公务员的时候，所有的人都需要冷静思考这种现象。

资料来源：《公考热还能“热”多久?》，见 http://media.china.com.cn/cmsp/2017-05-02/1035833.html(中国网 2017 年 5 月 2 日)

思考分析：“公考热”折射出当前我国公务员制度存在哪些问题?

第一节　我国人事管理制度的历史渊源

我国的公务员制度，是中国特色社会主义的干部人事制度，继承和发扬了党和国家干部人事工作的优良传统，总结吸收了十几年来干部人事制度改革的经验，同时也借鉴了外国公务员制度中一些有益的科学管理办法。我国公务员制度的建立，经过了一段较长而曲折的历程。

自秦朝开始，中国建立了高度中央集权的统一的封建国家，废除了世卿世禄制，建立了官僚制。即在人事管理方面，凡官职设置、入仕途径、用人标准、管理办法等，都由皇帝亲自决定，而过去各诸侯国自行任免官员的制度则随着郡县制的建立而消失，从宰相到县令都由皇帝直接任命和调换，从而奠定了国家统一任命和调配官员的基本体制。汉代选拔官员的办法主要是“察举”，魏晋南北朝时期的主要办法是“九品中正制”。但这两种举荐办法实施起来弊端明显，因为“人物难知”、“情伪难明”。因此，早在西汉时就断断续续地实行过对被推荐者进行“策试”的办法。南北朝时策试越来越多。到了隋朝，废除九品中正制，直接采用考试办法选拔官员。唐朝的考试制度进一步完善，当时考试科目较多，分科举士，遂称为“科举”。到宋代，科举制度发展到鼎盛时期，对扩大应试者范围、增加录取人数、增加考试等级、限定主考官权力以及规范考试规则等，都有具体而明确的规定，而且越来越严密。明代的科举制度又有了新的发展，大致分为童试、乡试、会试、殿试四级。清朝继续实行科举制度作为选拔和任用官吏的主要途径，至光绪三十一年(1905 年),科举制度才被废除。科举制度从本质上看就是一种考试录用制度。19 世纪中期英国开始效仿这一制度,之后,许多国家结合本国情况,纷纷建立了自己的考试录用制度。

第二节　计划经济时期的干部人事制度

新民主主义革命时期,我党高度重视干部工作,强调并坚持“德才兼备”的政治路线和“任人唯贤”的组织路线;在干部的思想路线上,坚持要求把马列主义的普遍真理同中国革命的具体实践相结合,坚持实事求是和群众路线;制定了一整套严密的干部队伍纪律;明确了党管干部的原则;对干部的培训培养,主要采用“从战争中学习战争”的办法等。这一时期我党的干部人事工作主要根据党中央的有关政策和各级党委的有关规定进行。

新中国的干部人事制度,是在革命战争时期干部制度的基础上逐步建立和发展起来的,根据当时形势发展的需求,仿效苏联建立了一套系统的人事制度。从新中国成立初到改革开放前这一时期大体可分为三个阶段:

(1) 创立和发展阶段,从 1949 年 10 月至 1966 年“文化大革命”前。这段时间,从上到下建立了管理机构,制定了一些管理制度,如干部的录用、任免、调配、奖惩、工资、退休退职制度等。尽管各方面制度还不够健全和完善,但初步适应了实际需要,取得了很大成绩。

(2) 挫折倒退阶段,从 1966 年 5 月至 1976 年 10 月。在此期间,各级人事机构相继被撤销,人事干部被遣散,有效的管理制度被否定,人事工作遭到了严重的破坏。

(3) 规范化建设阶段,从 1976 年 10 月至 1978 年 12 月。粉碎“四人帮”后,党中央、国务院采取了拨乱反正的一系列重要措施,果断地恢复了人事管理机构和一些行之有效的规章制度。并且随着经济体制改革的全面展开和政治体制改革的不断发展,我国的干部人事制度改革也进入了深入发展的新阶段。

这一时期的人事制度虽经历很多变化,但基本模式一直保持着,其主要特点是:

(1) 人才资源的“统包统配”。将全国各行各业中以脑力劳动为主要特征的工作人员，包括国家机关工作人员、党组织和社会团体的专职工作人员、企业事业单位的管理人员和专业技术人员，统称为干部，由国家统一选拔、统一管理、统一使用。各行各业需要人才，统一下达指标，统一分配或派遣。

(2) 干部选拔主要采取领导推荐的方式。国家机关、国有企业和事业单位的各层次干部职位出现空缺，由干部管理机关按照一定的标准和条件，采取直接或间接推荐的方式进行选拔，然后按规定程序决定任命，每个干部都要服从上级的统一调动和安排任用。

(3) 干部的工作、生活所需的一切物质资料都由国家负责提供。国家在按规定发给干部工资的同时，对干部的养老保险费用、医疗费用等也完全包下来，由国家财政现收现付。干部个人不缴纳保险费用，退休后仍由原工作单位负责管理。国家投资、单位集资建设住宅，以很低租金提供给干部居住。国家还兴建文化宫、俱乐部、图书馆、疗养院等文化娱乐设施，为干部提供服务，同时还解决干部乘车、就餐及幼儿入托等问题。

(4) 分级分部管理。将全国各行各业的干部融入单一层级式构架之中，对所有干部实行党组织部门统一管理下的“分级分部”管理：一是根据职务高低，将干部职务从上到下分为国务院总理、国务院副总理(国务委员)、部(省)级正职、部(省)级副职、司局级正职、司局级副职、处(县)级正职、处(县)级副职、科(乡)级正职、科(乡)级副职、科员和办事员 12 个层级。二是按照工作所在的部门，又将干部分为军队干部，文教工作干部，计划、工业工作干部，财政贸易工作干部，交通运输工作干部，农林水利工作干部，民主党派人士，政法工作干部和党群团体工作干部等类，分别由中央及各级党委的相应工作部门进行管理。一般来说，中央国家机关司局长，省(市)正副司局长，地委正副书记、专员以上干部和重要工矿企业的厂长(经理)的选拔、考核、任免、调动等管理工作，由中央及其有关工作部门负责；县级机关及其派出机构的领导干部和与此级别相当的企事业单位的领导干部，由省级干部管理机关负责管理；县管理科(乡)级以下干部。

这种管理方式是与高度集中的计划经济体制和政治体制相适应的。其好处是：可以计划调动和配置全国的人才资源，维护全国各地区人才资源的平衡。它对于巩固新生的国家政权，集中力量进行重点建设，曾起到过积极作用，但是随着社会主义事业特别是改革开放的发展，就越来越不适应了。其主要弊端是：缺乏科学分类，造成党政不分、政企不分、政事不分，忽视了国家机关、企业、事业单位的不同特点和各类人才成长的规律；管理权限过分集中，用人与治事相脱节，用人单位特别是企业事业单位缺少用人自主权；用人缺少法制和公平竞争，以至于优秀人才难以脱颖而出，用人上的不正之风难以避免，改革这种人事制度势在必行。

第三节 我国现代公务员制度的形成和发展

十一届三中全会以后，党和国家工作重点发生了转移，干部人事工作的指导思想也发生了重大变化，由过去以“阶级斗争为纲”转移到“为经济建设服务”上来了。随着政治、经济、科技和文化体制的改革以及各项事业的发展，我国干部人事管理的弊端明显地暴露出来，改革干部人事制度便提上了议事日程。

根据改革开放和现代化建设发展的需要，国家对干部人事制度逐步进行系统的改革。主要目的是：从国情出发，创造一个公开、平等、竞争、择优的用人环境，建立一套能上能下、能进能出的充满活力的管理机制，形成一套法制完备、纪律严明的监督体系，开创人才辈出、人尽其才的局面，为实现国民经济和社会发展提供人才保证。

我国公务员制度从酝酿至今已有近 40 年的历史，其历史进程大致可分为五个阶段。

一、准备阶段(1978～1986 年)

1980 年 8 月 18 日，邓小平同志作了《党和国家领导制度的改革》的重要讲话，提出了“坚决解放思想，克服重重障碍，打破老框框，用于改革不合时宜的组织制度、人事制度”的号召，拉开了我国干部人事制度改革的帷幕，全国上下开始对干部人事制度各个方面进行改革探索：第一，确立了干部人事工作新的指导思想和干部“四化”的方针，使干部队伍的面貌发生了可喜的变化；第二，建立了老干部离退休制度，基本上实现了新老干部交替正常化；第三，改革了干部人事管理体制，确立了干部分类管理的思想，下放了干部管理权限；第四，进行了各项管理制度改革的大量尝试，如录用干部实行公开考试、严格考核、择优录用，打破了干部任用上的单一委托制模式，实行委任、选任、考任等多种形式；第五，干部人事管理观念和方式也发生了很大变化，公开、平等、竞争等新观念逐步深入人心，人事管理的封闭状态有了很大变化，开始向法制化、科学化方向发展。

1984 年中组部与劳动人事部分别组成了调查小组，总结几十年来我国干部人事工作的成绩与问题，同时派团考察了不同社会制度国家的官员人事制度情况。在此基础上，政府着手起草我国人事制度改革方案，几经演变，1986 年下半年定为《国家公务员暂行条例（草案）》，至此，公务员制度作为一种新型的干部人事制度已浮出水面。

二、决策阶段(1987～1988 年)

1987 年 9 月召开的党的第十三次代表大会，正式宣布我国将建立公务员制度，在国家行政机关推行国家公务员制度。1988 年 3 月召开的第七届全国人民代表大会，提出"要抓紧建立和逐步实施国家公务员制度"，并组建国家人事部负责推行以公务员制度为重要内容的人事制度改革工作。从此，建立公务员制度上升为党和国家的意志和重要任务，成为政治体制改革的重要内容。

三、试点和法规形成阶段(1989～1993 年)

根据党的十三大和七届人大确定的建立公务员制度的原则和要求，国家人事部组织力量，对国家公务员制度的法规体系进行深入研讨。从 1989 年开始，审计署、国家税务局、国家环保局、国家建材局、统计局和海关总署等国务院六个部门和深圳、哈尔滨两城市进行国家公务员制度试点；并在此基础上，进一步修改了国家公务员法规草案。1992 年邓小平南方谈话和中国共产党第十四次代表大会的召开，对公务员制度的推行提出更为迫切的要求。江泽民总书记在党的十四大上提出要"尽快推行国家公务员制度"。1993 年 8 月 14 日，国务院总理李鹏正式签署颁布了国家公务员管理的第一个基本行政法规——《国家公务员暂行条例》，并决定从当年 10 月 1 日起在全国正式实施。

四、制度创新和实施阶段(1993年10月～1997年9月)

这一时期是我国公务员制度全面实施阶段。为做好实施工作，人事部先后制定了十多个与《国家公务员暂行条例》相配套的单项规定和实施办法，其中重要的有《国家公务员制度实施方案》、《国家公务员录用暂行规定》、《国家公务员奖励暂行规定》、《国家公务员辞职辞退暂行规定》、《国家公务员申诉控告暂行规定》、《国家公务员职务升降暂行规定》、《国家公务员任职回避和公务回避暂行办法》、《国家公务员培训暂行规定》、《国家公务员职位轮换(轮岗)暂行办法》和《公务员申诉案件办案规则》等，并按“整体渐进、分步到位”的思路，结合机构改革，积极稳妥地进行实施工作。《国家公务员暂行条例》和这些暂行规定，奠定了中国公务员制度录用、考核、奖励、晋升、培训、交流、回避、辞职辞退、退休、申诉控告以及公务员权利、义务、工资保险福利、需要遵守的纪律等制度的法律基础，公务员制度在全国范围内基本建立，各级政府机关初步形成了公开、平等、竞争、择优的用人环境；公务员的录用，实行面向社会、公开考试、严格考核，择优录用；公务员的晋升，打破“论资排辈”的做法，按照德才兼备的标准，注重工作实绩，通过严格考核，择优进行；大部分机关都建立起职责规范和工作责任制，对人员实行严格考核；退休制度已基本实现正常化，辞职、辞退制度开始实施，政府机关人员能进不能出的状况初步得到改变；回避、轮换、纪律等廉政制度普遍实行，机关廉政勤政建设得到显著加强，公务员队伍素质普遍提高。

五、制度完善和依法管理阶段(1997年10月至今)

党的十五大根据经济体制、政治体制改革的要求，提出要“深化人事制度改革，完善公务员制度，建立一支高素质的专业化国家行政管理干部队伍”。这一时期完成了原国家行政机关干部向公务员过渡并实现了其身份的转变；国家与地方人事部门制定了多项规章和细则并付诸实施；转变了政府职能并精简了机构和人员；2005年4月27日，第十届全国人民代表大会常务委员会第十五次会议通过《中华人民共和国公务员法》，并于2006年1月1日起实施。该法律正式实施以后，各级组织与国家机关的人事部门，依法开展人事管理工作，修订原人事管理的法规与细则、制定新的人事法规与细则，使干部人事工作既有法可依又有章可循；各级组织与国家机关的人事部门，充分认清了人事工作在“十一五”与“十二五”时期的社会管理和经济发展中所需发挥的重要作用和任务。目前，各地各部门在总结前几年公务员制度推行的经验基础上，根据经济体制改革新突破、政治体制改革继续深入和精神文明建设要切实加强的要求，借鉴近年来世界各国公务员制度改革的做法，研究提出深化和改进的措施和办法，为完善公务员制度而努力。

第四节　我国公务员制度的特点

中国公务员制度针对传统干部制度的弊端，在吸收借鉴了古今中外人事管理经验和方法的基础上，吸收市场经济、民主政治中人事管理普遍遵循的原则和基本要求，建立了基本适应改革开放形势和市场经济发展需要的现代人事管理制度。其核心特征是不任人唯亲，通过竞争性的录用、晋升和富含激励的制度确保用人唯贤。如在录用方面不再基于个人关系，而基于个人的才干，通过竞争性的招聘考试。考试可以是全国性的，也可以是地域性的或者部门性的；在晋升方面不再基于个人关系，而基于个人才干和业绩，业绩优秀者得到适当的奖励。因此，无论是性质还是特点上，我国公务员制度与计划经济时期的人事制度和封建时期的职官制度都有明显不同。

一、与封建社会时期职官制度的差别

由于产生的政治、经济和社会背景完全不同，我国公务员制度与传统上的官吏制度的性质和特点也完全不一样。概要分析如下。

1. 价值取向不同

封建社会的君主专制政体，使得建构官吏制度的目的，是为了维护王朝的统治地位。而建立在“主权在民”基础之上的现代国家，政府的职责是服务人民，改善人民的生活和福利，维护人民的平等与自由。现代公务员制度建立的目的是创造公平竞争的环境，选拔优秀人才，提高行政效率，更好地为人民服务。

2. 官吏与国家的关系不同

封建社会的官吏是君主的家奴，只有服务皇帝命令的义务。官吏的任

用及生杀予夺，均由君主决定。现代社会的公务员与国家有明确的权利义务关系。国家机关对不能认真履行法定义务的公务员可以依法辞退，对违纪公务员可以给予处分。公务员对工作不满意时，可以依法辞职；当法定权益受到侵害时，可以依法进行申诉和控告。

3．管理方式的不同

在封建社会，国家机构、官位的设置和官吏的任用都以皇帝的意志为转移，官位可以作为“礼品”赠予或接受，官吏的奖惩、升降很大程度上取决于君主的喜怒哀乐。而在现代社会，公务员的选拔任用、职务升降、培训、退休等各项管理都有健全的法律法规，依法进行并接受社会的广泛监督。

二、与计划经济时期干部人事制度的差别

与先前的干部管理制度相比，当前公务员管理制度的优越性主要体现在以下几方面。

1．体现了分类管理的原则

公务员制度适用于公务员机关，与企业、事业单位的人事管理制度相区别，改变了以往无论哪类干部统统按一个模式管理的情况。因此，公务员制度的建立，不仅标志着中国特色的机关人事管理制度的形成，也标志着我国人事分类管理制度的确立和形成。

2．具有竞争激励机制

在公务员机关人员“进口”，上公务员制度改革了过去那种“统分统配”、凭组织或个人介绍进入机关的做法，建立了凡进必考机制，实行了公开考试、严格考核、择优录用的办法，是对传统机关进入方式的重大改革。公务员的晋升，需听取群众意见，经过严格考核，特别强调注重工作实绩，把功绩制原则引进公务员晋升制度，保证按照德才兼备的用人标准选拔人才，避免由少数领导圈定产生的弊病。

3．具有新陈代谢机制

公务员制度在健全退休制度的同时，增加了“出口”渠道。如对部分职务实行聘任制；对不同职务规定最高任职年龄，如果不能继续晋升的，可以改任非领导职务，或者到企事业单位工作；公务员可以按照规定辞去职务；实行多种形式的交流制度等。这些措施和办法，有利于公务员能上能下、能

进能出，增强了国家机关的生机和活力。

4. 具有廉政保障机制

公务员制度把廉政的要求贯穿和体现在公务员的义务、权利、纪律、晋升、考核、奖惩、回避等各个单项制度之中，并通过这些制度的实施和监督来加以保障。如录用制度可以克服用人上的不正之风；考核、纪律、奖惩制度可以激励公务员积极向上、廉洁奉公；回避制度可以避免血缘关系以及其他人际关系给工作带来的不良影响；职务晋升制度可以防止提拔干部中的任人唯亲现象等。这些制度从提高干部队伍素质和健全干部管理制度两方面来促进国家机关的廉政建设。

5. 具有勤政保障机制

公务员制度除了通过公务员的义务、纪律来保证勤政之外，还通过职位分类明确岗位责任，通过定期考核分出等次，区分工作的优劣，并将考核结果与奖惩、升降、晋级增资挂钩，做到功过分明，克服“干好干坏一个样”的弊端，从而提高行政效率。

6. 具有健全的法规体系

除《公务员法》这一基本法律外，我国的公务员制度还包括与之配套的单项法规及实施细则，构成了一套健全的法规体系，使公务员的管理有法可依，这样就能有效地提高我国公务员管理的规范化、法制化水平。

三、与外国公务员制度的差别

我国现行的公务员制度是根据我国的实际情况，在总结历史实践经验的基础上，为适应社会主义市场经济的发展和改革开放需要而改革完善的，深深地植根于我国特定的政治、经济和历史文化中，是中国特色的公务员制度，不同于其他国家的公务员制度，具体表现在以下方面。

1. 必须坚持党的基本路线

我国《公务员法》总则规定，公务员制度坚持以马克思列宁主义、毛泽东思想、邓小平理论和“三个代表”重要思想为指导。贯彻社会主义初级阶段的基本路线是建立公务员制度的根本指导原则。公务员必须执行中国共产党的路线、方针和政策，公务员中的共产党员必须参加党的组织生活，执行党的决议，遵守党的纪律，发挥党员先锋模范作用。

2. 必须坚持党管干部的原则

我国的公务员制度是党的干部制度的一个组成部分，各项具体管理制度是按照党的干部路线、方针、政策来制定的。各级政府组成人员和其他重要干部由各级党委管理，他们的任免由党委组织部门考察，党委讨论决定，依法由各级人大及常委会选举任免产生或由政府任免。西方公务员制度则强调公务员管理是独立于党派之外的管理系统，“不受政党干预”，“与党派政治脱钩”，政党不得直接管理公务员。

3. 必须坚持德才兼备的用人标准

“德”主要是指干部的政治思想、道德品质等，“才”主要指干部的工作能力。德才兼备，就是要求既要有“德”，又要有“才”，二者同时具备，不可偏废。按照德才兼备的标准选拔干部，反对任人唯亲是我们党和国家几十年来干部人事工作的一贯原则。具体来说，我国《公务员法》规定，对录用担任主任科员以下及其他相当职务层次的非领导职务公务员，采取公开考试、严格考察、公平竞争、择优录用的办法，并把考核政治思想和道德品质的结果作为是否录用的重要条件。

4. 必须坚持为人民服务的宗旨

我国公务员必须全心全意为人民服务，廉洁奉公，不贪污受贿，不谋私利，并接受群众监督。而西方公务员则是一个单独的利益集团，他们同政府的关系是雇员同雇主的关系，公务员工会为了公务员的利益经常同政府谈判。有些国家还设有专门的机构调节公务员集团与政府的关系。

5. 我国的公务员不存在“政务官”与“事务官”的划分

我国不搞多党制和所谓的“政治中立”，要求所有公务员在政治上与党中央保持一致，因此，我国公务员没有政务官与事务官的截然分别。而西方公务员制度则实行“两官分途”，强调政务官“政治化”、事务官“职业化”。

第五节　我国公务员制度的基本原则

建立公务员制度，必须坚持党的以经济建设为中心，坚持四项基本原则，坚持改革开放的基本路线，必须继承和发扬我国干部人事管理的优良传统，吸收我国干部人事制度改革的成功经验，与此同时，还应从我国的国情出发，学习和借鉴国外人事管理方面某些有益的经验和做法。所有这些，决定了我国的公务员制度是一套完整的国家机关工作人员管理体系，它包括对国家机关实行职位分类制度；通过法定考试，公开竞争，择优录用公务员；考核与职务升降要在充分注意政治思想的前提下，以工作实绩为主要依据；培训、工资、福利和退休的权利由法律来保障；等等。这些内容贯穿和体现了我国公务员管理的一系列原则，具体而言，包括以下五个方面。

一、公平竞争原则

公平竞争原则是公务员制度的基本原则之一。竞争在国家公务员制度中是公开、平等的。所有考试、考核、录用等程序都是公开进行的，并且所有参加报考的人员不受性别、家庭出身、民族、宗教等限制，并逐步打破地域、身份的限制。任何人都可以通过竞争进入到公务员队伍中来。竞争机制是我国公务员制度的核心内在机制，它贯穿于公务员制度的始终。

公平竞争原则在我国公务员制度中主要体现在以下几个方面：

(1) 向社会公开有关公务员制度的法律、法规和政策；向社会公开录用公务员和选拔公务员的职位及报考资格条件，公开考试内容的范围及考试方式和方法，并采取适当方法公开考试成绩和录用或者选拔结果；对公务员公开考核、奖惩、职务升降、竞争上岗、辞职辞退等工作的标准、依据和程序。

(2) 在承认人的知识、能力等差异的基础上，保证所有符合法定条件的公民都享有依法担任公务员的权利和机会。在进入公务员队伍后，公务员在考核、培训、奖励、职务升降、工资福利和退休等方面，平等地享有权利，在同等条件下享受同等待遇。

(3) 在公务员管理，特别是在公务员的录用、职务晋升等方面引入竞争机制。在公开、平等的基础上，实行优胜劣汰，好中选优，从整体上不断提高公务员的素质。

(4) 一个职位由多人报考，将最优秀的报考者录用为公务员，即择优录用；按照德才兼备的原则，采取竞争上岗、公开选拔等方式，选贤任能，将最合适的人员任用到每一个职位上，即择优录用。

二、监督约束与激励保障并重的原则

这既是公务员制度的一项基本原则，也是调动公务员工作积极性、保持公务员队伍廉洁的重要手段。监督约束与激励保障并重原则主要体现在：

（1）对公务员的监督约束。公务员是国家公职人员，掌握和行使公权力，代表和反映机关的形象。公权力的本质是为社会工作服务，但行使权力的个人是存在个人利益和偏好的。如果不对行使权力的个人加以限制和监督，就会滋生利用手中权力谋取私利的腐败现象。因此，必须加强对公务员的监督，以保证权力的正确行使，促使公务员忠于职守、勤勉尽责、为人民服务。

（2）对公务员的激励保障。在对公务员实行严格监督的同时，要加强对公务员的激励保障。长期以来，我国公务员队伍为国家的改革开放和经济社会发展作出了重要贡献。为了吸引各类优秀人才加入公务员队伍，使公务员队伍保持稳定，必须完善各种激励保障机制，维护公务员的合法权益。《公务员法》在激励保障方面，进一步明确了公务员的权利，在职务晋升上注重工作业绩，规定了考核管理制度、培训制度、工资福利制度、退休制度和申诉控告制度等。

三、任人唯贤、德才兼备、注重工作实绩的原则

功绩制原则是西方国家在反对封建特权和“政党分赃制”以实现担任公职机会均等的过程中建立起来的。我国关于公务员任用原则的规定，体现了功绩制的精神，但又不限于功绩的内容，含义更为丰富。具体而言，包括以下两个方面：

（1）任人唯贤、德才兼备是党的干部路线和方针的核心内容。“任人唯贤”是指选拔干部应该以坚决地执行党的路线，服从党的纪律，和群众有密切的联系，有独立的工作能力，积极肯干，不谋私利为标准。“德才兼备”是指选拔干部的两个条件，既要有德，又要有才，既要政治上靠得住和作风上过得硬，又要工作时有本事。具体而言，包括以下制度性规定：一是录用公务员，采取公开考试、严格考察、平等竞争、择优录用的办法；二是公务员的晋升，要考察公务员在执行党的基本路线中的表现，注重工作实绩；三是在考核方面，坚持对德、勤、能、绩、廉等进行全面考核。

（2）注重工作实绩，就是以工作实绩作为评价公务员的主要依据。它否定了以年资高低、亲疏关系、家庭背景等条件作为公务员录用和晋升的标

准。坚持注重实绩，一要坚持德才与实绩相统一的观点，德才需要通过具体的工作实绩来体现和验证；二要根据不同职位的职责要求制定科学的考核标准和可操作的考核指标体系；三要对公务员的实绩进行科学分析，准确评价。

四、分类管理的原则

分类管理是公务员制度中的一项科学管理方法，也是实行公务员制度的国家普遍实行的基本做法。尽管各国对公务员分类的标准和具体内容不尽相同，但几乎无一例外地体现了分类管理的思想。可以说，公务员制度的建立，本身就是实行分类管理的结果。

《公务员法》贯彻了分类管理的思想和原则，主要体现在以下三个方面：

一是根据职位的性质、特点和管理需要，将公务员职位划分为综合管理类、专业技术类和行政执法类等类别，再根据职位类别设置不同的职务序列。针对不同类别的公务员，采取不同的管理办法。

二是根据产生、任免方式及管理主体的不同，将公务员分为领导成员和非领导成员。两者除了产生、任免方式不同之外，在一些具体的管理环节上也有所不同。

三是根据任用方式的不同，将公务员分为委任制和聘任制，而部分领导成员还是通过选举产生。聘任制公务员的管理办法与委任制公务员有很大区别，所以《公务员法》第十六章对聘任制公务员的管理作了专章规定。

五、党管干部的原则

党管干部原则是社会主义国家人事制度坚持的根本原则，是我国公务员制度的基本原则，是党的组织路线为政治路线服务的重要保障。党的十九大报告提出，要建设高素质专业化干部队伍。党的干部是党和国家事业的中坚力量。要坚持党管干部原则，坚持德才兼备、以德为先，坚持五湖四海、任人唯贤，坚持事业为上、公道正派，把好干部标准落到实处。坚持正确选人用人导向，匡正选人用人风气，突出政治标准，提拔重用牢固树立“四个意识”和“四个自信”、坚决维护党中央权威、全面贯彻执行党的理论和路线方针政策、忠诚干净担当的干部，选优配强各级领导班子。注重培养专业能力、专业精神，增强干部队伍适应新时代中国特色社会主义发展要求的能力。大力发现储备年轻干部，注重在基层一线和困难艰苦的地方培养锻炼年轻干部，源源不断选拔使用经过实践考验的优秀年轻干部。统筹做好培养选拔女干部、少数民族干部和党外干部工作。认真做好离退休干部工作。坚持严管和厚爱结合、激励和约束并重，完善干部考核评价机制，建立激励机制和容错纠错机制，旗帜鲜明地为那些敢于担当、踏实做事、不谋私利的干部撑腰鼓劲。各级党组织要关心爱护基层干部，主动为他们排忧解难。

本章小结

本章分析了公务员制度是推进市场经济产物的论断；总结了我国公务员制度产生是与建立社会主义市场经济紧密相连的；简要回顾了我国公务员制度发展的历史进程，指出了我国公务员制度的基本原则和目标；通过与国外公务员制度和我国原有干部人事制度进行对比，总结归纳了我国公务员制度的主要特点；最后，对我国公务员制度的实施现状和改革重点进行了简要的探讨。

关键术语

公务员　干部人事制度　党管干部原则　分类管理　公务员法　公平竞争原则

复习思考题

1. 我国公务员制度的特征有哪些？
2. 简述市场经济与公务员制度产生的关系。
3. 当前我国公务员制度实施存在哪些问题？
4. 我国公务员制度未来改革的重点是什么？
5. 完善我国公务员制度应坚持哪些原则？

第三章 公务员的分类制度

现代公务员管理制度的核心，就是在科学分类的基础上，实行分类管理、规范管理与人本管理，对公务员实行人岗匹配，实现三个“合适”，即把合适的人放在合适的岗位上做合适的事情，促进公务员队伍的专业化、职业化与现代化，以保证公共部门的高效运行与政府战略目标的全面实现。纵观世界各国，公务员分类方法主要有品位分类和职位分类两种，并分别以英国和美国为主要代表。当今世界各国都在积极吸取这两种分类制度特点的基础上，建立适合各自国情的公务员分类制度。

导引案例

公务员分类改革打破职业发展“天花板”

7月14日，中办国办印发的《专业技术类公务员管理规定（试行）》和《行政执法类公务员管理规定（试行）》全文公布，对专业技术类和行政执法类公务员分别制定了职位设置、职务升降等方面的规定。人社部发言人李忠表示，两个规定标志着我国公务员分类管理的制度框架体系基本确立。

不可否认，现行的公务员管理体制比较僵化，不仅影响了公务员的职业发展，而且影响了行政效能和服务效率。最新的一项公共人事制度调查显示，公务员管理在激励制度、晋升制度、工薪制度、责任制度、退出制度、考核制度等方面，均存在一些缺陷。如此语境下，实施公务员分类改革，对专业技术类和行政执法类公务员分别制定职位设置、职务升降等规定，其积极意义不容小视。

过去，在中国公务员体制中，公务员薪金水平与其所在的职级序列挂钩，客观上导致了公务员都想当“官”的现象。同时，一些基层公务员工作一辈子仍然是科员，他们感到不满和失望，要么工作消极懈怠，要么在办事过程中吃拿卡要,在违纪中“找平衡”。再者,现行的机制使基层公务员晋升通道狭窄,加之所有公务员薪酬都拉平均,没有绩效考核,干与不干一个样,干好干坏一个样。特别是,中央禁令之下,一些公务员以“没好处不办事”进行软抵抗,严重影响了行政效率和公务员形象。上述种种弊端,倒逼公务员管理体制改革。

首先,应推行公务员分类管理改革,将公务员分为综合管理、行政执法和专业技术三个类别,并为后两类建立独立的职务序列,工资待遇不再与行政职务级别挂钩;打破公务员的“铁饭碗”,清除传统公务员管理体制的“官本位”弊端,建立起以专业化和公平竞争为核心的职场文化,这是对中国千年来“官本位”文化的一种消解。这也意味着,公务员将不必再通过仕途来体现自身的价值,只要努力工作,通过年功积累就可打破职业发展的“天花板”。

特别是,以建设高素质公务员队伍为目标,创新考核机制,形成全方位公务员考核评价综合体系。比如,实行考核规定与单位业务相结合、民主评议与工作实绩相结合、年度考核与平时考核相结合、定性考核与定量考核相结合;并用实用足考核结果,考核结果与调整公务员职务、级别、工资、奖励挂钩,体现出“老实人不吃亏、无为者无机会”的考核理念,让端着“金饭碗”的公务员开始有了危机感。更重要的是,完善约束机制与退出机制,真正打破公务员的“金饭碗”,使公务员职业回归公共服务的本位。

资料来源:《公务员分类改革打破职业发展“天花板”》,见 http://guancha.gmw.cn/2016-07/16/content_20988513.htm(光明网 2016 年 7 月 16 日)

思考分析:公务员分类改革对我国公务员队伍的管理有哪些影响?

第一节 品位分类制度

一、品位分类制度的含义与特征

1. 品位分类的含义

品位分类(Rank Classification)是一种以“人”为中心的人事分类制度。根据公务员个人所具备的资历、学历以及职务、身份等多项条件来确定其录用、考核、培训、晋升和工资福利待遇。在品位分类制度中，公务员既有官阶，也有职位。官阶代表品位等级、地位、资格与报酬，而职位代表权力、职责与任务。这种分类办法，把官和职分开。也就是说，公务员可以有官无职，也可以有职无官。进一步说，品位分类制度，强调以人为中心，因人设职，而不是因职择人，因此，实行品位分类制度的国家一般都重视“通才”的作用。

2. 品位分类制度的特征

品位分类是以人员所具有的资格条件为主要依据，以职务或等级高低来确定待遇的人事分类管理制度，具有如下特点：

(1) 品位分类建立的是以“人”为中心的分类体系。品位分类的对象是人以及人格化的职务等级与其他资格条件，重视公职人员的学历、资历、经验和能力。任职年限、德才表现等通用资格条件成为公职人员晋升的主要依据。因此，品位分类体现的是人在事先。

(2) 品位分类强调公职人员的综合管理能力。品位分类注重公职人员具备的德才、贡献、能力水平、任职年限等通用的资格条件，强调的是“通才”而非特殊知识或技能。

(3) 职责划分简单。品位分类对职位的分类以职务划分的形式表现出来，而职务的工作与责任内容较为广泛。总体来说，以品位分类为基础建立起来的人事架构相对简单易行，选拔任用环节无须人事管理专家参与即可进行。

(4) 官位和等级职位可以分离。品位分类制下，品位(或称品级、官阶、级别)代表着地位高低、资格深浅、报酬多寡；职位则标志着权力等级，代表职责之轻重、任务之繁简。品级以公务员个人为中心，品级高低与职务类别并无必然联系，常可出现高品级低职务或低品级高职务、甚至有品级无职务或有职务无品级的情况。

二、英国品位分类制度的演变

英国是率先在公务员(文官)中推行品位分类的国家。英国政府的品位分类制度经历了初建、发展和改革几个时期，并经历了若干次重要的结构性改革。

1. 初建时期(1854～1870 年)

此时期英国政府分类结构建立的依据为 1854 年《关于建立英国常任文官制度的报告》。该报告主张将政府文官区分为高低两大类,高级文官负责行政和管理工作,必须受过大学教育;低级文官处理日常性和机械性事务,受过普通教育即可。由于这个报告在议会讨论时遭到反对,因此关于文官分类的主张在当时未能得到实施。1870 年,英国政府的文官分类制度有了实质性的突破。这一年,英国政府颁布了关于文官制度的第二个枢密院令,将政府文官正式区分为执行政策的上层和办理日常事务的下层。与之相应,文官也划分为两个等级。英国文官分类制度的框架基本形成。

2. 发展时期(1870～1971 年)

1870 年英国文官分类制度的建立,为这一制度的不断完善发展奠定了基础,使之在此后 100 年间不断得以充实。英国议会于 1876 年和 1890 年分别对文官分类进行改革,基本上是在 1870 年确定的框架中进行的,其主要内容为:第一,严格控制第一级人员的数量,在质量上严格把关;第二,在第二级内再划分为较细的等级,并确定不同等级间流动的条件;第三,规定第二级升入第一级的资格条件。

第二次世界大战后,随着工业人员和专业人员成为相对独立的部分,英国政府的文官结构发生了较为突出的变化,出现了不同门类人员的结构性划分,开始出现工业人员和非工业人员两大类。其中工业人员又分为 10 类。工业人员在待遇上有专门的规定,情况与一般文官有所不同。非工业人员是指在行政机关工作的文官(包括外交官员),包括两大类:一类是专业人员,一类为专业行政类。英国品位分类制度演化示意详见表 3-1。

表 3-1　　英国品位分类制度演化示意图(1870～1971)

<table>
<tr><th>1870 年</th><th>1906 年</th><th>1920 年</th><th colspan="8">第二次世界大战以后</th><th colspan="10">1971 年</th></tr>
<tr><td rowspan="5">第一级</td><td rowspan="3">第一级</td><td rowspan="2">行政级</td><td>一般行政人员</td><td colspan="7">专业人员</td><td rowspan="10">综合类</td><td rowspan="10">科学类</td><td rowspan="10">专业技术类</td><td rowspan="10">培训类</td><td rowspan="10">法律类</td><td rowspan="10">警察类</td><td rowspan="10">社会保障类</td><td rowspan="10">秘书类</td><td rowspan="10">资料处理类</td><td rowspan="10">调查研究类</td></tr>
<tr><td rowspan="3">行政级</td><td rowspan="9">法律人员</td><td rowspan="9">统计人员</td><td rowspan="9">科学人员</td><td rowspan="9">公务专业人员</td><td rowspan="9">医务人员</td><td rowspan="9">会计人员</td><td rowspan="9">邮政人员</td></tr>
<tr><td rowspan="3">执行级</td></tr>
<tr><td rowspan="4">中间级</td></tr>
<tr><td rowspan="2">执行级</td></tr>
<tr><td rowspan="5">第二级</td><td rowspan="3">事务员级</td></tr>
<tr><td rowspan="3">事务员级</td></tr>
<tr><td rowspan="3">第三级</td></tr>
<tr><td rowspan="2">助理事务员级</td></tr>
<tr><td>助理事务员级</td></tr>
</table>

3. 改革和改革后时期(1971 年以后)

1971 年,英国政府对公务员实行"公开结构",宣布取消原有的等级的划分,代之以一个包括所有非工业部门职位在内的统一的等级结构。这一结构共分为 10 类,包括:综合类(包括行政人员、经济学家、统计学家、新闻官员、图书管理人员),科学类,专业技术类(包括建筑师、测量勘探人员、电力和机械工程师、制图员及航海部门人员),培训类,法律类,警察类,秘书类,社会保障类,资料处理类,调查研究类。英国公务员现有 10 个职类,26 个职组,84 个职系。英国的品位分类制度(1971 年以后)详见表 3-2。

表 3-2　　英国的品位分类制度(1971 年以后)

职组	职系	职级
一、综合类	1. 行政	10
	2. 情报	6
	3. 经济	4
	4. 统计	4
	5. 文书	5
	6. 通信	2
二、科学类	科学	8
三、专业技术类	1. 专门技术	5
	2. 书报、图解职员	5
	3. 海上勤务	5
四、培训类		6
五、法律类		3
六、警察类		9
七、秘书类		10
八、社会保障类		2
九、资料处理类		3
十、调查研究类	1. 社会科学调查	5
	2. 资源计划调查	5

纵观英国文官分类制度的发展历史，不难发现，它经历了一个由简单到复杂的变化过程，基本上是在纵向分级基础上增加横向分类。在一般行政类之外增加了专业技术类，是其比较显著的变化。这表现在两个方面：一是原有的行政人员内部等级划分不断细化。1870 年为二级划分，1906 年为三级划分，1920 年又增加为四级划分。二是文官类别逐渐增多。第二次世界大战后增加了非工业人员的专业技术人员类别，1971 年的改革则进一步扩大了文官类别，由专业人员与一般行政人员这两类发展到十大类。这种日趋复杂的结构演变表明，英国公务员分类制度正逐步向职位分类逼近，确切地说，在职位横向划分向职位分类靠拢。

但是，英国的公务员仍然属于品位分类而非职位分类，原因是英国各类公务员并没有一个统一对应的级别序列。英国公务员的工资待遇确定方式，不像实行职位分类制度的美国那样，依据职位的级别确定。英国不同类别的公务员有不同的级别数目，此为关键原因。

三、品位分类制度的评价

1. 品位分类制的优点

一是品位分类制度没有严格的分类程序和依据，职位划分简单，在实践中简便易行，在应付特殊情况和紧急需要时具有优势；二是注重公职人员的综合管理能力，实行官随人走的品位分类，有利于公职人员的正常流动，使他们了解更多的工作门类和工作内容，成为通用型人才；三是注重学历背景，有利于提高公共部门人力资源的整体素质，吸纳优秀人才；四是强调年资、官职相对分离，使公职人员不致因职位调动而引起地位、待遇变化，有利于公共部门人力资源队伍的稳定。

2. 品位分类制的不足

一是由于品位分类强调的是人在事先、因人设岗，按此形成的行政组织结构比较松散，容易造成机构臃肿、人浮于事的局面；二是过于注重公职人员的学历、资历、身份、地位等条件，不利于学历低、资历浅但能力强、水平高的人才脱颖而出，不利于人尽其才和充分合理地使用人才，影响公务效率和工作积极性的提高；三是全部公职人员划分为若干不同的等级，容易滋生上下隔阂、彼此歧视的心理，服务意识、团队合作精神差，工作步调难以一致与整齐;四是缺乏对公职人员的规范化工作要求,使公职人员的考核、培训、晋升等缺乏客观依据;五是以官阶定待遇,容易导致同工不同酬的现象,不利于对公职人员的激励,容易诱导公务员更热衷于对个人品级的追求,而忽视了工作本身,从而导致行政效率低下。

第二节　职位分类制度

一、职位分类制度的含义与特征

1. 职位分类的含义

19世纪20年代以后,随着社会经济、文化、科学技术的发展,社会分工越来越细,政府职能范围也日益扩大,许多专业性、技术性工作进入了政府工作领域,仅靠通才不能满足实际工作的需要,必须吸收各学科的各级专家参加政府管理。为了适应这种需要,一方面以英国为代表的品位分类增加了横向划分,即把政府工作人员分为行政人员和专业技术人员等几大类,各类再建立各自的品位系列;另一方面,以美国和加拿大为代表,开始实行职位分类制度。

职位分类通常是指根据职位的工作性质、责任轻重、难易程度和所需资格条件等进行分类,划分为若干种类和等级,以便对从事不同性质工作的人,用不同的要求和方法治理,对同类同级的人员用统一的标准治理,以实现人事治理的科学化,做到"适才适所",劳动报酬公平合理等。

"适才适用"与"适才适遇"是职位分类的两大基本理念,关于职位分类的具体制度设计都是围绕这两大基本理念而展开的。"适才适用"也可以说是"专才专用",就是公务员的专业化建设;"适才适遇"也可以说是"同工同酬"。要做到"适才适用",就要设计符合公务员专业化发展的职业发展渠道。公务员或者沿着职位的级别阶梯晋升,或是沿着职务序列的阶梯晋升,或者同时沿着两条阶梯晋升。而要做到"适才适遇",就要设计合理的工资保险福利制度。

美国是实行职位分类制度的故乡,其他国家(如日本)不同程度地借鉴了美国的职位分类制度,但并不是原封不动地接受了美国的类似制度设计,而是比较彻底地接受了“适才适用”与“适才适遇”这两大基本理念。实行职位分类的国家在后来要简化职位分类制度、融合品位分类的合理因素，主要原因也是为了改变职位分类的制度形式，更好地做到“适才适用”与“适才适遇”。

2. 职位分类的特征

从职位分类的含义中我们可以看出，职位分类具有以下几个特征：

第一，职位分类是以“事”为中心的分类，即“因事择人”；

第二，职位分类所依据的根本要素是职位的工作性质、难易程度、责任大小及所需资格条件；

第三，职位分类并不是硬性规定何类职位应办什么事，而是对各个职位所干的事进行客观分析与评价，由此确定职位在职位分类布局中所处的位置，从而达到分类治理的目的；

第四，职位分类不是固定不变的，可随着职位工作的变化而变化，但不因工作人员的变动而变动。

二、美国职位分类制度的演变

美国的职位分类制度主要经历了以下几个阶段。

1. 从品位分类逐步走向职位分类

美国是世界上实行职位分类最早的国家。美国的职位分类制度从1883年《彭德尔顿法》实施到1923年确立，共用了20年的时间。1923年，美国联邦政府总结地方实行职位分类的经验，制定了第一个联邦政府《职位分类法》。依据《职位分类法》成立的联邦人事分类委员会，对联邦政府各部委及华盛顿特区机构实行职位分类管理。该法案将联邦各部委人员划分为5类44等。

1923年美国颁布实施《职位分类法》的主要目的是建立一个决定录用、晋升、工资、退休金的客观标准，但最直接的目的是解决“适才适遇”问题。从美国联邦政府这个层面讲，1923年之前也存在分类，但不是职位分类。1883年《美国文官法》将是否以通过考试来任用为分类标准，将公务员分为两类：即一类是经过文官考试的，另外一类是没有经过考试的。这是对人的分类，不是对事的分类。这种分类带来的一个大问题即：工作责任相同或相似的职位，却有不同的称呼，享受不同的待遇，难以流动，不符合功绩制的要求。1919年，国会两院成立了一个工资再分类委员会，调查华盛顿各部职员和哥伦比亚特区市政府职员的工资，并对工资再分类提出建议，以实现同工同酬。1920年，工资再分类委员会根据调查结果提出一个报告，报告显示，高级档案和记录书记员这个岗位，竟有105种不同的称呼。虽然他们所做的事情相同，工资差别却从年薪720美元到2400美元不等。委员会的报告公布后，国会讨论了不同的分类和工资提案，最后在1923年制定《职位分类法》，1924年实施。

1923年《职位分类法》对文官从事的工作，按其性质的不同分为五大类：专门技术类，次专门技术类，文书、行政和财务类，保管类，文书机械类。每一类中按工作的难度、重要性以及责任的大小分为不同的职级（Grades）。请注意，此时的职级不是职系的职级，只是对同一类别的职位作出层次划分。文官的考录、考核、工资依其职位所在的类别、职级、职等来确定。该职位分类法最初只适用于中央各部和哥伦比亚特区市政府的职员，之后推广到适用于联邦政府在地方的派出行政机关；不适用《职位分类法》中一般工资规定的文官，其工资待遇另由特别法规定。

2. 1923年之后的逐步合理化进程

1923年的法律又经过多次修改，执行该法律的机构最初为人事分类委员会，1932年起改由文官事务委员会执行。

1931年，美国联邦政府扩大职位分类适用范围，对职位分类的结构进行较大的调整，改为7类、81等。1949年，美国联邦政府实行新的《职位分类法》，调整了原来的分类结构，将原来的7大类合并为2个类别，即“一般行政类”（简称GS）和“技艺保管类”（简称CPC）。其中“一般行政类”分为18个职等，占联邦政府所有文官职位的45%左右，其中16～18级是高级职等，由文官委员会直接办理，1～15级则由各部自行办理；“技艺保管类别”分为10个职等，其中有的职位不实施职位分类，采用工作评价制度，有的另有专门的法规确定其分类办法。

1954年联邦人事分类委员会撤销“技艺保管类”，将其中的一部分职位并入“一般行政类”，另一部分由文官委员会核准为不适用《职位分类法》的例外职位。1958年，又将“一般行政类”分为23个职组，524个职系，原来的

18个职等不变。1965年，将"一般行政类"减少为23个职组，420个职系，原18个职等保持不变。（详见表3-3）

表3-3　　一般行政类(GS)序列的职组及职系类别

职组代码	职组名称	包含职系数
GS-0000	混合职组	26
GS-0100	社会科学、心理学和福利职组	29
GS-0200	人力资源管理职组	8
GS-0300	一般行政、文秘和办公室事务职组	32
GS-0400	自然资源管理和生物学职组	33
GS-0500	会计和预算职组	17
GS-0600	医学、医院、牙医和公共健康职组	50
GS-0700	兽医学职组	3
GS-0800	工程和建筑职组	32
GS-0900	法律及相关职组	19
GS-1000	信息和艺术职组	20
GS-1100	商务和产业职组	24
GS-1200	版权、专利和商标职组	9
GS-1300	自然科学职组	26
GS-1400	图书馆和档案馆职组	6
GS-1500	数学职组	11
GS-1600	设施设备及维护职组	8
GS-1700	教育职组	11
GS-1800	调研职组	22
GS-1900	质量鉴定、检查和评等职组	4
GS-2000	供给职组	9
GS-2100	交通职组	19
GS-2200	信息技术职组	2

资料来源：[U. S. Office of Personnel Management (2002), Handbook of Occupational Groups and Families, pp. 14～98.]

1976年底正式实施因素评价制度。因素评价制度适用于“一般行政类”的1～15职等的公职人员。它采用9项基本标准:职位要求的知识、监督管理、指导方法、复杂性、效果与范围、人员接触、接触的目的、体力要求、工作环境。这9项标准中的每一项又按不同的水平(程度)加以说明,并量化赋分,然后将因素水平说明和分数评定应用于具体职位的分析,定出标准职位,进一步确定各种职位的级别。因素评价制度的实行,使职位分类趋于精确化、系统化。

3. 1978年后开始吸收品位分类的合理因素

以1978年美国《文官制度改革法》建立高级公务员职务序列(Senior Civil Service简称SES)为标志,美国的职位分类制度出现了一个重大转折,这就是开始吸收品位分类的因素,弥补职位分类的不足。美国1978年《文官制度改革法》规定在联邦政府各机关中,设置9200个高级行政职位,包括“一般行政类”中16～18等高级职业文官及行政首长职务序列中第四、第五职等官员职位(这两等位属于无须参议院同意、总统可以直接任命的职位),空缺职位由人事管理总署向全国公开竞争招聘。同时将16～18等高级文官的工资从整个文官工资体系中分离出来,实行“级别随人”的工资制度,从而打破了高级文官管理的僵化局面,增加了机关首长用人的灵活性,增加了高级文官的流动性,有利于发挥高级文官的能力和积极性。

1978年建立的高级文官职务序列的目的可以概括为:促进流动,弱化职位分类制度带来的刚性,提高行政首长对高级公务员任用、调任、薪俸、考绩、辞退方面的灵活性;留住人才,以更好地与私营部门竞争;造就通才,克服职位分类中专才有余、通才不足的人力资源结构弊端。

高级公务员序列的公务员有职业任用(Career,只有职业化的公务员才能有任用资格)、非职业任用(Non-Career,不需要职业化的公务员资格)和限定任用(Limited)3种方式。非职业任用政治性强,主要从事帮助并维持有政治意义的政策,或作为政务官个人的助手或顾问,是政务官控制行政机关的工具。实行该任用方式的高级公务员数目不能超过高级公务员序列总数的10%。限定任用职务多是因某一不连续工作而设置,其总数不得超过高级公务员序列的5%。

美国高级公务员序列中的公务员处于政治任命官员与一般职业文官的

中介，上联决策，下系执行，实际上处于两大群体的交汇处。美国高级文官充当政务类官员的管理工具，增加流动，这是该制度设计的初衷。但根据人事管理局的统计，1991 年只有 1.4% 的高级文官从一个部门流动到另外一个部门。究其原因有三：在水平方向，各部门都有专业化的职业集团，部门间流动难度比较大；在垂直方向上，难以突破政治性任命官员这个“天花板”；管理体制过于分化，没有一个战略，没有将高级公务员作为一个整体进行人力资源开发。有学者建议由美国行政管理和预算局代替人事管理局来管理高级公务员序列，同时采用任期制。

4. 1986 年以后试图简化分类制度的尝试

1986 年美国联邦人事局试图简化分类制度，将评价职位的 9 因素压缩为 5 因素，包括所需知识、监督控制、人际联络、复杂性、范围和效果。美国“中国湖”的改革试点项目在实践上迈出了简化职位分类的第一步。该项目抛弃了原来的职位分类，而把所有的工作分成 5 个类别（原来是 420 个职系）即专业性的、技术性的、专家性的、行政管理性的和办事性的类别，并把 15 个职等压缩，将每一类别工作分成 4、5 或 6 个级别。雇员与联邦人事管理局对试点结果满意，但因为经费等原因，里根政府没有充分支持“中国湖”试点项目。1987 年里根总统向国会提交了一份公务员制度简化法案，结果被国会否决。该法案主张用数目更少的职业发展通道（Career Path）来代替 437 个职系的划分；以确定工资幅度的 4 或 5 种工资系列来代替 18 个职等的划分。1995 年美国国会再度否决了克林顿政府提出的旨在简化公务员制度的《公务员制度改革法案》。

世界上没有两个完全相同的职位分类制度，甚至用的概念也不一样。一个国家是否采用职位分类制度，在多大的程度上取决于职位分类制度在多大程度上解决了“专才专用”与“适才适遇”的问题。日本 1947 年 10 月 21 日颁布的《国家公务员法》效仿美国的职位分类制度，建立了日本式的职位分类制度即“职阶制”（日本《国家公务员法》第三节第二十九条）。1950 年 5 月，日本众议院通过了《关于高级公务员职阶制的法律》。也许过于烦琐的美国职位分类制度在日本水土不服，日本实际上并没有执行所谓“职阶制”。人事管理实践中，以 1950 年的《一般职公务员工资法》替代了“职阶制”。1991 年最新修订的日本《国家公务员法》再次重申“《一般职公务员工资法》

(1950年第95号)第六条规定的职位分类,在由人事院提出建议、由国会对其修改之前仍具有效力”。根据《一般职公务员工资法》的规定,每一类别的公务员对应一种特定的工资表。在科学设置职位、强调职位的专业知识和技能后,公务员的分类演化为工资表的分类。一旦职位类别划分后,应坚定地实行分类工资制度。

职位分类制度无论如何演变,它有一个始终不变的主线,即以公务员的职等(即职位的职等,我们通常用“级别”来表述“职等”)来确定公务员的工资待遇。公务员承担的职务因素(特别是领导职务)已经充分体现在职等的高低里去了。可以这样说,在实行职位分类的国家,职等是确定公务员工资待遇的唯一依据。

三、职位分类制度的评价

职位分类的优点主要在于:① 因事设人,避免了因人设事滥竽充数现象;② 可以使考试和考核标准客观,有利于事得其人,人尽其才;③ 便于实行公平合理的工资待遇和制定工作人员的培训筹划;④ 可以做到职责分明,淘汰不必要的推诿纠纷,有利于获得职位的最佳人选,避免机构重叠、层次过多、授权不清、人浮于事等问题,提高组织机构的科学化、系统化水平,使组织机构处于合理高效的状态;⑤ 有一套严格的法规文件;⑥ 以工作决定报酬,实行同工同酬;⑦ 为考试录用、考核奖惩、升迁等各项管理提供客观依据。

职位分类的缺点主要表现在:① 在适用范围上,职位分类较适用于专业性较强的工作和职位,而对高级行政职位、秘密性职位、临时性职位和通用性较强的职位,则不太适用;② 实施职位分类的程序烦琐复杂,需要动用大量的人力、物力并需要有履历的专家参与,否则难以提高科学性和正确性;③ 职位分类重事不重人,强调“职位面前人人平等”,因此严格限制了每个职位的工作数量、质量、责任,严格规定了人员的升迁调转途径,有碍于人的全面发展和人才流动,个人积极性不易得到充分发挥;④ 职位分类在考核方面过于注重公开化和量化指标,使人感到烦琐、死板、不易推行。

美国的职位分类以细密细致而著称,并被认为是实行功绩制的一种方法和人事现代化的标志。20世纪七八十年代以来,美国开始重视简化分类制度和注重“人”的积极作用，但费时、耗资、繁复等问题始终没有得到好的处理，尤其是这种静态的分类模式，常常难以适应变动的职位布局。职位分类中出现了一些新的发展趋势，不少国家更加重视“人对职位的影响”，实行了“级随人走”，此外，职位分类的体系布局也趋于简化。

第三节　我国公务员的分类管理制度

一、《公务员法》实施之前的我国公务员分类制度

中国自古以来就有公务员品位分类管理的传统。早在魏晋南北朝时期的封建社会，我国实行的九品中正制即是对官员进行品位分类管理，官员的地位和待遇按品级的高低而定，不同品级的官员可以在不同职责与职位之间调动。这种以品位为主的官员管理体制经过后来数个朝代的改进与演变持续了近两千年，乃至在新中国成立以后，我国干部人事管理制度依然表现出明显的路径依赖，导致当时计划经济体制下的干部人事制度基本沿用了以“人”为中心的品位分类管理方式，主要体现在对所有公务员进行了行政级别的划分，并均按党政机关干部的单一模式进行集中管理。

鉴于长期以来按行政级别划线的管理方式在实际运用中出现了较严重的“官本位”、“大锅饭”等官僚主义与平均主义问题，党的十三大首次对干部人事制度改革作了全面系统地阐述，提出要“改变公务员集中统一管理的现状，建立科学的分类管理体制”，并强调“改革的重点是建立国家公务员制度”。在这一改革思路的指引下，1993 年 8 月颁布了《国家公务员暂行条例》（以下简称《暂行条例》），标志着在国家行政机关人员中，开始实施国家公务员制度。《暂行条例》设专章规定了职位分类制度，成为我国进行职位分类的法律依据。但从《暂行条例》的制度设计来看，其中只规定了“制定职位说明书，确定每个职位的职责和任职资格条件，作为国家公务员的录用、考核、培训、晋升等的依据”，但并未对公务员的职位具体如何分类作出明确的说明。所以，当时我国公务员实行的实际上是职务分类，即只是将公务员的职务分为领导职务和非领导职务，同时规定了与领导职务相对应的级别序列。由于公务员内部并未根据职位的性质和特点进行明确分类，所有的公务员

依然只能按同一套职务序列进行统一管理，职业发展渠道过于单一，既不利于对公务员的激励，又难以适应管理工作日益复杂化、多样化的需要，因此，还需通过进一步细化、明确公务员职位分类方式来解决该问题。

二、《公务员法》确立的职位分类制度

为改进与完善公务员分类制度，2006 年 1 月 1 日正式实施的《中华人民共和国公务员法》在科学总结实践经验、并合理借鉴传统职位分类和品位分类优点的基础上，从制度创新的高度对公务员的职位分类作出了明确规定。

1. 划分职位类别

(1) 行政执法类职位。行政执法类职位是指政府部门中直接履行行政监管、行政处罚、行政强制、行政稽查等现场执法职责的职位。从分类管理的角度，行政执法类职位只存在于部分行政机关，且只存在于这些行政机关中的基层行政机关。与政府机关的综合管理类、专业技术类职位相比，行政执法类职位具有下列特点：一是纯粹的执行性。与综合管理类相比，行政执法类只有对法律的执行权，而无解释权，出现纠纷时不具备裁定权。二是现场强制性。与专业技术类相比，行政执法类依照法律、法规处于一线，直接对具体的管理对象进行监管、处罚、强制和稽查。设立行政执法职位，是党和政府建立一线执法公务员队伍长效管理机制的手段。将行政执法类职位区分出来，有利于更好地激励和约束一线执法队伍，更好地适应完善社会管理与市场监管职能的需要，更好地与中央已经确定的决策、执行、监督相协调的政府机构改革原则相衔接，更好地加强对一线执法人员的监督，落实执法责任追究制。

(2) 专业技术类职位。专业技术类职位是指机关中履行专业技术职责，为实施公共管理提供专门的技术支持与保障的职位。与其他类别职位相比，专业技术类职位具有下列三个特征：一是只对专业技术本身负责的纯技术性。专业技术类公务员在自己的专业岗位上，只对专业技术业务本身负责，一般不直接参与公共管理，不具备行政决策权。二是低替代性。专业技术类职位与其他职位之间的替代性不强，应尽量避免跨类别的人员流动，专业技术类公务员交流应以相同或相近岗位的交流为主。三是技术权威性。专业技术类公务员提供的技术结论不受行政领导干预，不因行政领导意志

的改变而受影响，但这种权威性仅体现在技术层面上，为行政领导决策提供参考和支持，最终的行政决策权仍属于行政领导。对于技术结论所建议的方案，行政领导可结合其他因素作出自己的选择。只有同时符合上述三个特征的职位，才属于专业技术类职位。

（3）综合管理类职位。综合管理类职位则是指机关中除行政执法类职位、专业技术类职位以外的履行综合管理以及机关内部管理等职责的职位。这类职位数量最大，是公务员职位的主体。综合管理类职位具体从事规划、咨询、决策、组织、指挥、协调、监督及机关内部管理工作。

（4）法官、检察官类职位。人民法院、人民检察院是我国国家机构的重要组成部分。法官、检察官分别行使的审判权、检察权属于国家权力中相对独立的国家司法权力，具有较强的专业性和司法强制性。该类职位分别行使国家的审判权与检察权，与其他类别职位的性质、特点存在明显区别。法官、检察官在等级、义务、权利、资格条件、任免程序、回避等方面的管理也与其他类别公务员有所区别。值得注意的是，《公务员法》“职务与级别”一章没有直接明确点出“法官、检察官类”，但《公务员法》第三条规定法律对“法官、检察官的义务、权利和管理另有规定的，从其规定”，实际上可以将此视同法官、检察官的单独归类。

2. 设置多样化的职务序列

《公务员法》第十六条：“公务员职务分为领导职务和非领导职务。领导职务层次分为：国家级正职、国家级副职、省部级正职、省部级副职、厅局级正职、厅局级副职、县处级正职、县处级副职、乡科级正职、乡科级副职。非领导职务层次在厅局级以下设置。”同样，这绝不意味着所有非领导职务的职务层次上限都要达到厅局级。如前所述，行政执法类职位只存在于基层行政单位，行政执法类的领导职务和非领导职务都不能高于其所在机关的机构规格。因此，行政执法职务的职务层次在县处级以下设置为宜，而专业技术职务的职务层次可在厅局级以下设置。

领导职务是指机关中具有组织、管理、决策、指挥职能并承担领导责任的职务。非领导职务是指不负领导责任，只承担岗位责任。其中部分较高职务层次的非领导职务要求协助领导职务工作，或者经授权负责或协调某一方面的工作。

设置非领导职务，主要是基于两个考虑：一是当时的司、处、科级领导职数较多，为了减少领导职数，因此设置一定限额的非领导职务。二是为了解决“独木桥”的难题。因领导职数有限，设置非领导职务可以解决部分没有承担领导职务的公务员的待遇；特别是因取消公务员评职称后，设置非领导职务可以解决专业技术人员的待遇问题。

3. 规范级别与职务的对应关系

《公务员法》第十九条规定：公务员的职务应当对应相应的级别。级别设置主要是为了解决激励保障机制中两大问题：一是公务员职业发展渠道过于单一；二是基层公务员晋升台阶过少。

公务员的级别根据所任职务及其德才表现、工作实绩和资历确定。据此确定公务员级别的因素包括：① 公务员所担任的职务，包括领导职务与非领导职务。职务决定公务员的级别范围（可能的最高级别与最低级别），每一职务对应一定范围的级别。② 与公务员德才表现、工作实绩相联系。③ 公务员的资历。同一职务层次的公务员，工作年限长、学历高的，级别也高。

(1) 职务与级别的关系。

公务员的职务应当对应相应的级别。根据《公务员职务与级别管理规定》（中发〔2006〕9 号）关于级别设置的规定，公务员职务与级别对应关系见表 3-4。

表 3-4　　　　我国公务员职务与级别

序号	领导职务序列	非领导职务序列	级别序列
1	国家级正职		一级
2	国家级副职		四级至二级
3	省部级正职		八级至四级
4	省部级副职		十级至六级
5	厅局级正职	巡视员	十三级至八级
6	厅局级副职	副巡视员	十五级至十级
7	县处级正职	调研员	十八级至十二级

续表 3-4

序号	领导职务序列	非领导职务序列	级别序列
8	县处级副级	副调研员	二十级至十四级
9	乡科级正职	主任科员	二十二级至十六级
10	乡科级副职	副主任科员	二十四级至十七级
11		科员	二十六级至十八级
12		办事员	二十七级至十九级

(2) 增加公务员的级别。

《公务员法》立法的过程中,出现过 3 种设想:一是设置 25 级;二是设置 27 级;三是设置 30 级。到底设多少级为宜,这需要专业部门进行精确的测算。但各方的共识是,1993 年《国家公务员暂行条例》设置的 15 级太少,宜增加公务员设置的数目。只有增加设置的数目,才能扩大中低层职务与级别的交叉对应幅度,从而为中低层的公务员提供更大的职业发展空间。公务员在不晋升职务的情况下,也可以根据其工作年限和累积贡献晋升,提高工资待遇,更好地发挥对公务员特别是基层机关公务员的激励作用。例如,一个大学本科生进入县级机关一年确定为科员之后,由于缺少职位空缺等各种原因,可能在一两年内没有职务晋升机会,但他可以逐级晋升,获得相应待遇。

(3) 一职数级,上下交叉。

职务与级别相对独立,并不是完全分离,因此,在设置职务与级别关系时,采取"一职数级,上下交叉"的对应关系。实行职位分类的国家,公务员的职务层次与级别是一一对应的,如美国、加拿大、瑞典、泰国、澳大利亚等。在这些国家中,职位是确定工资待遇的唯一依据。实行品位分类的国家(英国除外),不同类别公务员职务层次与级别一般不是一一对应,而是有一个交叉对应区间。德国、西班牙、乌克兰属于这样的情况,个人品位级别是确定公务员工资的主要依据。兼有职位分类与品位分类双重属性的国家,如法国,职务序列与级别序列相对分立,没有明确的对应关系。职务属于职位属性,级别属于品位属性。职务晋升依靠能力,级别晋升依靠年资与考核结果,考核合格每三年晋升一个。职务级别与两个要素综合作用于公务员的工资指数。也就是说，法国公务员的工资是由职务和级别这两个要素确定的。在设计职务与级别对应关系时，出现了两种主张：一是级别封顶；二是级别不封顶。这取决于级别晋升的年限规定。

（4）向基层倾斜。

这是规范公务员职务层次与对应关系时必须坚持的基本原则。专业技术职务除外，职务层次越低，与级别的交叉对应幅度越大，对基层公务员的激励效果将会越明显。

（5）规定部分公务员的衔级。

《公务员法》第二十条规定："国家根据人民警察以及海关、驻外外交机构公务员的工作特点，设置与其职务相对应的衔级。"并不是所有的公务员都要有衔级，衔级根据实际管理需要依法设置。职务与衔级不是彼此完全独立的关系。衔级的主要功能是，在特定的工作场景下能够迅速辨识身份，理顺指挥关系，完成工作任务。人民警察、海关、外交机构公务员的工作特点有自己的特殊性。人民警察是人民民主专政的重要工具，是武装性质的国家治安行政力量和刑事司法力量。警察队伍中有80%以上的人员集中在基层和一线，执勤高度分散。人民警察在打击犯罪的现场执法中经常是各部门各警种协同作战，特定场合下可能出现彼此互不相识的情形，而警衔制度可以迅速确定彼此之间的指挥关系。海关公务员在打击走私的现场执法中也会出现类似的情形。人民警察、海关工作人员的职务和衔级，有关法律、法规已有规定。

三、我国公务员职位分类的程序和方法

各级国家公务机关按照国家有关规定，在确定职能、机构、编制的基础上，进行职位设置；制定职位说明书，确定每个职位的职责和任职资格条件，作为公务员录用、考核、培训、晋升的依据。《公务员法》（草案征求意见稿）也规定，公务员职务与职级，必须严格按照机构规格和规定的编制、职数、结构比例执行。各机关职位、职务设置方案应当经有关部门批准。《公务员法》最终规定，各机关依照确定的机构职能、规格、编制限额、职数以及结构比例，设置本机关的具体职位，并确定工作的职责和任职资格条件。由此可以看出，我国公务员职位分类的主要步骤有以下几点。

1. 对机关实行“三定”,开展职位调查

对机关实行“三定”。“三定”即定职能、定机构、定编制,具体来说,就是确定机关的职能(职责任务和职权范围)、机关内部的机构设置以及机关工作人员的编制数额。我国的职位分类工作是从国家公务机关的“三定”开始的,国家机关的职位分类,必须在单位机构改革方案已经批准,其职能、机构和人员编制正式确定后方能进行。

为了巩固机构改革的成果,各级国家机关职能确定、机构设置以及编制配置,应当符合以下要求:

一是国家机关的职能应当严格按照国家有关法律法规来确定,不能任意扩大本部门的职能权限。

二是国家机关机构的设置、调整和撤销,必须按照有关法律的规定来进行。

三是国家机关的编制应严格遵守国务院规定的编制数额,不得擅自超编。国家机关在编制内按各级各类人员的职数配置人员,对领导职务和非领导职务的职数及比例也须按规定进行,不得任意扩大。

2. 职位设置

职位设置是在“三定”基础上进行的,包括职能分解、职位调查、职位评价、设置职位和拟定职位说明书。

一是职能分解。职能分解是职能设置的基础环节,是在已实行机关改革并明确了机构职能的基础上,自上而下地明确本机关内部各工作部门的工作性质、职责权限,并层层进行分解,最后明确每个具体职位的职责任务。

二是职位调查。职位调查是在进行职能分解的基础上,通过实地或书面调查,了解职位的现状,进行有关职位资料的收集过程。职位调查的对象是现有职位和职位上的任职人员。这是因为,职位分类的实施是建立在现存职位职责要求的基础上的。过去的职位,其职责已发生变化,无存在的现实意义。调查的对象为职位上的现任人员,这是因为只有现任人员才最了解职位目前工作的各种情况。

职位调查的主要内容是要求对象按一定的要求填写“职位调查表”。

职位调查表的主要内容有:第一,调查对象的基本情况;第二,本职位的具体工作任务;第三,完成本职位工作任务的步骤和方法;第四,处理本职位工作的依据；第五，本职位工作经常遇到的困难；第六，处理本职位工作时经常接触的人员；第七，在工作中，接触人员的直接目的；第八，处理本职位工作所需的知识范围；第九，本职位的工作情况；第十，本职位在工作范围内具有的权力；第十一，本职位的工作结果直接影响的范围；第十二，本职位所受直接主管领导的指示方式；第十三，本职位指导下属工作人员的主要方式等。

职位调查的目的是通过对现存职位的工作性质、工作内容、工作程序和职责任务等的全面客观了解，理清各职位之间的关系，为职位评价和职位设置提供事实基础。

三是职位评价。职位评价是在调查结果的基础上，对调查结果进行理论分析和数理统计分析，对职位设置的必要性、合理性，以及职位的职责是否明确、是否交叉重叠进行分析判断的过程。

职位评价主要有三个步骤：第一，对职位设置的必要性、合理性进行评价。职位设置是否必要、合理，是正确客观进行职位分析的前提。如果一个职位本身没有职责的要求，就失去设置职位的基本条件。因此，在进行职位分析评价时，首先必须对这一职位设置的必要性和合理性进行评价。如果一个职位的工作量不饱满，就应考虑是否有必要设置这一职位。如果这个职位的工作量超过一个人能力所承担的范围，也要考虑如何对其调整或增设其他职位。第二，对职位调查表所填各项进行分析、审核、认定。第三，将审核结果汇总后由计算机进行统一处理。

四是设置职位和拟定职位说明书。这一步是根据职位调查和职位分析的结果，确定每个具体职位设置；同时，要按照设置职位的各项要求撰写职位说明书。职位说明书是对每个职位的工作内容、职责、工作标准及升迁范围等有关事项的说明，一般包括以下七项内容：第一，职位名称，即指每一职位范围的称谓；第二，职位编号，即指每一职位的代表号码；第三，工作项目，即根据本单位的职能，列举本职位应承担的全部工作职责，包括临时交办的项目；第四，工作概述，即按前项工作项目的顺序简要说明每一项工作的内容、程序及权限；第五，工作所需要的知识和能力，即担任本职位工作所需的学识、技术经验以及其他各项技能；第六，升迁范围，即本职位按照有关规定升迁的等级和范围；第七，工作标准，即每一项工作项目所应达到的最低质量标准和数量要求。

3. 定位入级

我国公务员的职位分类中不仅有职位的概念，对公务员来说，还有职务和级别的概念。根据职位设置，选择具有相应职务的公务员定位入级，是我国公务员职位分类的完成阶段。

一是公务员的定位。所谓公务员定位是指根据所设置的职位条件的要求，选择适宜的具有相应现任职务的公务员，并确定其职位。根据职位设置的客观要求，选择一定职务的公务员入位，是职位分类制度实施的重要一步。所选配的公务员必须具备该职位说明书所要求的职务任职条件，能够履行和完成职务说明书中规定的工作职责，并能够达到其所要求的工作标准。所以，并非所有现任人员都可以入位。对于一些不符合条件、不能入位的工作人员，有关部门应将其分流出去。

公务员的现任职务，是入位时要考虑的重要条件，要根据职位说明书中职位名称的要求，选择具有相应的现任职务的工作人员入位。

二是公务员的入级。所谓公务员入级，是指按照职位的要求，选配一定职务的公务员确定其职位的同时，该公务员要按照规定的标准进入一定的等级。在我国公务员职位分类制度中，既有公务员的职务序列，又确定了公务员的级别序列，这是我国职位分类中注重人的因素的重要体现。

四、我国公务员职位分类的意义

总体而言，实行公务员职位分类制度，具有以下积极意义。

1. 职位分类为公务员的录用、考核、培训和晋升提供了依据和客观标准

公务员职位分类按照工作性质的不同，将职位从横向上分为不同的职系、职组。每个职系都有一个自然升迁的系统和途径。一般情况下，公务员的晋升应该在同一职系中进行。明确晋升路线，可以避免“用非所学、用非所长”，同样对于公务员的录用、考核、培训等都提供了客观依据。

2. 职位分类为公务员实行合理的工资制度奠定了基础

为了更好地贯彻执行按劳分配和同工同酬的原则，现代公务员制度采用了将报酬与工作的难易程度及责任轻重紧密联系起来的科学合理的工资

制度，真正做到了公平合理。职位分类有利于对每一职位工作的难易程度及责任轻重进行明确详细的评价，将工作性质虽不相同，但工作难易程度、责任大小充分相似的职位列入同一职等，凡在同一职等工作的公务员就可以领取相同的工资。这样，就把工资报酬同工作难易程度和责任轻重挂起钩来，为确定公务员合理的工作报酬提供依据，同时也为建立合理的工资制度奠定了基础。

3. 职位分类为建立工作岗位责任制及提高行政工作效能创造了条件

职位分类制度把机关每个职位的职责权限都明确规定下来，依法对它们进行管理，使每一职位间的界线泾渭分明，担任该职位的公务员应遵循法定的权限，履行法定的职责，以防发生职责不清、人浮于事、互相扯皮、互相推诿的现象，这就为机关内部工作岗位责任制的确立提供了法律保障。同时，进行职位设置，是以“三定”（定职能、定机构、定编制）为基础的，职位必须在国家核定的编制限额内确定，不得突破；确因工作需要而增设职位时，也必须按照规定规程重新确定。这就从制度上控制了机构和人员的膨胀，对克服官僚主义、提高工作效能具有十分重要的意义。

4. 职位分类有利于调动公务员的积极性，增强政府等国家机关的活力

我国在机关人事管理中历来以人为中心，一个人被委派从事某种工作，即获得相应的永久身份，久而久之，形成人事脱节、劳酬不符，干部能进不能出、能上不能下的局面。而职位分类把机关人事管理置于客观、公正的基础上，为平等竞争、按劳取酬创造了条件，为公务员能进能出、能上能下开辟了道路。这样，可以有效地调动公务员的积极性、创造性，做到人尽其才、才尽其用，从而增强国家机关的活力。

本章小结

本章首先简要介绍了资本主义国家实行品位分类与职位分类制度；接着重点论述我国公务员制度的分类管理制度，即建立在职位划分基础之上的职位与级别制度。通过本章学习，了解我国公务员职位与级别制度的构成、意义，对职

位分类的基本概念、实施程序及其与品位分类的关系有所掌握，重点理解我国公务员职位类别的划分、职务的设置、级别的确定、职务与级别的对应关系等内容。

关键术语

职位　级别　职务　职位分类　衔级　专业技术类　行政执法类　综合管理类

复习思考题

1. 比较：职位分类与品位分类制度。
2. 论述我国公务员职位划分的基本类型及各类职位的主要特点。
3. 简述我国公务员职务设置的基本规定。
4. 论述我国公务员级别设立的规定及其意义。

第四章　公务员的录用制度

公务员的录用制度，是公务员队伍的“进口”和公务员管理的首要环节。它对于保证整个公务员队伍的基本素质，造就一支精干、高效、廉洁的公务员队伍，具有非常重要的作用。

导引案例

公务员招录频现专业不符怪象　选拔人才需咬文嚼字？

笔试面试第一最终却遭淘汰，让考生证明所学“中国史”是“历史学”……近期，多地曝出在公务员招录、事业单位招聘中，考生因“专业不符”被拒绝录用的事件。

最近，一则“自考法律专业属不属法学”的消息引发社会关注。这则新闻的当事人是西南政法大学法律专业自考毕业生王亚玲，她今年参加四川省公务员考试，报考巴中市平昌县司法局。然而，在已经通过笔试进入面试之际，在资格复审时她却被通知专业不符。核对巴中市人社部门的招考目录，对于本科层次的招录，要求为“法学类”，下面有法学、知识产权法、知识产权、监狱学四个专业，确实没有法律专业。不过，有媒体就此事致函教育部，得到的回复是：高等教育自学考试法律本科专业属于自学考试专业目录中的法学类。高等教育自学考试的专科（基础科）、本科等学历层次，与普通高等学校的学历层次水平的要求应相一致。据媒体报道，目前，四川省委督查室已经就此事进行调查。发生在四川巴中的这则公考“专业不符”事件并非个案，多地公务员招录、事业单位招聘中曝出“专业不符”的怪现象。山西省吕梁市的事业单位公开招聘工作中，有考生因被认定“世界史不是历史学”，在资格复审环节被淘汰。

除了这些，发生在江苏徐州的“女硕士笔试面试双双第一却应聘落榜”的消息更持续成为舆论焦点。据媒体报道，在2016年江苏徐州市事业单位公开招聘中，江苏师范大学文学硕士纪元报考徐州市城市房屋征收办公室。她通过了报名资格审查，并在笔试面试环节均获得第一名，而在录用结果公示前两个小时，她突然得到通知，因专业不符，录用资格被徐州市人社局取消。徐州市人社局认为，纪元的“比较文学与世界文学”专业属于“中国语言文学类”，不是“中国语言文学”，“差一个字都不行”。

“考虑到岗位的特殊需要，公务员和事业单位的招考中往往设置专业门槛，但是这类考试竞争激烈，如果在报名和笔试阶段未进行有效甄别筛选，而到考生进入面试再咬文嚼字认定‘专业不符’，这难免让人怀疑招录单位权力滥用，甚至暗藏‘猫腻’。”国家行政学院教授汪玉凯分析并认为，如果由于工作人员的业务不精或机械教条作出错误决定，这损伤的不仅是考试本身的公平严肃，更是在损伤政府的公信力。也有观点认为，杜绝频频出现的公考“专业不符”现象，有关招录单位应在报名阶段严格把关考生资格，并向考生充分答疑释惑；人社部门提供的报考专业目录与教育部门专业设置也应有效衔接，防止“专业打架”。

资料来源：《公务员招录频现专业不符怪象　选拔人才需咬文嚼字?》，见www.chinanews.com/gn/2017107-2218284639.shtml（中国新闻网2017年7月22日）

思考分析：谈谈你对维护公务员招录过程中的公平公正问题的看法。

第一节　考试录用制度的产生和发展

一、考试录用制度在中国的诞生

考试录用制度最早起源于中国古代的科举制度。正如孙中山先生所说：“现在各国的考试制度，差不多都是学英国的，穷源溯流，英国的考试制度原来还是从我们中国学过去的。”（参见《五权宪法》）中国从隋朝开始实行科举制度，到了唐朝，这一制度逐渐趋于完备，宋代进行了改革，明朝时候达到了鼎盛，并一直延续到清末1905年。科举制度是当时世界上最先进最完备的选拔人才制度，它对中西方国家文官制度的形成和发展有重大意义。

所谓科举制度，就是由封建国家设立各科，定期进行统一招考，考中之后授予官职，即所谓“开科取士”或“分科取人”。在中国古代，从夏、商、周到魏、晋、南北朝，官吏的选拔任用经历了分封制、世袭制、军功爵制、九品中正制等阶段。这些制度品评人才的标准，主要凭门第出身，不能广招天下之才。到了魏晋南北朝时期，九品中正制度已经成了扩大封建政权的阶级基础和加强中央集权制度的严重障碍。因此，隋朝统一全国后，为了加强封建中央集权制度，扩大隋朝统治的阶级基础，废除了九品中正制，创立了科举制度。隋文帝时设立的“秀才科”，一般认为是科举制度正式创立的标志。到了唐朝，科举制得到长足发展，逐渐成为一种完善的官吏选拔制度。宋代时科举制度得到进一步发展，扩大了应试者的范围和取士的数量，考试的规则也更加严密，并且开创了“殿试制度”，即由皇帝亲自主持考试，应试者须经过童试取得生源资格后才能参加后面的考试。明清时期的科举考试分为童试、乡试、会试、殿试四级，正式考试乡试、会试、殿试每三年举行一次。乡试为省一级考试，多于秋天在各省城举行，由中央派员主持，通过考试者称为举人。会试为中央一级考试，于乡试次年的春天举行，由礼部主持，必须是举人方能参加考试，考中者成为贡士。殿试是科举考试的最高一级考试，由皇帝亲自主持，于会试后次月举行，考生必须是贡士，殿试不淘汰，只排出名次，分为三甲。一甲取三人，第一名称状元，第二名为榜眼，第三名为探花。明清的考试规则更为严密，但考试采用八股文，内容限于四书五经，考试已经成为禁锢知识分子的一种手段。

从隋朝到清末一千余年的时间里，中国科举制度形成了一套完备的选拔任用官吏的考试体系，它改变了以往那种只重门第、不重才能的选官方式，把读书、考试、做官联系在一起，成为一种较为科学合理的人才选拔制度。但到了清末，科举制度走向了灭亡。

二、考试录用制度在西方的发展

科举考试制虽然在中国的清朝末年走向了衰落，但它所具有的公开、平等、择优原则和竞争机制，却对西方国家产生了深远影响。1583年，葡萄牙修道士胡安·冈萨雷斯·德·门多萨出版了《伟大的中国》一书，书中对科举制的内容和方法作了详细介绍。此书引起了欧洲人士对中国科举制度的极大兴趣和关注，曾被译为多种文字，广为流传。在1570～1870年间，英国出版的介绍中国科举制度的书籍多达70余种。英国政府自18世纪末期开始，多次派使节到中国实地考察科举制。西方国家有关专家和学者都认为，欧美的文官制度是受中国科举制的影响而形成的。

1. 英国

英国率先在1853年英国东印度公司人事制度上建议采取公开竞争考试的办法来选拔人才。与此同时，英国当局又派专人对英国国内文官制度状况进行全面调查，主张建立英国常任文官制度，其核心内容就是确立公开考试竞争制度，择优录用公务员。凡初任人员都要按规定的年龄从学校毕业，通过考试表明其具有所需知识和能力后，才能被录用。1855年英国内阁发布文官制度改革的第一道枢密院令，对贯彻"公开考试，择优录用"原则作了具体的规定，并决定成立不受党派干涉、独立主持考试的三人文官事务委员会，负责统一考试选拔人才。1870年英国政府又颁布了关于文官制度改革的第二个枢密院令，规定凡未经考试未持有文官制度事务委员会及格证书者，一律不准担任任何事务官职。从此以后，一切文官职位的任免，都必须根据文官事务委员会的规定，通过公开考试录用，英国的文官制度就此形成。

2. 美国

美国联邦建立早期，政党制尚未完全形成，任用官员的标准在很大程度上取决于个人的品格，当时主要要求个人的政治信念同总统保持一致。随着两党制的形成和发展，"政党分赃"成了政府任用官吏的原则。政党分赃制的弊端很快便暴露出来：每次选举之后都随之发生一场人事"大地震"，由于任人唯亲，造成官吏腐败，行政效率低下；又由于分赃不均，内部往往互相攻讦。1853年和1855年，美国国会仿效英国，先后通过了两个法案规定公职人员的任用必须经过考试。但由于这两个法案只涉及少数职位，并且过于简略，因而收效不大。1871年美国总统格兰特仿效英国成立了文官事务委员会，负责改革事宜。1883年美国国会通过了《文官制度法》，又名《彭德尔顿法》，美国现代公务员制度建立起来，并一直延续至今。

3. 法国

法国公务员制度的发展以第二次世界大战为界分前后两个阶段。法国大革命以后,政府官员的任用权掌握在执政的党派领袖手中。不久,拿破仑改革旧官吏制度,初步确立了公务员制度,其中就规定公务员的录用与教育制度紧密结合,具有不同教育程度的人,通过不同等次的任用考试,录用为不同等级的官员。但那时的录用考试由用人单位分散举行。第二次世界大战后,法国于1945年设立国立行政学院,统一举办中央各部高级公务员的考试,其他各职类仍由各部组织临时考试委员会举行录用考试。地方政府公务员的录用考试由地方公务员管理中心统一举行。

三、新中国的考试录用制度

新中国成立后,当时录用干部主要实行的做法是,由国家统一分配大中专毕业生和接收军队专业干部,同时有计划地从社会吸收部分人员。这些做法与当时高度集权的行政管理体制相吻合,曾起到过一定的积极作用。总的来说,这种干部录用制度虽然在计划经济时代发挥过积极作用,但是存在着录用标准不统一、人才选拔视野不开阔、缺乏竞争和公开监督等弊端。

党的十一届三中全会以后,邓小平针对当时干部人事制度存在的问题提出了一系列重要的改革思想,为干部人事制度的改革,尤其是国家机关干部的考试录用工作指明了方向。1982年,中央明确提出了干部队伍革命化、年轻化、专业化和知识化的要求,原劳动人事部制定颁布的《吸收录用干部问题的若干规定》首次提出了考试录用的要求。1987年党的十三大提出了建立国家公务员制度,强调凡进入业务类公务员队伍,应当通过法定考试,公开竞争。1988年7月国务院新组建的人事部,具体负责推广公务员制度的工作。1989年考试录用工作在两个方面取得开拓性进展:一是人事部与监察部、审计署、统计局、环保局、建材局、税务局六个部局共同组成了公务员考试录用试点工作,为全面推行公务员制度探索经验;二是人事部与中共中央组织部联合发出《国家行政机关补充工作人员实行考试办法的通知》,在中央和省级人民政府的干部录用工作中普遍开展考试工作,为公务员制度的建立奠定了基础。1993年8月《国家公务员暂行条例》颁布,公务员考试录用制度得以正式确立。2006年4月我国《公务员法》的实施,进一步完善了公务员考试录用制度。

第二节　我国公务员录用制度的含义与原则

一、公务员录用制度的含义

公务员的录用，是指国家机关根据公务员法及有关法规，按照法定的条件和程序，采用公开考试、严格考察的办法，择优录用担任主任科员及以下和其他相当职务层次的非领导职务公务员的活动。

公务员录用制度，就是关于公务员录用的各种行为规范和准则的总称，主要内容包括录用的原则、标准、资格条件、方法、程序和录用的组织权限。

二、公务员录用制度的原则

《公务员录用规定（试行）》第三条规定，“录用公务员，坚持公开、平等、竞争、择优的原则，按照德才兼备的标准，采取考试与考察相结合的方法进行”。公务员考试录用坚持公开、平等、竞争、择优的原则。

1. 公开原则

公开原则主要是指公务员的录用考试面向全社会，实行公开报考。公务员录用的标准、条件、方法、程序和结果，都应通过多种形式和渠道向社会公开，使报考者具有知情权。公开的形式多种多样，主要有下列几种：利用电视台媒体发布招考简章；利用法定刊物或报纸详细介绍考试录用事项；设立考试录用咨询中心随时解答报考者的询问；举办新闻发布会向社会宣传招考的有关政策；主管领导发表讲话介绍情况宣传政策解答疑点等。

2. 平等原则

平等原则是指公民报考公务员的法律地位平等。凡中华人民共和国公民，只要符合法定的报考条件（《公务员法》第二十三条规定：“报考公务员，除应当具备本法第十一条规定的条件外，还应当具备省级以上公务员主管部门规定的拟任职位所要求的资格条件。”），不论性别、民族、职业、家庭出身等，在考试录用方面均不得受到歧视或享有特权，具有平等报名考试的参与权，具有通过法律规定的程序被选拔录用担任公务员的平等政治权利。

当公民受到不平等待遇时，有权要求法律保护，维护其合法权益。

3. 竞争原则

竞争原则是指公务员考试在全社会范围内公开进行，公开竞争；严格按照考试排名进行录用，并考察本人政治思想和道德品质，按照报考者的素质条件甄选；按照考试录用工作的每个环节，通过报名与资格审查、笔试、面试、体检、考核等层层筛选，层层淘汰，以保证录用的公务员具有较高的政治素质和较强的工作能力。

4. 择优原则

择优原则是指报考者能否被录用，完全取决于本人的政治素质、业务素质。机关确定录用人选时，必须严格依据报考者的成绩和考察结果，通过各轮筛选，将真正的人才录用到机关中来，做到公正、平等、竞争，这是择优的重要保证。

第三节　公务员录用考试的种类与录用的资格条件

一、公务员录用考试的种类

录用担任主任科员以下及其他相当职务层次的非领导职务公务员，原则上采用公开竞争性考试的办法，测验应试者从事管理工作的潜在能力及业务知识和技能。但是，录用特殊职务公务员，经省级以上公务员主管部门批准，可以简化程序或者采用其他测评办法进行，即采用非公开竞争性考试的办法。

1. 公开竞争性考试

这种考试是开放性的，实行面向社会，公开报名，凡具备报考资格条件的公民都可报考；考试成绩也要公开，允许查询；整个考试过程要接受社会的公开监督等。同时，这种考试要按照公务员录用的程序进行，以充分体现竞争精神。通过笔试、面试，全面测试应试者的知识水平和适应职位要求的能力，层层筛选，按照考试成绩评比优劣，排出先后名次，确定合格者名单，然后通过录用考察，最后确定录用者名单。

2. 非公开竞争性考试

非公开竞争性考试是指凡考试合格的应试者即能被录用为公务员的考试。在一些特殊职位录用公务员时,可以不采用公开竞争性考试的办法,也可以简化公务员法规定的录用程序或者采用其他测评办法。

适用非公开竞争性考试办法的情况,大体有以下几种职位:

其一,因职位特殊不宜公开招考的。例如,涉及国家安全、重要机密等特殊职位需要录用公务员时,可以在一定范围内,通过有关组织推荐、严格考察的方式确定预选对象,然后,可以采用有限竞争或非竞争的考试办法来测验有关人员的业务能力。

其二,因专业特殊,难以形成竞争的。所需人才在学科上属于三级学科的专业,如葡萄牙语等小语种,有条件报考的人极少。

其三,录用主考机关规定的其他情况。

需要注意的是,采用非公开竞争性考试方法录用公务员的"特殊职位"以及如何简化程序,采用什么样的测评办法,必须经省级以上公务员主管部门批准,其他任何机关不能自行决定。

二、公务员录用的资格条件

公务员因为代表国家执行公务,所以报考公务员者必须具备一定的资格条件。在我国,可将这些条件分为基本条件与限制性条件两类。

1. 基本条件

其一,具有中华人民共和国国籍。这一项是对公务员法律资格的要求,即应试者必须是具有中国国籍的公民。

其二,年满 18 周岁。这一项是对公务员起点年龄的限定条件。由于年满 18 周岁的公民在心理、生理上都已相当成熟,并有了一定的社会阅历和生活经验,具备了对事务是非与自我行为的判断能力,因此,可以履行职责,从事公务活动并享有选举权与被选举权。

其三,拥护《中华人民共和国宪法》。这一项是对公务员依宪法办事的要求。宪法是我国的根本大法,是制定其他法律的依据。国家机关的全部职能都是通过公务员来实现的,因此,公务员只有拥护宪法,才能自觉忠于宪法与维护宪法,也才能模范地去执行宪法所赋予的神圣职责。

其四，具有良好的品行。这一项是对公务员道德品质的要求。公务员掌握着人民赋予的权力，依法执行公务。他们的言行不仅关系着政府的形象，也关系到人民的切身利益和基本权利。只有具备良好的品行，才能承担重大的责任，才能实践民主与法治，维护国家秩序与公共利益。因此，要求报考公务员的应试者必须具备良好的道德品质。

其五，具有正常履行职责的身体条件。这一项是对公务员身体条件的要求。身体条件是指应试者是否患有影响正常公务活动的传染性疾病或慢性疾病。公务员只有具备正常履行职责的健康身体，才能精力充沛地履行公职。在具体工作中，不能把残疾人作为身体不健康的标志。相反，为确保残疾人的基本权利，录用公务员时不能歧视他们，必须遵守人事部门与卫生部门制定的《公务员体检通用标准》。

其六，具有符合职位要求的文化程度和工作能力。这一项是对公务员知识与能力的要求。现代科技日新月异的发展，要求公务员必须具备一定的文化程度和工作能力，才能解决工作中的难题，出色完成工作任务。由于不同职位对公务员文化程度要求不同，所以，没有具体规定具有什么样层次的文化程度方能报考公务员。在我国，根据教育事业的现状，报考公务员一般要求大专以上学历，报考中央和省级公务员一般要求大学本科以上学历。但特殊情况经上级主管部门批准，可以适当放宽。

其七，法律规定的其他条件。这一项规定是指法律规定的公务员需具备的与职位要求相关得其他资格条件。如某经济监督部门要求录用对象应具备中、高级专业技术职称，或某国家安全部门要求录用对象必须是中共党员，或某公安部门要求录用对象的身高应在1.75米以上等。当然，上述所说的特殊资格条件，必须经中央或省级公务员录用主管部门批准才能有效，以防止滥设特殊条件，破坏录用考试的公平竞争原则。

2. 限制性条件

在我国公务员录用的实际工作中，还需掌握一些限制性或曰否定性的资格条件。凡具有这些否定性资格条件所列情况之一者，即被认为不能报考公务员。这些条件主要有：

其一，曾因犯罪受过刑事处罚的。犯罪是一种严重的违法行为，因此而受过刑事处罚的人，说明其曾违反法律，实施过严重危害社会的行为，品行上有过不良记录，这和公务员的身份不相符合，故不能录用。

其二，曾被开除公职的。开除公职是一种最严厉的行政制裁性处分，表明此人以前曾是公职人员，但已被除名，品行表现上有过不良记录，不能录用为公务员。

其三，有法律规定不得录用为公务员的其他情形的。这类规定的情形较多，都是为了保证公务员队伍素质，严把“进口关”而提出的，在录用公务员时也应执行。《中华人民共和国法官法》、《中华人民共和国检察官法》、《中华人民共和国人民警察法》也分别对不得担任法官、检察官、警察的情形作出了规定。

第四节 公务员录用考试的方法和内容

一、公务员录用考试的方法

公务员录用考试的方法通常包括笔试、面试、实际操作、情景模拟和心理测验等多种形式。下面主要介绍笔试和面试两种方式。

1. 笔试

笔试主要是运用文字来论述、解答、判断所考的问题，从而对报考者的知识水平、文字表达能力、分析能力、思维能力等进行测试。

(1) 笔试的方法。

笔试的基本形式有两种：论文式和直答式。论文式就是由应试者在规定的时间内根据命题撰写论文。直答式又称简短式，就是要求应试者在一定时间内，用规定的文字或符号来回答众多的问题，基本形式有问答、填空、选择、判断等。我国公务员笔试包括公共科目(一般为“行政职业能力测试”、“申论”等)和专业科目。其中“行政职业能力测验”主要考察报考者担任公务员应具备的基本知识和潜力，均为标准化试题。“申论”是根据一系列材料，进行分析写作。

(2) 笔试的组织。

笔试包括公共科目和专业科目。公共科目由中央公务员主管部门统一确定。专业科目由省级以上公务员主管部门根据需要设置。

(3) 笔试的优缺点。

优点:一是经济性,可以在同一时间、用同一试题,对众多报考者在不同地点进行考试;二是客观性,招录的机关和阅卷人与报考者不直接接触,避免人情关系的干扰;三是包容性,考试内容涉及众多学科、题型多、题量大。

缺点:难以对报考者实际工作能力和综合素质进行全面掌握,更不能掌握其政治态度、道德品质等素质。

2. 面试

面试是指主考者与应试者之间运用口头语言提问作答对其进行的测试,主要用于考察笔试合格的应试者是否具备拟任职位所需要的潜能、实际才能和某些素质。

(1) 面试的方法。

一种是结构化面试。由5~7名考官组成面试考官小组,对报考者提出关于计划组织协调能力、综合分析能力、应急管理能力等一系列问题,采取发问并适当追问的方式,测试报考者能力和素质。另外一种是无领导小组讨论。就某个问题进行讨论或辩论,考官不发言或只作引导性发言,最后根据表达能力、组织协调能力、团队精神等因素进行打分。每名面试考官对报考者都有独立判断和打分的权力,从而可以有效地防止和避免人才选拔上的随意性和失误。

(2) 面试的组织。

面试工作由录用主管部门负责组织,也可以委托招录机关进行组织,由面试考官小组负责实施。面试考官小组由具有面试考官资格人员组成,也可以聘请有关方面的专家加入,保证由高素质的人来选素质高的人,使面试工作更加科学严谨。

(3) 面试的利弊。

面试的突出优点在于易于观察应试者的举止仪表和能力素质等。但是仅通过面试不能全面掌握报考者的知识水平,评分时也容易受到考官主观印象的影响。

笔试和面试相互弥补,才能科学地选拔人才。

二、公务员录用考试的内容

公务员录用考试不仅考察应试者的知识和专业水平,而且更着重考察他们研究、分析和解决实际问题的能力。我国公务员考试在内容设计上主张博专结合，以博促专，考试内容大致可分以下三种。

1. 知识测验

主要包括基础知识和专业知识两个部分。基础知识主要是指担任公务员必备的基本知识，如政治理论方面的哲学、邓小平理论、科学发展观等理论以及十九大报告等时事政治，行政管理，公文写作，科技，申论与行政职业能力测验等。专业知识主要是指从事某一专业或职位所必备的业务知识。

2. 能力测验

能力测验包括智力测验和技能测验。智力测验是公务员考试的重要内容，一般是借助于文字、图形、符号、数目、推理等手段设计出成套的测试卷，对应试者记忆能力、分析观察能力、综合归纳能力、数目能力、文字表达能力等一般能力进行测验。技能测验主要包括应试者处理实际问题的速度与质量，检验应试者对知识与智力运用的程度和能力。

3. 情景模拟与心理测验

情景模拟可以考察应试者的治事、领导、适应、创造和言谈等能力，从而获得应试者实际工作能力的直观印象，能考察应试者的真实能力。心理测试可以了解面试合格应试者的性格、气质、情感、仪表和反应，以评定应试者的心理素质。

第五节 公务员录用考试的程序与录用的主管部门

一、公务员录用考试的程序

根据我国《公务员法》及有关配套法规，我国公务员考试录用的基本程序如下。

1. 发布招考公告

发布招考公告是公开竞争性考试录用公务员的必经法定程序。招录机关根据职位空缺情况和职位要求，提出招考的职位、名额和报考资格条件，拟定录用计划。公务员主管部门依据招考工作方案，制定招考公告，并通过报纸、电视、电台等手段向社会发布。报考公告内容应包括：招录的职位、名额，报考的资格条件，报名的方式、时限，考试的内容、科目、时间、地点和区域分布，报考者需要提交的申请材料以及相关的注意事项等。

2. 报名资格审查

符合报考条件的公民可自愿到规定地点报名。公民报名后，招录机关应对应试者进行资格审查，检查并鉴别各种资格证明材料的可靠程度，看其是否具备基本条件和所报职位需要的专业条件。经审查，对符合报考资格的正式批准其参加考试，发给准考证；不符合报考资格的，不得参加考试。

3. 对审查合格者进行公开考试

报考者获得准考证后，将按规定参加笔试和面试。笔试分为公共科目和专业科目，面试分若干测评要素，笔试和面试都由国家统一规定或授权有关机关具体规定。一般先笔试，凡笔试合格者将按要求参加面试。面试结束后，按录用主管部门规定的笔试、面试成绩权重计算综合分数，并按成绩高低顺序排列名次。

4. 对考试合格者进行录用考察

录用考察是根据考试成绩而确定的在录用候选人中进行的实际考察和审核，这一程序是公务员录用中的一个关键环节。用人单位在明确考察内容后，还必须确定出考察合格与不合格的标准。经严格考察后，对符合职位要求的优秀者，经体检合格后，择优录用；对不符合职位要求者，即使是考试成绩好的，也坚决不用，以充分体现录用考察的“否决权”作用。

5. 体检

体检是在考试和考察的基础上，对报考者适应职位要求的身体条件的检查。体检的项目和标准要遵循《公务员录用体检通用标准(试行)》及《公务员录用体检操作手册(试行)》，依照国家统一规定执行。对体检不合格者，招录机关要面向应试者作出必要的解释和说明。

6. 录用

录用这一程序有两个环节：

(1) 提出拟录用人员名单，予以公示；

(2) 审批、备案。至此，录用公务员的程序基本结束。

此外，《公务员法》对公务员录用考试程序作出了一些特别的规定。主要是：

（1）对少数民族应试者的录用。《公务员法》规定："民族自治地方依照前款规定录用公务员时，依照法律和有关规定对少数民族报考者予以适当照顾。"

（2）特殊职位公务员的录用。录用涉及国家安全、保密或者专门技术性很强的特殊职位的公务员，不宜进行公开考试，但经中央或省级公务员主管部门批准，可以简化程序或者采用其他测评办法，并按照择优的原则予以录用。

二、公务员录用的主管部门

我国公务员录用的主管机关主要有两个层次，即中央机关公务员主管部门与省级公务员主管部门。此外，必要时省级公务员主管部门可以授权设区的市级公务员主管部门组织公务员录用，但对其权力要有限制。

1. 中央机关公务员录用主管部门

中共中央组织部与国务院人事部门，即国家人力资源和社会保障部是公务员录用最高管理机构，负责全国录用工作的宏观管理。其主要职责包括：一是根据《公务员法》拟定公务员录用法规；二是制定公务员录用有关的具体政策；三是对地方公务员的录用工作进行宏观指导与监督；四是负责组织中央机关及其直属机构的录用公务员的考试和备案或审批工作。

2. 省级公务员录用主管部门

省级公务员录用的主管部门包括省委组织部和省级人民政府人事部门，即省委组织部和人力资源和社会保障厅、局。其主要职责为：一是根据《公务员法》和公务员录用规章制定本辖区内公务员录用考试有关规定；二是贯彻执行国家有关公务员录用工作的方针政策；三是对设区的市级以下国家机关公务员录用工作进行宏观指导和监督；四是组织本辖区内公务员的录用考试并对拟录用人员进行审批；五是授权并监督指导设区的市级公务员主管部门组织录用考试；六是承办中央机关公务员主管部门委托的有关考务工作。

3. 设区的市级公务员录用主管部门

根据《公务员法》规定，必要时省级公务员主管部门可以授权设区的市级公务员主管部门组织辖区内公务员录用工作。这里“设区的市级”是指地级市，与其规格相当的州、盟、行署等。“必要时”包括两方面的含义：一是设区的市级公务员主管部门有必要单独组织录用事宜；二是设区的市级公务员主管部门有组织录用工作的条件和能力，具体职责应根据授权范围与任务而定。

本章小结

本章主要介绍了公务员录用制度的起源和发展、公务员录用制度的含义和原则、公务员录用考试的具体方法和考试内容以及公务员考试录用的程序等相关内容。公务员录用制度是根据需要，依照法律规定的程序，将符合一定条件的人员录用为公务员，担任某种行政职务的制度。建立科学、合理、完善的公务员录用制度是整个公务员制度的基础和首要环节，影响着优秀人才的选拔以及政府绩效的改进、行政效率的提高以及高素质公务员队伍的建设，公务员录用过程中必须坚持公开、平等、竞争、择优的原则。

关键术语

科举制度　考试录用　笔试　面试　招考公告　资格审查　录用　试用

复习思考题

1. 公务员录用制度的含义与意义是什么？
2. 我国公务员录用考试的方式与程序有哪些？
3. 就正确与错误地贯彻执行公务员录用考试原则和程序之事各举一例。
4. 我国公务员录用考试如何才能保证公开、公平、公正、透明？

第五章　公务员的义务与权利

公务员的权利与义务是统一的，公务员拥有行政执法所应有的权利，又必须认真履行作为国家公职人员的义务。可见，权利与义务是公务员行为不可分割的两个方面，是同时产生、互相联系、互相制约的。只强调单方面的言行是错误的，也是行不通的。公务员应清楚地了解自身已拥有哪些权利，了解自身必须遵守哪些义务，这样才能增强责任感，保证国家机关的法制化管理。

导引案例

应取消所有公务员“待遇型”公务用车

2011年9月20日，中央公务用车问题专项治理工作领导小组召开第三次会议。这次会议，标志着全国党政机关公务用车问题专项治理工作登记自查阶段的工作已基本结束，全面进入纠正处理阶段。这一阶段的工作重点是审议党政机关违规公务用车处理办法，研究党政机关执法执勤用车、中央企业公务用车配备使用管理有关制度办法。据称，这些工作，是全国党政机关公务用车专项治理中难度最大、矛盾最集中的工作。

从已公布的中央党政机关“三公”经费的情况看，各机关公务用车数量过多、费用庞大。据说，一些地方政府就是因为“三公”经费耗资巨大，尤其是公务用车费用巨大，而“不好意思”公布“三公”经费。从率先公布公务用车数量的北京市政府看，其各级政府部门的公务用车数量达到62000多辆之多。

那么，公车治理以何为目标？在中国成为世界第二大经济体以后，在公务人员的“荷包”已经足以负担私人用车费用的情况下，看看刚从世界第二大经济体降为第三位的日本的公务用车现状，也许不无启发。

日本的中央国家政府（部级）机构——政党机构根本没有公务用车一说，可以享用公车待遇的只有一人，那就是正部长。由于内阁更替频繁，所以常常发生早晨坐着公务车上班的部长，到下班时已经“下岗”，就不得不自行解决回家问题的现象。是日本政府负担不起吗？非也。因为公务所用车辆本身及其所耗费的每一滴油料的费用，都是来自纳税人的口袋。这说明，在日本，要花纳税人的钱，规矩太多，限制太大。规矩多，限制大，日本也就不存在公务用车专项治理问题。其降为世界第三大经济体后，公务用车的规矩和限制，只会更多更严。

资料来源：《应取消所有公务员“待遇型”公务用车 》，见 http://view.gmw.cn/2011-09/22/content_2678993.htm（光明网 2011 年 9 月 22 日）

思考分析：为什么说取消公务公车是各国构建现代政府的大势所趋？其意义何在？

第一节　公务员义务与权利概述

一、公务员义务与权利的概念

1. 公务员义务

公务员义务，是指国家法律对公务员必须做出一定行为或者不得做出一定行为的约束和强制，即国家通过法律规定公务员所应该履行的某种责任。具体来说，公务员义务的含义包括几层意思：第一，公务员义务以公务员身份为前提，公务员应当明确自己的公仆角色，严格履行法定义务，恪尽职守；第二，公务员义务的内容是要求公务员做出或不做某种行为，公务员应当“有所为，有所不为”；第三，当公务员未能或没有依法履行其法定义务时，必须承担相应的法律责任，国家有关机关必须依法追究其法律责任。

2. 公务员权利

公务员权利，是指国家法律规定的公务员在执行国家公务的过程中，可以履行职责，行使职权，并要求他人做出某种行为或抑制某种行为的许可和保障。公务员权利的含义包含几层意思：第一，公务员权利以公务员的身份为前提，凡公务员都享有这些权利；第二，公务员权利由法律规定和保障；第三，公务员权利以公共职位为载体，与公共权力紧密相关，公务员只有在履行职责、行使职权、执行公务的过程中，才享有法定权利；第四，公务员权利内容多样化。

二、公务员义务与权利的关系

公务员的义务与权利同时发生，互相制约，两者是不可分割的。国家机关与公务员构成了国家公务员法律关系的主体，其中任何一方都既是法定权利的享有者，同时又是法定义务的承担者。

公务员义务与权利的关系表现在以下方面。

1. 公务员义务与权利的相互依存性

这包括两层意思：其一，公务员享有法定的权利，以其履行法定义务为条件。其二，一方权利的实现，往往以一方履行义务为条件。

2. 公务员义务与权利的相对性

公务员义务与权利之间的区分不是绝对的，而是相对的、可转化的。例如，公务员依法执行公务的行为，对其所在机关来说，是该公务员必须履行的义务；而对机关相对人来说，是该公务员的法定权利。

3. 公务员义务与权利的同一性

在义务与权利中，有些内容既是公务员享有的权利，又是公务员应履行的义务。

明确公务员义务与权利之间的关系，有助于使公务员树立正确的权利义务观，也有利于全社会和全体公民对公务员的公务行为进行监督。

三、我国公务员义务与权利的特点

1. 义务与权利的一致性

公务员履行义务与行使权利，是相互依存、不可分割的。任何公务员不得只享受权利不履行义务，义务受纪律的约束，公务员的权利受法律的保障。

2. 权利内容的广泛性

这是与其他国家相比较而言的，从我国政权性质出发，根据宪法有关规定，在公务员政治权利等方面，没有西方国家“不参与政治活动”等要求。

3．义务与权利的层次性

公务员的义务和权利有两个层次，一是公务员作为普通公民，就应该享有宪法规定的公民的基本权利，也应履行公民应尽的义务；另一个层次，公务员又因职务关系而享有公务员法所赋予的特殊的义务和权利。

4．义务规定在前，权利保障在后

《公务员法》明确规定了公务员的八项权利，与此同时，强化了公务员的责任与义务，共列出九项义务，将其位于公务员应享有权利之前，充分说明公务员首先要很好地履行义务，反映了对公务员的严格要求。从整个法律看，对义务的规定和不履行义务的惩戒比较具体。

四、规定公务员义务与权利的意义

1．有利于形成一支优化、廉洁、稳定、高效的公务员队伍

明确公务员享有的权利，有利于在公务员队伍内部形成健康的竞争机制，激励公务员保质、保量和高效地完成工作任务，并做到优胜劣汰。明确公务员应当履行的义务和不履行义务的法律责任，可以督促公务员严于律己，奉公守法，自觉遵守职业规范和职业道德，兢兢业业地为社会服务；也便于社会和广大公民对公务员执行公务的情况进行监督，以保证公务员队伍的纯洁性，促使他们廉洁从政。

2．有利于实现公务员管理的法制化、民主化、科学化

公务员的义务与权利，是公务员法律关系的核心内容，也是公务员法的重要组成部分。以国家法律规范的形式，明确规定公务员应享有的权利和应尽的义务，是实现公务员管理法制化的重要表现，有助于促进公务员依法执政、积极履行职责，也有助于增强公务员的权利意识和运用法律手段维护自己应有权利的自觉性，从而逐步克服人事行政工作中的种种腐败现象，实现公务员管理的民主化。

3．既是对公务员执行公务的有效保障，又是对公务员执行公务的有力约束

公务员履行职责、执行公务，一是必须有身份保障权，可以调动广大公

务员的积极性;二是必须有一定的权利,这是履行职责、执行公务的基本条件。因此,国家应通过法律授予公务员行使公务所必需的权利,并有法律保障,以消除执行公务时可能遇到的阻碍;同时对公务员义务进行约束,对其行使的权利界限作出明确规定,对他们必须履行的义务作出严格要求,而且一旦违反了相关的义务规定,就要承担必要的法律责任。唯其如此,才能保证国家行政管理的有效运行。

第二节　公务员的义务

一、我国公务员义务的基本内容

按照我国公务员法的规定,我国公务员应当遵守下列义务。

1. 模范遵守宪法和法律

法律是根据宪法制定的,由国家强制力保障实施的行为规范。作为行使公权力的公务员,应当树立宪法至上的思想,维护宪法与法律的权威,自觉在宪法和法律的范围内活动,成为守法的模范和楷模。

模范遵守宪法和法律的核心意义是对宪法的忠诚。所谓对宪法忠诚是指以最好的能力与智力,以自身的言论与行为来维护宪法的权威与促进宪法的落实。凡是有利于宪法实施的事情都尽最大的力量去做,凡是有害于和不利于宪法的事情都应当予以反对和回避。

2. 按照规定的权限和程序认真履行职责,努力提高工作效率

公务员应当按照权限履行职责。这包含两层含义:第一,该权限是明文规定的权限。第二,该权限属于实体法上的权限。

公务员应当按照规定的程序履行职责。在这里,所谓程序是指权利义务实现的步骤、顺序和方式。公务员应按照规定的程序履行职责,因为公正的、公开的程序能够使得实体的权利义务得到公平的实现,有利于更好地保护公众、公民的合法权益。

3. 全心全意为人民服务,接受人民监督

人民群众是社会主义国家的主人,社会主义现代化建设事业必须依靠人民。国家机构及其工作人员的任务就是反映人民的愿望和要求,全心全

意为人民服务。根据宪法的规定，所有的公务员都必须认真贯彻党的群众路线，采取群众路线的工作方法，深入实际，调查研究，把人民群众分散的意见科学地结合起来，形成计划、政策和法律、法规，然后再在群众中加以贯彻实施，全心全意为人民服务。

公务员应当接受公民的监督，这是由我国宪法规定的，在国家机构及公务员履行职责的过程中，人民有权通过各种途径和形式对他们实行监督，以保证其不折不扣地代替人民行使权力，全心全意为人民服务。

4. 维护国家的安全、荣誉和利益

公务员应当积极维护国家的安全、荣誉和利益，这首先是基于公民义务而产生的，《中华人民共和国宪法》第五十四条规定："中华人民共和国公民有维护祖国的安全、荣誉和利益的义务，不得有危害祖国的安全、荣誉和利益的行为。"可见，维护国家的安全、荣誉和利益是我国每个公民的义务，公务员对此更是负有更大的责任和义务。

5. 忠于职守，勤勉尽责，服从和执行上级依法作出的决定和命令

"服从和执行上级依法作出的决定和命令"是关于公务员服从义务的规定。规定公务员的服从义务是十分必要的。公务员应当服从和执行上级依法作出的决定和命令有以下含义：第一，公务员服从的决定与命令应是上级作出的。第二，公务员服从和执行的是上级作出的决定与命令。第三，公务员服从与执行的上级的决定与命令应是依法作出的。第四，公务员执行公务时，认为上级的决定或者命令有错误的，可以向上级提出改正或者撤销该决定或者命令的意见；上级不改变该决定或者命令，或者要求立即执行的，公务员应当执行该决定或者命令，执行的后果由上级负责，公务员不承担责任；但是，公务员执行明显违法的决定或者命令的，应当依法承担相应的责任。

6. 保守国家秘密和工作秘密

国家秘密是关系国家的安全和利益，依照法定程序确定，在一定时间内只限一定范围的人员知悉的事项，包括尚未公布的或不准公布的政治、经济、军事、外交和科学技术等方面的重大事项。国家秘密直接涉及国家的安全，因此，保守国家秘密是关系到国家安全和人民利益，关系到我国社会主义现代化建设的大事。公务员作为国家工作人员，必须严格遵守国家法律

规定，增强保密观念，严格保密纪律。对公务员而言，履行保密义务的基本要求是：不该说的国家秘密不说；不该问的国家秘密不问；不该看的国家秘密不看；不该记录的国家秘密不记录；不在私人交往中涉及国家秘密；不在公共场所办理、谈论属于国家秘密的事项；不在没有保密保障的地方和设备中存贮、处理国家秘密信息和载体；不通过普通电话、明码电报、普通邮局、计算机公用网和普通传真递送、传输国家秘密信息和载体；不携带密件、密品参观、游览和探亲访友；此外，公务员对已知的窃取或者泄露国家秘密的行为，应当予以制止并及时向有关方面举报。公务员在工作任职期间负有保密的义务；在涉及国家秘密等特殊职位任职或者离开上述职位不满国家规定的脱密期限的，不得辞去公职。

7. 遵守纪律，恪守职业道德，模范遵守社会公德

公务员遵守纪律，恪守职业道德就是要严格遵守公务员从事公务活动应当遵守的纪律要求与道德准则。《公务员法》第五十三条对公务员的纪律作了全面的规定，包括公务员不得弄虚作假，误导、欺骗领导和公众；不得贪污、行贿、受贿，利用职务之便为自己或者他人谋取私利；不得滥用职权，侵害公民、法人或者其他组织的合法权益；不得参与或者支持色情、吸毒、赌博、迷信等活动；不得违反职业道德、社会公德等。社会公德是要求一般人共同遵守的公共道德准则，包括遵守纪律、讲究礼貌、讲究卫生等，公务员应当率先垂范，带头遵守。

8. 清正廉洁，公道正派

所谓清正廉洁、公道正派，是指要求公务员办事公正无私，廉洁自律，以个人利益服从国家利益，努力为人民服务。实现公务员的清正廉洁是党和国家的一贯要求，是维护党和政府的良好形象，加强党和政府同人民群众联系的重要措施。公务员代表国家执行公务，其权力是人民授予的，属于其所在的职位，不是属于个人的。公务员必须建立正确的权力观，正确运用手中的权力，为公共利益而工作，而不能利用职权搞不正之风，谋取私利。按照《中国共产党廉洁自律准则》的规定，对于党员领导干部，要廉洁从政，自觉保持人民公仆本色；廉洁用权，自觉维护人民根本利益；廉洁修身，自觉提升思想道德境界；廉洁齐家，自觉带头树立良好家风。

9. 法律规定的其他义务

公务员法规定的公务员的义务，有的是宪法规定的国家机关工作人员义务的具体化，有的是由公务员职业本身特点决定并衍生的义务。作为公务员，对于法律规定的义务当然应当履行。规定公务员必须履行“法律规定的其他义务”，其目的和意义在于：能够弥补因职业不同，公务员法无法详细列举的公务员的其他义务，使得公务员义务的内容更加全面完整、更具体，也更能够反映时代特征与时代精神。

二、规定公务员义务的原则

我国规定公务员义务的原则主要有以下几条。

1. 违法必究原则

不论何种职位上的公务员，都必须模范遵守公务员的义务，不得违反；一旦违反，必须依法追究，并根据情节轻重和有关程序，作出相应的纪律处分。

2. 平等原则

任何公务员，不因其职务高低、党派、社会关系、宗教信仰及年龄等原因而履行不平等的义务，任何人不得享有特权。

3. 服务与稳定原则

我国对公务员义务规定的目的，是立足于国家机关事务的有效稳定运行。所以，制定公务员义务时，既要对公务员提出政治要求，又对公务员提出服务规则，以使公务员有效地为国家机关服务。

三、公务员不履行义务的法律责任

当公务员不依法履行或不履行其法定义务时，必须承担一定的法律责任，主要有以下几条。

1. 身份处分

身份处分即丧失公务员身份，如被辞退或被开除等都会引起公务员身份的丧失。

2. 行政处分

行政处分即承担行政责任，包括名誉、职级等处分。如警告处分就是名誉方面的处分，降级处分就是职级方面的处分。

3. 赔偿责任

赔偿责任也称物质处分。管理特定财物的公务员，因故意或过失使所管财务遭到损失，则往往需与国家机关共同承担赔偿责任。

4. 刑事责任

公务员对其职务犯罪要承担刑事责任。刑事责任的追究适用刑法、刑事诉讼法的相关规定。

第三节 公务员的权利

一、我国公务员权利的基本内容

1. 获得履行职责应当具有的工作条件

公务员作为国家法律政策的执行者，国家有权要求其尽职尽责，同时国家也要为公务员履行职责提供应有的工作条件保障。公务员享有获得履行职责应当具有的工作条件，包含两层含义：

(1) 公务员有权获得工作条件的保障。

工作条件的保障是指公务员为了执行公务、履行职责，有权要求一定的工作条件作保障。没有一定的工作条件，公务员就无法很好地执行公务，完成其工作任务。良好的工作条件是公务员正常履行公职、完成工作任务的保障，也有利于提高公务员的效率、提高公务员的工作质量。工作条件主要包括办公地点、办公用品、办公设备、通讯联络工具、交通工具以及医疗卫生条件等等。公务员有权要求国家提供必要的工作条件。另外，公务员所需的工作条件也是随着社会经济与科学的进步而不断更新的，例如现在随着电脑的广泛应用，电脑是办公必备的工具，提供电脑就是公务员工作条件的保障之一。

(2) 工作条件的保障与公务员的职责相适应。

公务员工作条件的保障应与公务员的职责相适应。公务员有权获得工作条件是公务员履行职责所应当具备的，其所应当获得的工作条件以满足履行职责为限。首先，公务员的工作条件应当是履行职责所必需的，即公务员如果没有该工作条件就无法正常履行其职责。其次，公务员的工作条件不应超出履行职责所必需的范围，超出履行职责的需要而提供的工作条件对于公务员完成工作任务并无裨益，也容易造成腐败。再次，公务员的工作条件应当是公务员履行职责期间所需要的，即公务员只能够在履行职责的期间内使用这些配备的工具、器材等。

2. 非因法定事由、非经法定程序，不被免职、降职、辞退或者处分

该权利是指国家实行公务员职务常任制。公务员一经任用，非因法定事由、非经法定程序，不被免职、降职、辞退或者处分，这被称为公务员的身份保障权。规定公务员的身份保障权的原因是：第一，保持公务员队伍稳定和行政管理连续性的需要。第二，保证公务员公正履行职责的需要。公务员在依法执行公务、履行职责的过程中，有可能触犯某些个人或集团的利益。这些个人或集团就有可能凭借权势对公务员施加不正当的影响或压力，甚至加以迫害，其结果就是公务员被非法免职、降职、辞退或处分。在这种情况下，为了保障公务员正常有效地执行公务，公正无私地履行职责，法律就必须为公务员提供一定的保障，使公务员免受非法的惩处，能够顺利地履行自己的职责，维护国家和人民的利益。第三，现代社会发展日益复杂化、专业化的需要。现代社会经济科技发展日新月异，各种新事物、新现象层出不穷。要维持国家机器的良好运转、维护社会的稳定与持续发展，就需要有一大批的专业人士从事国家管理与社会管理。公务员在固定的职位上工作，时间长，经验与知识的积累随着时间的推移越来越丰富，这是国家管理所需要的。

3. 获得工资报酬，享受福利、保险待遇

公务员具有双重身份，公务员一方面基于公务员的身份产生管理国家和社会公共事务的权力和职责，另一方面基于自然人的身份产生的宪法赋予公民的基本权利和义务。获得工资报酬权与享受福利保险待遇权是公务员的基本权利，是公务员工作和生活的经济保障。

公务员的劳动报酬，在我国一般表现为工资，它是社会根据按劳分配原则，分配给个人的消费品的货币表现形式。公务员的工资是公务员得以维持生活的必要条件，是公务员在社会中的地位和作用的合理反映。公务员的工资包括基本工资、津贴、补贴和奖金。公务员按照国家规定享受住房、

医疗等补贴、补助。公务员在定期考核中被确定为优秀、称职的，按照国家规定享受年终奖金。公务员的工资由国家财政予以保障。

4．参加培训

公务员享有参加培训的权利。首先，公务员参加培训是宪法的要求；其次，公务员参加培训是现代社会经济科技发展对公务员提出的必然要求；最后，参加培训也是公务员自身发展的需要；另外，公务员培训情况、学习成绩是公务员考核的内容和任职、晋升的依据之一。参加培训也是公务员职务晋升的需要。因此，参加培训也是公务员不得放弃的一种权利，也即义务。

5．对机关工作和领导人员提出批评和建议

《中华人民共和国宪法》第四十一条规定："中华人民共和国公民对于任何国家机关和国家工作人员，有提出批评和建议的权利"。该条规定是设定公务员这项权利的直接依据，作为公民，可以根据这项权利向任何国家机关和国家工作人员提出批评和建议；而作为公务员来说，他们更有权利向本机关或上级机关及其领导人员的工作提出批评和建议。这是因为公务员是直接参与国家管理的，在国家管理活动中具体贯彻党和国家的方针政策，他们对于本机关和上级机关及其领导人的情况最了解，对于国家管理活动各个环节上的缺陷比较清楚。因此，强调公务员的这一权利，具有更为重要的意义，它有利于各级机关克服官僚主义，提高工作效率，改善工作质量。任何机关的领导人都不能压制公务员的批评和建议。

6．提出申诉和控告

公务员的申诉权利，是指公务员如对涉及本人的人事处理决定（包括处分决定和被降职、被辞退的决定等）不服时，可以向原处理机关申请复核，同时有权向同级公务员主管部门或者作出该人事处理的机关的上一级机关提出申诉，其中行政机关的公务员对处分决定不服的，也可以向监察机关提出申诉。公务员的控告权利，是指公务员对于机关及其领导人员侵犯其合法权利的行为或者违法、违纪、失职及渎职的行为，有权向上级机关或者监察机关提出控告。

7．申请辞职

公务员由于主观或客观原因不愿意继续担任公职时，国家允许公务员辞去公职。规定公务员可以辞职，就赋予了公务员一定的选择职业的权利。

国家赋予公务员这一权利的目的是为了调动、发挥公务员的积极性,促进人才合理流动,以增强人事管理的生机与活力。由于公务员的工作性质和职业特点的不同,其实现辞职权的方式和程序与一般从业人员的辞职权不同,公务员的辞职必须严格按照国家的法律规定进行。

8. 法律规定的其他权利

公务员除享有公务员法规定的权利外,还享有法律规定的其他权利,主要包括两部分内容:一部分是法律规定的一般公民的权利,另一部分是法律所特别规定的机关工作人员应享有的权利。规定公务员可以享有法律规定的其他权利,使得公务员的权利成为一个开放的体系,体现了公务员权利的广泛性和全面性。

二、规定公务员权利的原则

我国规定公务员权利的原则主要有以下几条。

1. 保护原则

在规定公务员权利的同时,要切实重视保护公务员权利,以体现党和国家对公务员的关怀。

2. 民主原则

在规定公务员权利时,必须体现公务员在国家机关中的主人翁地位,明确规定公务员应享有的民主权利,以激发他们全心全意为广大人民服务。

3. 权利可放弃与不可放弃原则

公务员履行职务和执行公务时,国家赋予他们一定的受法律保护的权利。但公务员是否运用这种合法手段与可能条件来实现某种要求和目的,由自己决定,有些权利可以放弃,但有些权利是不可放弃的。

三、公务员权利的法律保障

我国公务员权利的法律保障,主要通过以下四种方式来落实。

1. 行政复议

公务员如对涉及本人的人事行政处理不服,在接到决定的一定期限内可向原处理机关申请复议。或者公务员认为国家机关违法要求其履行义务的，或者家属认为没有依法发给抚恤金的，均可提出行政复议。

2. 申诉

公务员对涉及本人的人事处理决定不服，可在接到决定的一定期限内，向同级公务员主管部门等机关提出申诉。

3. 控告

公务员对国家机关及其领导人侵犯其合法权益的行为，可以向上级机关等部门提出控告。

4. 诉讼

公务员还可以通过司法诉讼的方式维护自己的合法权益。

本章小结

本章首先概括了公务员权利与义务的含义、意义，两者的特点与关系，制定公务员权利与义务的原则；接着比较详尽地介绍我国公务员法中规定的权利与义务相关内容；最后，分别叙述了公务员的法律保障制度和不尽义务后应承担的法律责任。

关键术语

公务员权利　公务员义务　国家秘密　工作秘密　保护原则

复习思考题

1. 简述我国公务员义务与权利的含义与意义。
2. 公务员权利与义务的关系是什么？
3. 规定我国公务员权利与义务的原则是什么？
4. 公务员权利的基本内容是什么？
5. 公务员义务的基本内容是什么？

第六章　公务员的任免制度

科学完善的公务员职务任免制度不仅可以为各个职位选择配备适宜的人选，保证机关的正常运转，同时，作为一种有效的激励手段，能够鼓励公务员努力学习，勤奋工作，不断提高自己的思想与业务水平，出色地完成所任职务上的任务。可见，公平合理的公务员职务任免制度是我国建成现代化强国重要的人事保证。

导引案例

官员复出何以深陷舆论漩涡？

2016 年 2 月 17 日，山东《青岛日报》的一则报道低调披露了被免职官员张大勇复出的消息。据报道，中国人民政治协商会议第十二届青岛市委员会第五次会议于 2 月 16 日开幕，青岛市政协的开幕式意外获得了高关注度，因为张大勇以“市党政领导”身份出席会议并在主席台就座。

张大勇，1961 年 12 月生，山东安丘人，长期任职青岛，曾任胶州市委副书记、胶南市委书记等。2009 年底，他任青岛前湾保税港区工委书记，并明确为正厅级，后兼任青岛经济技术开发区工委（黄岛区委）书记；2012 年，他跻身青岛市委常委，并再兼任青岛西海岸经济新区工委书记。

青岛市中石化输油管道泄漏爆炸发生于 2013 年 11 月 22 日，事故共造成 62 人死亡、136 人受伤，直接经济损失 7.5 亿元。2014 年 1 月，国家安监总局发布事故调查报告称，张大勇作为开发区主要负责人，贯彻落实党的安全生产方针政策不到位，督促指导开发区管委会及有关部门履行安全生产监管、监督职责工作不到位。对事故发生负有重要领导责任，建议给予党内严重警告处分、免职，给了社会大众一个交代。此后，张大勇的开发区相关职务被时任青岛市副市长王建祥替代。

峰回路转，转眼时间飞逝，这则消息让社会舆论炸开锅，山东《青岛日报》的一则报告低调披露了被免职官员张大勇复出的消息，其身份已为“市政府党组成员”，2016 年 1 月 20 日，青岛市委下发《关于张大勇等同志免职的通知》显示，青岛市委决定，张大勇同志任青岛市人民政府党组成员，一份编号为“青政字〔2016〕17 号”的《青岛市人民政府关于调整市政府有关党组成员行政工作分工的通知》显示，张大勇的身份已为“市政府党组成员”，其具体分工是“协助扶贫开发、政府法制、政务服务工作”。公众惊呼：“问题官员”咋又任性复出了？“高调免职”“低调复出”岂不是忽悠公众的闹剧？

其实，换位思考，本着对事故灾难的问责心态，公众的隐忧不难理解，然而，冷静下来细细思考，却值得推敲，据《关于实行党政领导干部问责的暂行规定》，引咎刮职、责令辞职、免职的党政领导干部，“一年内不得重新担任与其原任职务相当的领导职务”，“一年后如果重新担任与其原任职务相当的领导职务，除应当按照干部管理权限履行审批手续外，还应当征求上一级党委组织部门的意见”。也就是说，事件过去两年有余，官员按程序复出实属正常，却深陷舆论漩涡究竟是谁该反思呢？

简言之，官员复出要严把“程序关”，既要严格遵守民主推荐、组织考察、协商酝酿、讨论决定、任前公示、任期试用等程序，也要在复出过程中，将复出的依据、条件和期限等信息在不违反信息公开条例的前提下向社会公开，让权力在阳光下运行，确保权力正确行使，扩大群众知晓面，保证公众知情权，才能避免面临公共事件时公众在猜忌和不解中让公信力躺枪。

资料来源：《官员复出何以深陷舆论漩涡？》，见 http://www.thepaper.cn/newsDetail_forward_1432912(中国网 2016 年 2 月 19 日)

思考分析：问题官员免职后悄然复出背后折射出我国公务员任免制度的哪些问题？

第一节　公务员职务任免概述

一、公务员职务任免的含义

职务任免是任职与免职的统称，是指具有一定任免权限的机关，依照国家有关法律法规，在其任免范围内，通过法定程序，任命或免去公务员担任的某一职务的人事行政行为。

公务员任职是指有任免权的机关依照有关法律规定和任职条件，通过法定程序和手续，任用公务员担任某一职务的管理活动。

公务员免职是指有任免权的机关依照有关法律规定和免职条件，通过法定程序和手续，免除公务员所担任的职务的管理活动。

二、公务员职务任免的意义

公务员职务任免是对公务员进行其他管理的前提，是合理使用人才的关键环节，是实现公共管理职能的重要保障。

1. 它是合理选拔使用公务员的重要制度保障

贯彻执行公正合理的公务员职务任免制度，能够把优秀合格的人才任用在恰当的职位上，从而保障国家机关的高效优质运转；同时免去不合格的公务员担任的职务，能够消除埋藏于国家机关中的隐患。因此，很有必要建立科学合理的公务员职务任免制度，以防止公务员任免出现偏差和不正之风。随着国家《公务员法》的颁布和实施，这也会促使公务员的选拔和使用更加优化。

2. 它是提高公务员素质的必要手段，能够提高公务质量和民众的满意度

职务任免是否得当，不仅关系到公务员个人的能力和才智能否得到充分发挥，而且关系到公务员队伍整体素质的高低，关系到各级机关的工作质量和服务质量的优劣。科学合理的职务任免，可以将优秀人才不断地充实到公务员队伍中去，同时将不适宜担任公务员或因故不能担任公务员的人员及时予以免职，从而不断优化公务员队伍和提高公务员素质。一个公务

员如果能够得到适当合理的职务任免，就会全身心地投入到工作中去，进而能最大限度地发挥公务员的聪明才智，民众满意度随之也会得到很大提升。

3. 它是管理公务员队伍的有效手段，是公务员接受监督的重要凭证，是实现公务员职务管理制度化的重要措施

在公务员队伍的管理中，职务任免几乎与每一个环节都有直接或间接的联系。公务员职务的升降、人员流动与职务任免密不可分，公务员的考核、奖惩、工资福利待遇、培训等也与职务任免紧紧连接在一起。由此可见，职务任免是管理公务员队伍的主要手段，同时也是公务员管理的有效手段之一。职务任免的法制化和科学化对于我国公务员制度的发展和完善具有极其重要的意义。建立和严格执行公务员职务任免制度，不仅可以使公务员任用操作规范化，同时也是正确、合理选拔使用公务员，防止公务员任用中出现偏差和不良现象的重要保障。

4. 它有利于明确公务员的岗位职责，使公务员能更好地履行并实现公共职能

在我国，党的政策、国家的意志以及政府职能能否有效地实现，关键在于公务员，公务员任免的过程是在制度上、法律上对于公务员职责情况的明确和宣示。这一任一免在程序上使得公务员的履职得到了制度和法律的确认，公务员的职责得以明确，人民也能合法地对其加以必要的监督。纠错式的免职程序也反向激励了公务员严格履责，努力工作，争取获得组织和人民的认可。这样一来，公共职能的实现就自然更有保障。

5. 它是加强国家政权建设的重要保障，将改善我国的政治环境，推动民主政治及政治现代化的发展

公务员是国家意志和国家公共管理职能的具体执行者，因而公务员的职务任免是否得当直接关系到国家的意志能否得到贯彻执行，国家的政权建设能否得到巩固。只有做好公务员职务任免工作，将那些德才兼备的人选拔运用于各级公务员岗位上，才能保证我国政权建设得到巩固、发展和完善。

三、我国公务员职务任免制度的发展历程

新中国成立初期，我国出台了一系列公务员职务任免法规，如《中央人

民政府任免国家机关工作人员暂行条例》、《县级以上人民委员会任免国家机关工作人员条例》等，规范了公务员职务任免管理。1966～1976 年，由于受到反革命集团破坏和"文化大革命"的冲击，我国公务员职务任免制度基本瘫痪。

粉碎"四人帮"后，我国干部人事工作进入"拨乱反正"历史时期，公务员职务任免逐渐规范。1978～1992 年，我国各级政府及其工作部门不断探索和改进公务员职务任免制度，积累了丰富的工作经验，革命化、年轻化、知识化、专业化的"四化"方针得到贯彻落实。

1993 年 8 月 14 日，国务院出台《国家公务员暂行条例》，规定了公务员职务任免的指导性方针。1995 年 2 月 9 日，中共中央印发《党政领导干部选拔任用工作暂行条例》。人事部于 1995 年 3 月 31 日发布《国家公务员职务任免暂行规定》，该规定包括总则、任免机关和任免权限、任职、免职、附则等五章。2002 年 7 月 9 日，中共中央总结《党政领导干部选拔任用工作暂行条例》实施经验，修订颁布《党政领导干部选拔任用工作条例》，与之相配套的党政领导干部公开选拔、竞争上岗、选拔任用监督等相关法规陆续颁布。

2005 年 4 月 27 日第十届全国人民代表大会常务委员会第十五次会议审议通过《中华人民共和国公务员法》，我国公务员职务任免步入法制化轨道。2008 年 2 月 29 日，中共中央组织部、人力资源和社会保障部联合颁布《公务员职务任免与职务升降规定(试行)》，我国公务员职务任免制度日渐完善。

第二节　公务员的任职

一、公务员任职的原则

在公务员任职中，必须坚持德才兼备、任人唯贤原则，党管干部原则，一人一职原则，少数服从多数原则。

1. 德才兼备、任人唯贤原则

这是我们党和国家几十年来一直坚持的选拔与任用机关干部的原则。

德才兼备就是要求被任用的公务员既有德又有才，二者同时具备，不可偏废。在选拔和任用公务员时，以德才为标准，不以个人的好恶亲疏为标准。要坚持任人唯贤，反对任人唯亲，从而实现公务员队伍的革命化、年轻化、知识化、专业化。

2. 党管干部原则

这是党和国家管理干部的一项基本原则。推行公务员制度后，在公务员任职中也应贯彻这一原则。

3. 一人一职原则

对公务员任用时，原则上是一人一职。这是因为公务员所任职务包含特定的工作任务，其所担负的工作量是相对稳定的，需在工作时间内有效地按质按量去完成，基本上是满负荷的。如果一个公务员同时担任两个或多个职务，他就要付出双倍或数倍的时间与精力，就会影响其有效地完成本职工作，造成本人工作负担过重。

当然，如果确因工作需要，本人又能胜任，经任免机关批准，可以在国家机关内兼任一个实职。

4. 少数服从多数原则

选任制、委任制与聘任制公务员的选拔，在讨论决定是否任用的表决时，皆需坚持少数服从多数的原则，防止少数人说了算的现象发生。

二、公务员任职的方式

我国公务员采用的任职方式有选任制、委任制、考任制与聘任制几种，这些方式没有绝对的优劣之分。我国《公务员法》第三十八条规定，公务员职务实行选任制和委任制。由此可见，我国公务员的任用方式以选任制和委任制为主，部分职务也实行聘任制。不同的任用方式在实际运行的过程中各有优缺点。

1. 选任制

选任制是指通过选举产生的方式来确定任用对象的任用方式。选任制公务员，是指按照法律和有关章程规定选举担任领导职务的公务员。选任制公务员具体包括下列七类机关中担任职务者：中国共产党机关、人大机关、行政机关、审判机关、检察机关、政协机关、民主党派机关。除这七类职务外，还有一部分公务员职务虽然不是通过选举产生的，但是依照有关法律规定由国家权力机关通过或决定任免。这些公务员职务可被称为“准选任制公务员”。比如，全国人大常委会副秘书长、工作委员会的负责人，由委员长提请常务委员会任免。

选任制比较适合于体现民意的国家机关工作人员的任用。我国公务员的各级政府组成人员，均实行选任制，即由各级人民代表大会及其常委会选举产生或决定任免。

选任制的方式有利于公务员队伍更加接近民众，增强政权的合法性，便于人民群众对于官员的监督，提高国家的民主化程度。但是选任制并不是万能的，世界上没有一个国家实行极端纯粹的选任制，极端的选任制是一种民粹主义的表现，选任制容易使得群众基础好而治国理政能力弱的人进入公务员队伍，这对于国家政权稳定的破坏性是极大的。

2. 委任制

委任制，是指在任免权限范围内，由公务员任免机关依法直接委派工作人员担任一定职务的公务员任用方式。除选任制和聘任制外，我国公务员基本上都实行委任制，具体分布在行政机关、审判机关、检察机关、政协机关、中国共产党机关、民主党派机关、人大机关等单位。一般情况下，由有关方面提出拟任职的人选，经过干部人事部门考察后，由任免机关决定任命，并办理相关任职手续。

委任制具有任用权力高度集中统一的特点，有利于在行政机关中贯彻行政首长负责制，这就使得责任迅速到人，有利于及时追责与考绩，体现了高效性和责任性；在委任制条件下，公务员因非法定事由不得被免职和辞退，这对于保证公务员队伍的稳定有一定的积极作用，有利于公务员努力工作；再者，委任制的任用方式在手续上比较简单明了，便于操作，也有利于对公务员队伍的管理。

但是，委任制在运行过程中也不可避免地会暴露一些缺点。首先，委任制公务员往往是由主管领导提出人选，这就滋长了相关主要领导的主观随意性，任人唯亲而非唯贤，借用提名权大搞权钱交易、拉帮结派、结党营私；其次，委任制的过程可能会降低民主性和透明度，使得人民群众难以有效地进行监督；最后，委任制公务员从任免之日起便如同拥抱“金饭碗”，缺乏竞争机制和新陈代谢机制，容易助长这批官员的官僚习气和作风。

3. 聘任制

聘任制即由用人单位通过合同形式任用工作人员的任用方式。用人单位需与应聘人员签订合同，明确双方的权利义务关系，被聘用人员按照合同履行职责，并享受合同规定的各项待遇。聘期满后，聘任关系解除；如有需要，双方还可协商续聘。

聘任制与选任制、委任制一样，也是公务员的一种任职方式。聘任制又有其显著特点：一是合同管理。聘任关系确定之后，机关对聘任制公务员的管理主要是依据公务员法和聘任合同进行的。二是平等协商。在聘任关系确定过程中，机关与应聘人员的地位是平等的。在签订聘任合同以后，虽然机关与聘任制公务员的关系已经变成隶属关系，但双方仍可协商一致，以变更或者解除聘任合同。三是任期明确。聘任制公务员都有明确的聘任期限，聘任期满，任用关系自然解除，需要时，可以再进行续聘。

聘任制的方式有利于任用方式的多元化，破除论资排辈的观念，打破“铁饭碗”，使得公务员队伍能上能下，能进能出，充满活力，增强竞争意识。但是聘任制方式会增加公务员队伍的不安全感，降低其归属感，不利于其安心稳定地工作；另外，聘任制公务员主要局限在专家和技术岗位，专家可能会因为政治影响而损害了技术专长或使得技术专长难以充分发挥。

4. 考任制

考任制即通过考试来选拔任用对象的方式。考试一般采取笔试、面试或其他方法，根据考试成绩择优确定任用人选。

考任制的最大意义是反对特权，实现公民在公职中的平等竞争，广开才路，吸纳优秀的公共管理人才。考任制的最大弊端就是徇私舞弊，特别是在面试环节更是难以把关控制，结果违背了考任制的初衷；由于各方面原因考任制可能会选拔一些不适合公务员队伍而有可能在其他工作领域作出卓越贡献的人才，不利于人才的最优配置。

以上四种任用方式各有利弊，没有优劣之分，应根据国情、经济发展条件、政治特点、文化背景等因素合理选择，多元结合，大胆创新。

三、公务员任职的条件与任期制

1. 公务员任职的条件

这里所说的公务员任职的条件是指任命公务员职务应该具备的前提条件，也就是公务员任职的限制。公务员的任职除了受到学历、智力、能力、性格等自身条件限制外，在宏观上还要受到准备就职的机关和职务情况的制约。

(1) 公务员任职应受编制限额的限制。

编制限额是国家对行政机关工作进行宏观管理的一个重要方面，是指国家有关编制部门根据不同机关的工作需要而确定和分配于各个机关的用人限额。按照现行机构编制管理制度，各机关实"三定"，即"定职能、定机构、定编制"，在此基础上设置职务。各个机关的领导职务和非领导职务，都是根据该机关所担任的职能任务、工作性质、机构规格、编制总数、各级职务的比例关系等参考因素来确定的。也就是说，任何机关的编制数额都是确定的，能够容纳的工作人员的数量是确定的；机关的职数即职务的比例和数额也是确定的，能够设置的领导职务和非领导职务都是确定的。

(2) 公务员任职应受职数的限制。

职数是国家规定的某一机关领导职务和部分非领导职务的数量。职位的数量是遵循严格、高效、精干的原则而确立的，把职位数量控制在合理的比例之内，是提高工作效能的重要保证。

国家对有关职数作出的规定，行政机关在任用公务员的过程中必须严格遵循，不能随意改变已经确立的职数限制。例如，省级国家行政机关职数设置是，省、自治区、直辖市人民政府设置的巡视员、助理巡视员职数，不得超过厅(局)级领导职务职数的1/3，其中巡视员不得超过30%；调研员和助理调研员职数，不得超过处级领导职务职数的50%。

(3) 公务员任职应受职位空缺的限制。

对公务员任职受到职位空缺的限制，是为了保证机关各内设机构职位管理科学，人员构成合理，有效完成其所承担的任务，避免机关职位管理混乱、履行职能不平衡。但是，在实践中，"因人设职"、"因人设事"的情况屡见不鲜，有些机关为了安排某个或某些人员任职，就设置新的职位。近些年来，国家有关部门制定了很多关于这方面的规定，这些规定为杜绝公务员任职中的不正之风提供了依据和保障。

2. 领导成员职务的任期制

我国《公务员法》规定，领导成员职务按照国家规定实行任期制。不管是选任制产生的领导职务，还是由委任制产生的领导职务，都应按照有关规定实行任期制。

任期制是对公务员中的领导成员担任某一职务的任职届数、任职年限、任期内管理、任职期满后的去向安排等方面进行明确规定的一种制度。任期制的适用范围主要是领导成员，但不包括机关内设机构担任领导职务的公务员。根据宪法和有关法律法规的规定，领导成员适用任期制的具体情形有以下几种：一是中华人民共和国国家主席、副主席每届任期同全国人民代表大会每届任期相同，全国人大常委会委员长、副委员长、国务院总理、副总理、国务委员、最高人民法院院长和最高人民检察院检察长，每届任期五年，连续任职不得超过两届；二是全国人大常委会秘书长、委员、国务院秘书长、各部部长、各委员会主任、审计长、人民银行行长，每届任期五年，但尚未规定能否连任、可连任几届；三是县级以上地方各级人大常委会组成人员，地方各级人民政府正副职领导人、秘书长、各厅厅长、各委员会主任，地方各级人民法院院长和人民检察院检察长，每届任期五年，连任问题同样未作规定。我国目前有很大一部分领导成员职务还没有作任期的规定，如党政机关各部门除政府组成人员以外的领导职务，大都是这种情况。因此，健全和完善领导成员任期制是很有必要的。

第三节　公务员的免职

一、公务员免职的情形

1. 选任制公务员免职

选任制公务员的免职是与任职相应的，公务员职务的免除权限和免除程序，是跟公务员职务的赋予权限和赋予程序紧密联系的。

(1) 任期届满不再连任，所任职务自然终止。这种情况下的免职，不会以公告、公报等具体表现形式出现，而是暗含在这种行为之中。

(2) 任期内辞职、被罢免、被撤职的，所任职务免除。出现这三种情况的原因各有不同：辞职的是因为达到退休年龄、健康因素、职务调整或者不能正确履行职责、不适宜继续担任该职务等；被罢免的是因为犯有错误或被认为不称职；被撤职的是因为犯有严重错误、构成违纪违法。有关辞职、罢免、撤职的权限和程序，宪法、法律和有关章程都有具体规定，必须严格按照有关规定办理。

2. 委任制公务员免职

委任制公务员免职情形可以归纳为两种类型：

(1) 公务员职位发生变化，承担了新的职责，应当免去其原任职务。如转任、晋升或降低职务等。

(2) 因各种原因导致公务员不能履行职责的，应该免去其所任新职务。如退休、离职学习连续一年以上等。其中离职学习连续一年以上的情形，不包括组织选派参加学习。

二、公务员免职的程序

免去公务员所任职务，应按照下列程序进行。

1. 提出拟免职的建议

公务员所在单位或上级根据实际情况提出拟免职人员的建议。

2. 审核

由公务员任免机关人事部门负责对免职事由进行认真审核。如属实，可交由任免机关领导讨论。

3. 作出免职决定

按照惯例权限，由任免机关领导集体讨论决定是否免职。

4. 发布免职通知

一旦领导作出免职决定，就发布免职通知，并通知公务员本人。

另外，需要指出的是，以上是公务员免职的一般程序。如果职务任免和职务升降、调任、转任、退休等同时办理，还要遵循职务升降、调任、转任等所规定的程序。

三、公务员职务自行免除的规定

我国公务员制度对公务员职务自行免除的情形作了明确规定，主要是：

(1) 受到刑事处罚或劳动教养的；

(2) 受到行政撤职或开除处分的；

(3) 被辞退的；

(4) 因机构变动失去职位的；

(5) 死亡的。

当公务员出现上述情形之一时，其职务即自行免除，不再办理免职手续，其所在单位应按照公务员管理权限及时报任免机关备案。

第四节 公务员的兼职

2006 年 1 月 1 日开始实施的《公务员法》第四十二条和第五十三条规定，公务员不能在企业或者营利性组织中兼职，确因工作需要并经过有关机关批准的兼职，不得领取报酬。

一、公务员兼职的内涵

公务员兼职是指公务员在本职务之外兼任的其他职务。

公务员兼职具有以下特征：

(1) 公务员同时兼任两个或两个以上职务。其中一个职务是公务员本人的公职职务，另外的职务可以是机关内的兼职，也可以是机关外的兼职。以公务员本人的工资关系和人事关系来确定公务员的本职务。如果公务员只是偶尔从事本职务之外的工作，并没有因为其他的相对固定的工作而获得另外的职务，则不是公务员兼职。如公务员利用本人的专业知识偶尔到大学或者培训机构讲课，这个不应该构成兼职。《公务员法》以及有关规定调整的公务员兼职行为，不是指公务员偶尔从事其他工作的行为，而是指公务员同时兼任两个或两个以上职务的行为。《公务员法》第五十三条规定，公务员不得有在企业或者其他营利性组织中兼任职务的行为。《公务员职务任免与职务升降规定(试行)》第十三条规定，公务员因工作需要在机关外兼任职务的，应当经有关机关批准，并不得领取兼职报酬。可见，法律规定的公务员兼职行为是指公务员兼任职务而不是指公务员兼任工作。

(2) 公务员兼职不一定以获得报酬作为目的。报酬一般是以金钱或者实物的形式出现的，而公务员兼职不一定是为了获得金钱或者实物，也可以是为了精神上的满足，如在义工组织中兼职，或者纯粹是因为工作上的需要。

首先是相对于本职工作而言，是在领取国家薪水之外而谋取额外收入的工作。有些领导同志或有些公务员依照上级机关任命和安排，一身兼任多种职(务)，如政法委书记兼公安处(局)长、社会综合治理委员会主任，均属于本职，不能看作是第二职业。其次，从事第二职业应有经济收入且必须为显性收入，即所获之经济收入是以货币、实物、有价证券等形式体现，但不一定要达到某些人所称的“主要生活来源”的程度，不一定意味着第二职业的收入次于第一职业(本职)收入或者相反。再次，第二职业须相对稳定。即在某一段时间内固定为之，但又非要求如第一职业那样有固定的上下班时间，也非要求像第一职业那样固定长期不变。最后，国家公务员所从事的兼职，可以是国家公务员亲自参加的劳务、经营活动，也可以是不直接参加劳务与经营的其他活动，如中介、参股等方式。

之所以对公务员兼职作出无酬规定，皆因几近泛滥的“兼职腐败”。在一些官员的腐败案件中，我们总能看到有官员在一些项目、协会、学会里兼职，发生权钱交易、利益均沾的现象。更有一些官员在一些实体企业暗地“兼职”，手握干股而充当不良企业保护伞。显然，此规定目的在于推进公务员职务的纯净化。

二、西方国家公务员兼职的相关规定

西方不少国家在建立其国家公务员制度的同时，也逐步确立了一整套规范国家公务员行为的法律，其中法国、德国、英国、日本、美国等国对国家公务员兼职问题的规定最为具体。

法国法律禁止公务员以职业身份从事任何有利可图的活动，禁止公务员兼任有报酬的其他公职和兼任营利性的私人职务。公务员配偶以其职业身份从事有利可图的私人活动时，也要求该公务员必须向所属部门说明情况。但公务员可以进行业余的科学研究、文学、艺术的创作，可以从事教学和学术的活动。

德国法律提倡公务员在社会机构兼职，也不限制公务员从事艺术性、公益性活动的兼职，但如果公务员接受一项有酬的兼职工作，从事工余活动，合伙经营企业或从事自由职业，参加某团体合作或以其他合法形式经营的理事会、监事会、行政管理或其他机构以及接受某种信托活动，须事先经公务员所在单位的最高行政机关或最高行政机关授权的机关批准。

英国禁止官员参加各种商业、金融性投机活动，同时禁止从事本部门业务有关的任何营利事业，规定高官阶公务员、军事人员退休后两年内不得在与政府有密切联系的公司任职。

日本公务员对从事技术性工作的职员和行政职级三等以下的低级公务员的兼职没有严格限制。但对其他公务员却规定，不得在以营利为目的的私人商业工业和金融业中兼任任何职务；自己也不许经营营利性企业；未经人事院批准，公务员离职后两年内，不得到其离职前五年内与其所属国家机构关系密切私人企业任职，公务员在私人企业中入股，必须报告人事院审查，并由人事院决定其是否适于继续任职。

美国规定，公务员不得参与私人企业的经济活动，不能利用职权搞特殊买卖或为家属从事的经济活动提供方便或施加影响，即使离开政府工作一两年之内，也不能代表私人企业从事与政府有关的业务。

本章小结

本章第一节简要叙述了公务员职务任免的含义与意义以及我国公务员职务任免的发展历史。第二节介绍了公务员任职的原则与方式，指出德才兼备、任人唯贤是主要原则，对选任制、委任制、聘任制、考任制四种任职方式进行了分析。第三节简要说明公务员任职的条件与任期制。第四节对选任制与委任制公务员免职的不同情形进行了分析，对免职程序作了归纳。最后还论述了公务员兼职的有关规定。

关键术语

职务任免　任用方式　选任制　委任制　考任制　任职程序　免职程序

公务员兼职　公务员职务自行免除

复习思考题

1. 试述公务员职务任免的含义和意义。
2. 试述现有公务员任用方式及其优缺点。
3. 试论国外公务员职务任免制度对我国公务员制度的借鉴之处。
4. 公务员兼职有哪些规定?

第七章　公务员的培训制度

公务员培训，是指公务员主管部门根据国民经济和社会发展的需要以及职位的要求，通过种种形式，有计划、有组织地对公务员进行的政治理论、文化知识、科学技术、操作技能等方面的培养和训练。培训是公务员管理的一项重要内容，参加培训既是公务员的权利，也是公务员的义务。建立公务员培训制度，加强公务员培训工作，对于提高公务员的思想水平、政策水平，提高公务员的工作责任心和工作能力，建立一支精干、廉洁、高效、让人民满意的公务员队伍具有十分重要的意义。

导引案例

公务员每年参加培训不少于12天或90学时

国务院办公厅近日转发了人力资源和社会保障部、国家公务员局《“十三五”行政机关公务员培训纲要》，提出实施公务员职业道德教育计划，力争5年内将行政机关公务员培训一遍。

通知指出，“十三五”期间，行政机关公务员每人每年参加培训累计不少于12天或者90学时（对担任领导职务的公务员有其他规定的，按有关规定执行）。到2020年，行政机关公务员培训规模和效益将进一步提升，网络培训成为培训重要方式，分类培训取得突破性进展，培训工作刚性约束和活力显著增强，行政机关公务员队伍理想信念更加坚定、履职能力显著提升、工作作风明显改进。

通知要求，深入开展以“坚定信念、忠于国家、服务人民、恪尽职守、依法办事、公正廉洁”为主要内容的公务员职业道德培训；突出信念、忠诚、责任、纪律、廉洁等方面培训，使行政机关公务员具有文明人格、高尚精神追求、良好职业操守；将职业道德教育作为公务员初任、任职、在职培训的必修内容，纳入各级行政学院等培训机构培训课程。

通知指出，各地区各部门要切实把行政机关公务员培训工作摆上重要议事日程，纳入本地区本部门工作发展规划，纳入政府工作绩效考评内容，结合实际制定本地区本部门本系统行政机关公务员培训纲要或实施方案，并抓好组织实施。各级政府要按照公务员法规定将行政机关公务员培训经费列入年度财政预算，按照公务员培训管理分工安排经费，尤其要对“双基”公务员培训给予必要保障，保证培训工作需要。

资料来源：《公务员每年参加培训不少于12天或90学时》，见http://www.gov.cn/xinwen/2016-12/25/content_5152508.htm（《经济日报》2016年12月25日）

思考分析：为什么国家要在“十三五”期间对行政机关公务员每人每年参加培训累计不少于12天或者90学时？

第一节　公务员培训概述

一、公务员培训的含义

公务员培训，是指国家机关根据公务员工作职责的要求和提高公务员素质的需要，通过各种形式，有计划、有组织、有步骤地对公务员开展以政治理论、政策法规、业务知识、文化素质和技能训练等为主要内容的各种教育、培养和训练活动。公务员培训是政府人力资源开发的重要途径，是提高公务员素质和能力的重要手段。

二、公务员培训的特点

我国公务员培训是在总结、继承我国干部培训工作经验，借鉴各国公务员培训的普遍做法的基础上建立起来的。它与以往各地干部培训和普通教育相比，具有如下特点。

1. 公务员培训从性质上属于全员性终身教育

按照《公务员培训规定（试行）》，“公务员培训的对象是全体公务员”。不论党政领导干部，还是非领导成员，都要按照规定接受培训和教育。其中，担任县处级以上领导职务的公务员每5年应当参加党校、行政学院、干部学院或经厅局级以上单位组织(人事)部门认可的其他培训机构累计3个月以上的培训；其他公务员参加脱产培训的时间一般每年累计不少于12天。

2. 公务员培训内容具有实用性和针对性

公务员培训强调针对性和实用性，根据职位和工作需要的不同，对公务员实施所需专门知识和技能的培训。公务员培训围绕公共管理工作，基于经济社会发展需要和公务员职位的具体要求，向接受培训的公务员传授公共管理理论与实践的知识和实践技能，注重提升公务员的综合素质和实际能力。

3. 公务员培训从形式和方法上具有灵活性和多样性

公务员在不同的部门、职位、职务、级别从事公共管理工作，他们的学历、资历、工作经验和实际能力具有群体差异，他们从事工作所涉及的知识和技能也各有侧重，这要求公务员培训应灵活多样，采取长期和短期相结合、离职和在职相结合、定期和临时相结合等多种方式，既有一般的课堂理论讲授，又有案例研讨、专题报告、实际考察和操作、角色扮演法等。

4. 公务员培训机制上具有正规性

从培训机构来看，公务员培训的主管部门是国家人事行政机关，具体负责培训计划、组织管理、经费保障、经验交流等各项工作；培训的教育机构是各级行政学院、党校、管理干部学院及高等院校等。从制度上看，公务员培训已经规范化、制度化。我国《公务员法》第十章对我国公务员培训的原则、机构、分类等作了专门规定，这必将有利于提高我国公务员队伍的整体素质，提高各级公务员机关的管理水平。

三、公务员培训的意义

公务员是国家公共管理的主体，是党和政府联系人民群众的桥梁。公务员的素质如何，直接关系到党和政府的形象，因此，实施公务员培训意义重大。

1. 有助于形成优质、高效、廉洁的公务员队伍

目前，新进入公务员队伍的各类人员，大都缺乏系统的公共管理理论知

识与技能。这种状况很难适应社会主义现代化建设和建立社会主义市场经济体制的需要，很难适应未来形势发展的需要，也很难适应国家公共管理高效运转的需要。要改变这种状况，提高工作效率，保持廉洁形象，就必须加强培训，提高公务员的业务能力和政治素质，发挥公务员的群体效能，形成一个强有力、高效率、廉洁的工作系统。

2. 有助于更新公务员的知识

政府的职能和公共管理的内容不是一成不变的，它总是受国家经济、社会发展状况以及国家工作重心转移的影响而发展和变化。因此，肩负执行国家公务职责的公务员，只有及时接受有计划的培训，不断地更新知识，提高管理技能，才能适应新形势的需要。

3. 有助于加速我国公共管理科学化进程

现代科学应用于公共管理领域，在我国已成为现实。网络信息技术进入我国公务员机关，办公开始实现自动化，电子政务蓬勃发展，网络对公务员部门产生了巨大影响。此外，信息论、系统论已被引进公共管理科学，大数据时代已经到来。各种类型的公务员培训，把我国乃至世界上不断更迭的新知识、新技术传授给公务员，他们把学到的知识应用于工作中，加速了我国公共管理的科学化进程。

四、我国公务员培训的历史

我国公务员培训制度起源于革命时期的干部培训制度。1921年8月，毛泽东创办了湖南自修大学并于次年附设了补习学校和初中班，系统宣传马列主义，发展党团组织，成为培养工农干部的摇篮。当时南方各省还举办了各种类型的农民运动讲习所，为全国农民运动培训出许多优秀干部。1924年，黄埔军校建立后，中共中央还从各地选派中国共产党党员和共青团员去进修深造，其中涌现出许多优秀的军事将才。1933年，党中央在江西瑞金创办苏维埃大学等十几所培养干部的学校。红军到达陕北后，党中央先后创立中共中央党校、中国工农红军大学、中国人民抗日军事政治大学等学院。20世纪40年代，中共中央先后发出《关于干部学习的指示》《中共中央宣传部关于在全党进行整顿三风学习运动的指示》《中共中央关于延安干部学校的决定》等重要文件，明确规定干部培训的主要内容是业务教育、政治教育、文化教育、理论教育等四个方面。

新中国成立后，党和政府在大力提倡干部在职学习的同时，积极发展国民教育事业，兴办各类党校、管理干部学校。1953 年以后，干部教育工作逐步转入在职干部轮训阶段，培养和造就了大批优秀干部和专门人才。党的十一届三中全会后，党中央提出了干部"革命化、年轻化、知识化、专业化"方针，推动了我国干部教育培训工作。1993 年，随着《国家公务员暂行条例》的颁布，公务员培训成为干部培训工作的重点。随着《国家公务员出国培训暂行规定》、《国家公务员培训暂行规定》的出台，我国公务员培训制度日渐规范。

党的十六大之后，党中央审时度势，强调要放开视野看教育、集中力量抓培训，努力建设一支高素质的干部队伍。各级党委与政府人事部门扎实推进大规模培训干部，大幅度提高干部素质工作。2008 年 6 月，中共中央组织部、人力资源和社会保障部联合颁布《公务员培训规定（试行）》，我国公务员培训制度进一步完善。

第二节　公务员培训的原则和法律保障

一、公务员培训的原则

公务员培训应遵循理论联系实际、以人为本、全面发展、学以致用、改革创新、科学管理的原则。

1. 理论联系实际

理论联系实际是我国公务员培训教育的一条重要原则，是公务员部门一贯坚持和提倡的优良传统和行之有效的学习方法。我国的公务员培训，着眼于科学理论与工作实际相结合，围绕中国特色社会主义，基于中国国情，把握时代特征，坚持解放思想、实事求是、与时俱进，培训中引导培训对象运用正确的立场、观点、方法来总结自身的工作经验，提高理论联系实际的自觉性。

2. 以人为本

人是管理中最基本的因素，是能动的，要以人的全面发展为核心。在公务员培训中坚持以人为本的原则，就是要以公务员的全面发展为核心，以公务员为出发点和中心，遵循公共部门人力资源开发与管理的基本规律，调动公务员的主动性、积极性、在制订培训计划时，要考虑到公务员的需求，做到尊重人、理解人、关心人。要切实从受训公务员的不同需要出发，有区别、有针对性地授之以所需的知识和技能，做到缺什么补什么，需要什么学什么。这就有必要对公务员进行分级分类培训，做到有的放矢，学以致用。

3. 全面发展

公务员培训要坚持“革命化、年轻化、知识化、专业化”方针和“德才兼备”原则，全面提高公务员的思想政治素质、科学文化素质、业务素质和健康素质。要将能力建设贯穿于公务员教育培训的全过程，致力于提高公务员的公共管理能力。要围绕能力建设，进一步深化四类培训：初任培训，着力提高晋升领导职务公务员的领导能力；任职培训，着力提高晋升领导职务公务员的领导能力；专门业务培训，着力提高公务员的业务工作能力；在职期间，着力于全体公务员更新知识、开阔视野、提高素质。

4. 学用一致

学用一致是指“在干中学”，边学、边用，学用相辅相成，同步发展，学以致用。学用一致原则，要求将公务员培训的内容与目的相结合，将公务员培训结果与公务员培训后的工作及使用统一起来。应当紧扣公共职位和公共管理工作的特点，按照学用一致的原则，确定公务员培训的管理制度、培训机构与对象、培训内容与方法、培训形式等。同时，要从政府人才资源开发的战略高度出发，将公务员培训与公务员考核、职务任免与升降、奖惩等制度结合起来，形成“育人、选人、用人”一体化的公共部门人力资源开发机制。

5. 改革创新

干部教育培训工作是干部队伍建设的先导性、基础性和战略性工作。解决好当前干部教育工作中存在的问题，就必须根据经济社会发展需要，以改革创新的精神进一步做好干部培训工作，力求培训内容体现时代性，培训需求把握针对性，培训结果具有时效性；不断创新公务员培训的内容、方法、形式、手段、技术，整合培训资源，优化培训队伍，推进公务员教育培训的理论创新、制度创新和管理创新。在实际工作中，要创新公务员培训观念，树立“终身学习”的思想，创新公务员培训管理制度，建立完善的公务员培训体系。

6. 科学管理

为确保培训工作的质量，必须实行科学管理，做好多方面的工作：

(1) 制订切实可行的培训计划。这是公务员培训的重要依据，首先要明确公务员职位规范，认真调查研究各部门、各地区、各类、各级公务员现状；其次要以国家培训政策为指导，以国家公务员培训中、长、短期规划和有关法规为指针。

(2) 要根据不同对象、任务的需要，选择和优化培训内容，提供规范适用、符合时代特点的高质量培训教材。为此要切实抓好公务员培训教学大纲和教材的编写工作。

(3) 保证师资力量，建立一支专兼结合、以兼为主、结构合理的高水平教师队伍。

(4) 建立和完善严格的培训质量评估制度，进行培训后的跟踪观察和反馈，促进培训质量的提高。

(5) 增强培训的权威性和严肃性，以监督、鼓励公务员在培训期间认真学习政治理论和各种专业知识与技能，保证培训的实际结果。

二、公务员培训的法律保障

法律保障是指以立法形式来保证公务员培训工作的进行，用严格的法律法规来规范公务员培训行为以及公务员培训中的权利义务关系，使公务员培训能够做到有法可依和有法必依。

1993 年 8 月颁布的《国家公务员暂行条例》，其中一章对公务员培训作了专门规定，而后，原国家人事部又发布了《国家公务员培训暂行规定》。2005 年 4 月制定的《公务员法》中也设专章对公务员培训作了规定。2008 年 12 月国家公务员局发布了《公务员培训规定(试行)》，进一步推动了公务员培训工作的科学化、制度化、规范化。公务员培训的法律保障是我国宪法有关培训原则得以贯彻执行的重要措施，是实现依法培训公务员的重要步骤，是提高公务员整体素质和国家行政管理水平的重要保证。当前应研究制定与我国《公务员法》相配套的有关规定及《国家公务员初任培训指导方案》、《国家公务员任职培训指导方案》、《国家公务员专门业务培训指导方案》和《国家公务员更新知识培训指导方案》等。与此同时,各地区各部门应结合实施《公务员法》,制定相应的公务员培训实施细则。这样,就会逐步形成我国公务员培训的法规体系,促进公务员培训工作的顺利进行。

第三节　公务员培训的内容与种类

一、公务员培训的内容

公务员培训的内容需按照少而精的原则和职位对公务员素质的要求来确定。我国公务员培训内容应以中国特色社会主义理论为指导,研究和解决我国社会主义现代化建设与改革开放的实际问题。通过学习,要提高公务员的政治素质与业务能力,同时获得从事本职工作所需要的知识与技能。概括起来,我国公务员培训的内容应包括以下四个部分。

1. 政治理论知识

政治理论知识主要是指马克思主义哲学原理、毛泽东思想、邓小平理论、"三个代表"重要思想、科学发展观、社会主义市场经济理论等。通过培训,能够坚定公务员的共产主义理想和中国特色社会主义信念,提高公务员自觉运用马克思主义立场、观点和方法去解决机关管理与社会管理中的实际问题的能力,自觉确立马克思主义的世界观、人生观、价值观、权力观与政绩观。

2. 法律政策知识

法律政策知识主要是法律常识和各项已出台的法规与政策。公务员是党和国家方针政策的贯彻执行者,法律和政策是公务员执行公务的依据。因此,公务员必须经常学习与深入理解党和国家的各项法律与方针政策,才能更好地执行公务,自觉遵法守法和按法律规定办事,只有如此,才能更好地为人民服务。

3. 机关与社会管理知识

现代社会的机关管理和社会管理的事务日益复杂,对公务员即公共事务管理者的管理知识和能力要求愈来愈高。因此,公务员必须学习现代管理科学,掌握现代管理的理论和技能。机关与社会管理知识主要是公共行政管理知识及相关的各项新技术。此外，还要学习公文写作知识、电脑应用知识等。

4. 专业知识

这是指与公务员职位密切相关的专业理论知识、专业技术知识和专业操作知识等，这是公务员做好业务工作的基础。因此，各类培训机构应本着公务员“干什么、学什么”的原则，从实际出发，根据公务员履行公务的需要，分别规定适应公务员专业性质的业务知识内容。

二、公务员培训的种类

公务员培训的种类是根据公务员培训的内容和形式对公务员培训所作的类别划分。我国公务员培训的类型主要有初任培训、任职培训、专门业务培训和在职培训四种类型。

1. 初任培训

初任培训是指机关对新录用人员在试用期内的培训，即经考试录用担任主任科员以下其他相当职务层次的非领导职务公务员的培训。这类培训也叫入门训练或职前培训，培训内容主要包括政治理论、依法行政、公务员法和公务员行为规范等基本知识和技能，重点提高录用公务员适应机关工作的能力，目的在于提高新录用公务员适应职位要求、胜任本职工作的能力。

对新录用人员的培训一般采取两种方式：一是工作实习，让新录用人员在有经验的公务员指导下，从事实际的机关工作，在工作实习中学到知识，全面了解拟任职位的各项程序。二是集中培训，由各机关各部门将新录用的公务员集中起来办培训班，或将其送到专门培训基地进行培训。这种培训时间可长可短，可根据新录用公务员即将从事工作的繁简难易程度来确定，但时间一般不得少于 10 天。当然，两种培训方法也可以结合使用。

初任培训合格者方能正式任职，不合格者或未参加培训者不能任职。

2. 任职培训

任职培训是指对晋升领导职务的公务员在任职前或者任职后一年内进行的培训，也叫资历培训或晋升培训。目的是提高拟晋升领导职务的公务员的政策水平、组织领导能力和行政管理能力，增加、补充必要的知识和技能，为使其尽快适应更高层次领导职务作好准备。

任职培训一般属于脱产培训，培训对象一般包括两类人员：一类是公务员机关以外的在职人员调入公务员队伍担任领导职务的公务员；另一类是公务员机关内晋升一定层次领导职务的在职公务员。任职培训一般在职前进行，培训时间不少于30天。经任免机关批准，也可先到职、后培训，但培训必须在到职后一年内完成。把任职培训同晋升结合起来，并把培训作为晋升的基本依据之一，是现代各国公务员培训制度的重要特征。

3. 专门业务培训

专门业务培训是指对从事专项业务工作的公务员进行的培训，着力提高公务员从事某项专门业务所需的知识和技能。如接受经济普查、人口普查等临时任务的公务员，在正式投入工作之前，集中接受专项业务培训。其内容主要是从事专项工作所需要的新理论、新知识、新技能、工作方法与注意事项等。专门业务培训的方式，应视工作需要而确定，因属于脱产培训，所以，临时性与集中性较强。该项培训由负责开展专项业务活动的政府机关组织，时间可长可短，视具体需要而定，培训方式也灵活多样。未经专门业务培训或培训考核不合格者，不得参加专门业务工作。

4. 在职培训

在职培训是指对全体公务员进行的更新知识、提高工作能力的培训。此外，对担任专业技术职务的公务员，按照专业技术人员继续教育的要求所进行的专业技术培训，也属于在职培训。在职培训主要以更新知识、提高工作能力为目的，着力于全体公务员更新知识，学习和掌握新技能。在职培训的内容、时间和要求由各级组织、人事部门和机关根据需要确定。培训的形式以离职培训为主，每人每年参加培训的时间累计应不少于7天。

5. 其他培训

除上述《公务员法》规定的公务员培训的四种基本类型外，实践中还有多种公务员培训类型。

(1) 专项培训。

这是针对现代化建设的新需要而产生的新类型。我国最近十多年来实施了基层公务员培训工程，制定和落实了定期轮训等制度。重点是加强乡镇和街道公务员培训，不断提高其执行政策、服务群众、依法办事、社会管理等本领；还从大学毕业生中招收了大量的公务员充实到基层，改变了基层公务员队伍的文化结构，加上对他们的不断培训，使其能够适应建设社会主义新农村与新社区的需要，发奋工作。

(2) 对口培训。

如围绕贯彻落实西部大开发、振兴东北地区等老工业基地和促进中部地区崛起等有关政策而进行的对口培训，以加强对西部、东北和中部地区公务员培训工作的指导和支持，促进不同地区培训工作交流与合作，实现培训优势互补，共同提高。

(3) MPA 专业学位教育。

我国从 1999 年起开始设立公共管理硕士（MPA）专业学位教育。MPA 专业学位教育的设立，有助于改善公务员队伍的学历学位结构，促进公务员系统掌握公共管理、公共政策、公共行政的知识和技能。要继续抓好学历学位等教育培训，鼓励公务员特别是年轻公务员，本着工作需要、学用一致的原则参加有关学历学位教育，稳步推进公共管理硕士专业学位教育，进一步改善公务员队伍的学历学位结构。

第四节　公务员培训的程序和方法

一、公务员培训的程序

公务员培训是一项系统工程，要从培训需求出发，制定、实施培训方案，合理确定公务员培训的目标、内容、方法、方式、施教机构与师资、对象、时间、地点等，并对培训效果进行考核、评估、反馈，以期提高培训质量。结合公共部门的特点，可将公务员培训程序分为以下步骤。

1. 公务员培训需求分析

公务员培训需求分析，是指培训组织者在培训之前，从公共组织发展与公务员个人职业生涯发展目标出发，采用定性、定量分析方法与技术，对公共组织绩效和公务员的知识、技能、综合素质、工作实绩等进行评价、鉴定，以确定公务员培训的需求和必要性。常用培训需求分析方法包括绩效评估法、差距分析法、现场观察法、面谈征询法、文献资料分析法、问卷调查法、自我申报法、服务对象调查法等。公务员培训需求分析可从个体、组织、地区、工作任务等层面入手。

2. 确定公务员培训目标

培训目标,是指公务员培训活动目的和预期成果。培训目标因培训主管部门、施教机构、公务员所在部门、培训阶段、培训期限、对象、内容、方式等因素而异。按照 SMART 原则,培训目标要力求明确、可衡量、可实现性、具体、时限性。按照培训阶段,可以将培训目标分为长期、中期、近期目标等。

3. 设计公务员培训方案与计划

设计培训方案,是指根据公务员培训需求和培训目标,结合公共部门人力资源整体素质的优势、劣势、机会、威胁,拟订培训计划,合理确定培训的施教机构、师资、对象、时间、地点,科学设计公务员培训大纲、内容、方法、方式,明确公务员培训的步骤与措施,以确保实现培训目标。

4. 健全公务员培训保障机制,实施培训方案

实施培训方案,是公务员培训的关键环节。设计培训方案后,要根据科学、客观的评估标准,选择最优或满意的公务员培训方案,完善公务员培训保障机制,优化资源配置,将培训方案落实,致力于提高公务员培训的质量、效率、效能,提升公务员的科学文化素质和公共管理能力。在实施培训方案过程中,可以从培训教育机构、师资、教材、经费等方面入手,完善公务员培训保障机制。

5. 公务员培训评估

公务员培训评估,是指利用科学、有效的评估方法和技术,对公务员培训效率、效果、效益、质量进行衡量、评价,并将评价结果反馈给公务员及其所在工作部门、施教机构。在公务员培训评估过程中,可从受训公务员的反应、知识与技能提升、个人工作绩效、公共组织绩效等角度进行分析。在公务员培训评估过程中,应重点做好以下工作:

(1) 健全公务员培训考核评价机制。严格执行公务员学习培训情况考核评价制度,考核和评价内容包括公务员的学习态度和表现,掌握政治理论、政策法规、文化知识和技能的程度,解决实际问题的能力,党性修养和作风养成等。

(2) 建立公务员教育培训质量评估机制。组织、人事部门负责对公务员培训机构进行评估，评估内容包括培训方针、培训质量、培训项目、课程设置、师资队伍、经费保障等。公务员培训主办单位要对培训班进行评估，也可委托培训机构进行。评估内容包括培训方案、培训教学、培训保障和培训效果等。

(3) 完善公务员学习培训激励约束机制。公务员培训情况、学习成绩可作为公务员考核的内容和任职、晋升的依据之一。对公务员进行任职考察，要把公务员学习培训情况作为重要内容，结合干部年度考核，开展述学、评学、考学活动。公务员学习培训考核不合格的，年度考核不得确定为优秀等次。

二、公务员培训的方法

公务员培训方法是指在公务员培训过程中所运用的手段和技术。公务员培训方法主要包括以下几项。

1. 课堂讲授法

课堂讲授法是指由主讲教师在课堂上以讲课方式向公务员传播知识和技能的培训方式。课堂讲授法是以教师为中心的公务员培训方法，主讲教师的学历、知识结构、社会经验、讲课技巧、性格特质等因素决定课堂讲授的质量。通过教师讲授，学员不但可以学到科学理论知识，还可以学习到观察问题、分析问题和解决问题的方法。

2. 案例教学法

案例教学法可根据课堂学习和培训目的的要求，将实际发生的真实事件，由教师加以典型化处理，以口头讲述或文字资料形式介绍给学员，然后组织学员进行讨论，找出解决问题的办法。讨论中，教师要尽量让学员既能详尽陈述个人看法，又能倾听他人意见，正视不同意见。由于这种教学法改变了学员的角色，使其由单纯听讲者变成了参与者，真实体验和分析复杂问题的解决过程，有助于学员积累运用所学理论知识去解决机关或社会管理中的实际问题的经验。

3. 研讨法

研讨法，是指通过研究、商榷、讨论等方式来发现、分析和解决问题，力求达成共识，巩固和加深对有关知识的理解的一种方法。研讨法，可以由教师主导，也可以由学员主导。研讨的关键在于吸引所有学员共同参与，畅所欲言，集思广益，实现师生良性互动，增进学员之间的沟通、理解与协作。研讨法可采取很多形式，如演讲式研讨法、小组讨论法、集团讨论法、头脑风暴法等。

4. 角色扮演法

角色扮演法，是指根据公务员培训的目的和背景材料，安排学员未经预先演练且无预定的对话剧本而扮演特定的公共管理者角色，运用所学的公共管理知识和实践经验，对某项工作情景进行仿真模拟、实际表演，以开发公务员的智力，培养公务员的理解、分析、判断、推理、表达能力，提高公务员的公共管理和公共决策技能，改善公务员的人际关系协调能力的一种方法。

5. 敏感性训练法

敏感性训练法，也称“T 小组训练法”，是美国心理学家勒温于 1946 年创建的一种旨在改善人际关系和消除文化障碍的方法。敏感性训练力求使受训者克服心理障碍，提高倾听、沟通与交流的技巧，增强自我认知和自我控制的能力，增强对别人语言、态度和行为的敏感性，培养对不同文化环境的适应能力，进而促进来自不同文化背景下的公务员之间的理解、交流与合作。

本章小结

本章概括了公务员培训的含义、特点、原则、类型、方式、内容，回顾了我国公务员培训制度演变历程，指出公务员培训是公务员机关根据国民经济和社会发展的需要以及职位的要求，通过各种形式，有计划、有组织地对公务员进行政治理论、文化知识、科学技术、操作技能等方面的培养和训练。

关键术语

公务员培训　初任培训　任职培训　在职培训　公务员培训评估　研讨法　角色扮演法　敏感性训练法

复习思考题

1. 我国公务员培训制度有哪些特点?
2. 我国公务员培训的意义何在?
3. 公务员培训的原则有哪些?
4. 公务员培训有哪些种类?
5. 我国公务员培训的内容和形式有哪些?

第八章　公务员的考核制度

公务员考核，是指公务员主管部门和各机关按照管理权限，依据一定的程序和方法，对所管理的公务员政治业务素质和履行岗位职责、完成工作任务的情况，进行的了解、核实和评价。通过科学合理的考核制度，可以对公务员的劳动和贡献作出公平合理、功过分明的评价，调动公务员的积极性，也可以了解公务员的政治思想表现、工作能力、文化专业知识和工作成绩，为公务员以后的奖惩、培训以及晋升增资等提供科学依据，有利于对公务员的公开监督。

导引案例

兰州掀“治庸”风暴　首个“不作为”官员被免职

2005年10月11日，甘肃省兰州市中级人民法院审判员梅某，因工作马虎、拖拉，责任心不强，严重违反《中华人民共和国人民法院组织法》和《中华人民共和国法官法》的有关规定，被兰州市人大常委会免去职务。这是今年5月8日中共兰州市委全委会通过“治庸计划”以来，第一个因“不作为”而被免去职务的国家机关工作人员，表明了兰州市实施“治庸”计划的决心，昭示出“干部此处不作为，继续戴着乌纱帽再调他处”将在该市成为历史。

梅某今年39岁，西北政法学院法律专业毕业，1988年参加工作。据悉，他在主审一起死缓案件时，没按规定及时报请省高院复核，只把案件交给书记员，不久书记员辞职，案件一直没有上报，导致案件被告超期羁押，案件拖了4年没有办结。今年5月8日，兰州市委全委会通过了《关于整治干部平庸行为的计划》，明确提出要对党政机关和干部队伍中的平庸行为进行整治，力争在一两年内建立起干部优胜劣汰、奖勤罚懒、竞争激励和责任追究四种机制，形成干部“想干事、能干事、会干事、干成事”的氛围。这一计划明确的整治范围包括：兰州市各级党委、人大、政府、法院、检察院机关及其下属部门以及人民团体和事业单位中的工作人员。其中，各级领导班子组成人员、非领导职务县处级干部、单位内设机构中层干部、科级干部和重点岗位干部是重点。与实施该计划相对应，凡公务员有不作为的行为，都将列入“黑”名单：主要包括“不作为、乱作为、不会作为”，决策严重失误，造成重大影响或损失的；滥用权力、自定项目，乱检查、乱收费、乱摊派、乱罚款、乱评比，给基层或群众造成不良影响的；领导干部一年内不作调查研究，不亲自撰写有质量的调研报告，或对基层和群众反映的热点难点问题没有提出有效解决措施的等 18 类行为。一旦官员出现平庸行为，有关部门将根据不同情况，采取“谈话告诫、通报批评、暂缓提拔、岗位调整、降职使用、辞职辞退、法纪处理”7 种方式进行处理。

有关人士评论说，对公务员的管理，跟其他社会管理工作一样，决不能单靠疾风骤雨似的“治庸风暴”，而终究要通过贯穿始终的依法治国与加强执政能力建设这一根本途径达成。目前，全市不少党政机关和各要害部门“一把手”表态，要借此契机整肃队伍，提高执政能力，并出台更加具体的措施，整治干部中的平庸行为。当地百姓纷纷称赞：“此后，无能官、混混官和太平官的日子不好过了。”

资料来源：《人民之声报》，2005 年第 47 期第一版。

思考分析：如何有效遏制公务员不作为、乱作为等现象？

第一节　公务员考核概述

一、公务员考核的含义

公务员考核，指国家机关按照法定管理权限，根据公务员法规和国家其他有关规定所确定的考核原则、内容、标准、方法和程序对所属公务员的工作实绩、工作能力、学识水平、道德品行和健康状况等进行的定期和不定期的综合考察和评价制度。公务员考核制度由以下要素构成：

(1) 考核对象和考核主体。考核对象是已取得公务员身份的人员，其中又分为非领导成员和领导成员。

(2) 考核内容。包括德、能、勤、绩、廉五方面，重点考核工作实绩。

(3) 考核形式。分为平时考核和定期考核两种形式，对非领导成员公务员的定期考核采取年度考核的方式。

(4) 考核的程序和方法。从理论上来说无论是定期考核还是平时考核都有一定的程序和方法。

(5) 考核等次。考核等次是公务员定期考核结果的一种概括性反映，考核等次分为优秀、称职、基本称职、不称职四个等次。

(6) 考核结果的使用。我国公务员法规定，定期考核结果作为调整公务员职务、级别、工资以及公务员的奖励、培训、辞退的依据。

二、公务员考核的意义

考核是国家机关公务员管理的重要环节，建立和健全公务员考核制度对于提高公务员素质、对公务员进行监督等具有非常重要的意义。

1. 有利于客观公正地评价公务员，激励公务员提高自身素质，改进工作绩效

完善的公务员考核制度能够有效地检查与测量公务员工作的质与量，对公务员的德、能、勤、绩、廉作出客观评价，及时了解和掌握公务员的德才表现、履职情况，并将公务员考核结果与公务员的职位分类管理、职务升降等制度紧密挂钩，优胜劣汰。同时，公务员考核使公共职位的压力与动力并存，在加强公务员管理的同时，能够激发公务员的工作热情，督促其不断改进工作方法，降低行政成本，提高行政效能。

2. 有利于对公务员的严格管理和严格监督

公务员考核贯穿于公务员管理的全过程，是其他公务员管理流程的基础性环节。在定期考核中，公务员要进行个人总结并述职，还要认真听取群众的意见。同时，定期考核也为公众展示了公务员的工作标准，使公众能够据此监督公务员的工作作风与工作效率，促进政府等机关依法行政，增强公务员的规则意识和自律意识，提高服务质量。

3. 为公务员管理的其他环节打下基础和提供依据

通过考核可以了解到公务员的素质状况和与职位要求的差距，这是对

公务员进行有针对性的培训设计的重要基础。有效的考核制度能够对公务员的德才表现和工作实绩作出客观公正的评价，从而为公平地调整公务员的职务、级别、工资奖金，公正地奖优罚劣，提供了客观依据。因此，公务员考核是主管部门依法实施公务员管理的基础。

第二节　公务员考核的原则、种类与内容

一、公务员考核的原则

考核的原则是指开展考核工作必须遵循的准则。为了保证公务员考核能够顺利有效地实施，必须坚持以下原则。

1. 全面考核和重点考核相结合的原则

全面考核是指对公务员的德、能、勤、绩、廉等方面逐一考核。重点考核是指在全面考核的基础上，重点考核工作实绩，并把工作实绩作为评价公务员的主要依据。把工作实绩作为公务员考核的重点，可以防止领导者凭个人好恶或主观印象来评价公务员，从而使考核更具客观性。在考核中，必须正确理解和把握好公务员德、能、勤、绩、廉考核和工作实绩考核的相互关系，把全面考核与重点考核有机地结合起来。

2. 客观公正、民主公开原则

客观公正就是要求考核的主管领导必须重事实、重调查研究，不能主观臆断，要实事求是地对公务员作出评价。民主公开是指通过民主评议、民意测验和上级领导及组织部门代表参加的测评方式，公开地对各级公务员进行考察，以增强考核工作的透明度。在公务员考核过程中，要将公务员考核的目标、范围、内容、方法、程序、结果使用等内容在一定范围内公开，满足公务员和人民群众的知情权。

3. 分类考核原则

考核对象不同，考核的标准和方法也有所不同。我国公务员职位类别划分为综合管理类、专业技术类和行政执法类等类别，公务员职务分为领导职务和非领导职务。因此，在考核时需根据不同的考核对象按照不同的方法分类进行，根据不同地区、部门、职位的特点，科学设置考核内容和指标，

采取不同的考核方法，遵循不同的考核程序。

4. 考用结合原则

公务员考核的结果必须与使用相结合，即将考核结果和晋升职务、调整级别、增加工资以及奖惩、培训与辞退结合起来，才能真正发挥考核的激励和引导作用；否则，考核就变成了徒有虚名，为考核而考核。因此，考核与使用结合起来，关系到考核本身的意义和价值。

二、公务员考核的种类

公务员考核的种类较多，但主要有两种。

1. 平时考核

平时考核是指对公务员日常工作中的表现以及是非功过进行考察与记录的活动，重点考核公务员完成日常工作任务、阶段工作目标情况以及出勤情况。这种考核一般没有严格的时间限制，方法程序上也没有严格的规定。

2. 定期考核

这是我国公务员考核的主要形式。定期考核的周期为一年，通称年度考核。有关领导人员以及专门的考核机构按照规定的内容标准、程序和时限在平时考核的基础上，对所属公务员一定时期以来各方面的实际表现进行集中统一的考察和评价活动。从我国的实践情况看，对非领导成员公务员一般采取年度考核的方式，在每年年末或者翌年年初进行。对领导成员普遍采取届中、届末考核的方式。

平时考核与定期考核相结合是公务员考核的基本方法。平时考核是定期考核的基础和前提，平时考核通过对公务员日常德能勤绩廉等方面实际表现的全面了解和掌握，为定期考核提供根据，作好准备；定期考核是对平时考核的概括和总结。不进行定期考核，平时考核所获得的材料就不能得到有效的整理、分析、归纳和升华，也就无法最后形成一个全面、具体、准确的考核结果。

三、公务员考核的内容

公务员考核的内容是指对公务员进行考察和评价的基本项目。《公务员法》第三十三条规定：“对公务员的考核，按照管理权限，全面考核公务员的德、能、勤、绩、廉，重点考核工作实绩。”

公务员考核内容中的德、能、勤、绩、廉五个方面的基本含义分别论述如下。

1. 德

德，包括公务员的思想政治素质、职业道德、社会公德和个人品德等方面的表现。思想政治素质，主要是指公务员的思想政治表现，包括理想信念、宗旨观念、政治立场、政治鉴别力等。职业道德主要看公务员是否具有正确的职业观念以及良好的职业态度、职业纪律和职业作风。社会公德，主要看公务员在社会交往和公共生活中是否模范遵守社会准则，勇于同不良现象作斗争。个人品德主要是看公务员能否牢固树立正确的世界观、人生观、价值观，是否正直、诚信、谦虚谨慎等。

2. 能

能，指公务员从事本职工作所需具备的业务素质和工作能力。业务素质主要指公务员的政策理论水平、文化程度、专业水平知识。工作能力主要是指运用马克思主义的立场、观点、方法认识问题、分析问题、解决问题的能力，主要包括组织能力、协调能力、决策能力、执行能力、判断能力、语言表达能力等基本能力。

3. 勤

勤，指公务员的责任心、工作态度、工作作风和勤奋精神等方面的表现。责任心，主要看公务员是否敬重和热爱本职工作，是否勤勤恳恳甘于奉献。工作态度，主要看公务员是否积极主动、认真负责，能否严格遵守工作纪律。工作作风重点是看公务员是否深入实际开展调查研究，尊重群众的首创精神。勤奋精神重点是看公务员是否善于开动脑筋，刻苦钻研业务，不断开创工作新局面。

4. 绩

绩，指公务员的工作实绩，即公务员在完成任务目标和履行岗位职责过程中，通过所提出的工作思路、采取的措施、发挥的具体作用而取得的成绩等。对绩的考核要看公务员是否具有科学发展观和正确政绩观，重点是看公务员能否在规定时间内按质按量完成或超额完成工作任务，办事效率如何；公务员工作是否取得了明显的成效，有没有突出的贡献。

5. 廉

廉，指公务员的廉洁自律等情况，主要看公务员能否严格遵守党和国家关于廉洁从政的有关法规，能否廉洁奉公、恪尽职守、艰苦奋斗，能否秉公执法、公道正派，能否严格遵守组织人事纪律、任人唯贤。

第三节　公务员考核的范围、等次与标准

一、公务员考核的范围

中共中央组织部和人事部2007年联合印发了《公务员考核规定（试行）》，对考核范围作了如下九个方面的补充规定。

1. 请病假、事假的公务员的考核

因病假、事假累计超过半年的公务员，不进行考核。

2. 调任或转任的公务员的考核

调任或者转任的公务员，由其调任或者转任的现工作单位进行考核并确定等次。其调任或者转任前的有关情况，由原单位提供。

3. 挂职锻炼的公务员考核

挂职锻炼的公务员，在挂职锻炼期间由挂职单位进行考核并确定等次。不足半年的，由派出单位进行考核。

4. 单位派出学习、培训的公务员的考核

单位派出学习、培训的公务员，由派出单位进行考核，主要根据学习、培训表现确定等次。其学习、培训的相关情况，由所在学习、培训单位提供。

5. 新录用的公务员的考核

新录用的公务员在试用期内参加年度考核，不确定等次，只写评语，作为任职、定级的依据。

6.《公务员法》规定

参加考核既是公务员的权利也是公务员的义务，公务员不得无故不参加考核。如果公务员无正当理由不参加年度考核，经教育后仍然拒绝参加的，直接确定其考核结果为不称职等次。

7. 受处分的公务员的考核

公务员受警告处分的当年，参加年度考核，不得确定为优秀等次。

受记过、记大过、降级、撤职处分的期间，参加年度考核，只写评语，不定等次。在解除处分的当年及以后，其年度考核不受原处分影响。

8. 对不进行考核或参加年度考核不定等次的公务员的考核管理

公务员不进行考核或参加年度考核不定等次的，本考核年度不计算为按年度考核结果晋升级别工资档次的考核年限。

9. 对在考核中违纪行为的处理

对在考核过程中徇私舞弊、打击报复、弄虚作假等违法违纪行为的，依照有关规定予以严肃处理。

二、公务员考核的等次

公务员考核等次是公务员考核结果的标记。我国按照《公务员法》规定，将公务员的考核等次分为优秀、称职、基本称职、不称职四个等次。确定公务员考核等次是为了正确评价公务员的德才表现和工作实绩，为实施公务员奖惩、培训、辞退以及调整职务、级别和工资提供客观依据。

当然，各个国家或地区确定的公务员考核等次不一定相同。比如说，英国公务员考核等次分为：优异(A)、良好(B)、满意(C)、尚可(D)和不良(E)。美国公务员的考核等次分别为不满意、满意和特别优异三等。

三、公务员考核的标准

公务员考核标准是确定公务员考核等次的具体参照物。确定了公务员考核等次之后还必须制定明确具体的公务员考核标准，以便使公务员等次的确定更加科学合理，从而增加公务员考核的权威性。我国公务员制度明确规定了优秀、称职、基本称职和不称职考核等次确定的基本标准。

(1) 确定为优秀等次须具备下列条件：

① 思想政治素质高；② 精通业务，工作能力强；③ 工作责任心强，勤勉尽责，工作作风好；④ 工作实绩突出；⑤ 清正廉洁。

(2) 确定为称职等次须具备下列条件：

① 思想政治素质较高；② 熟悉业务，工作能力较强；③ 工作责任心强，

工作积极，工作作风较好；④ 能够完成本职工作；⑤ 廉洁自律。

(3) 公务员具有下列情形之一的，应确定为基本称职等次：

① 思想政治素质一般；② 履行职责的工作能力较弱；③ 工作责任心一般，或工作作风存在明显不足；④ 能基本完成本职工作，但完成工作的数量不足、质量和效率不高；⑤ 能基本做到廉洁自律，但某些方面存在不足。

(4) 公务员具有下列情形之一的，应确定为不称职等次：

① 思想政治素质较差；② 业务素质和工作能力不能适用工作要求；③ 工作责任心或工作作风差；④ 不能完成工作任务，或在工作中因严重失误、失职造成严重大损失或者恶劣社会影响；⑤ 存在不廉洁，且情形较为严重。

第四节　公务员考核的方法与程序

一、公务员考核的方法

公务员考核，是对所管理的公务员的政治业务素质和履行岗位职责、完成工作目标任务的情况进行的了解、核实和评价，对公务员的考核需要一定的考核办法。公务员考核的效果如何，在很大程度上依赖于考核方法是否得当。《公务员考核规定(试行)》第三条规定公务员考核实行领导考核与群众考核相结合、平时考核与定期考核相结合、定性考核与定量考核相结合的方法。

1. 领导考核与群众考核相结合

在公务员考核过程中，要实行领导考核和群众考核相结合，吸收不同组织、团体、个人参与公务员考核，实现考核主体多元化。一方面，要坚持“领导考核”，充分发挥公务员考核主管机关、机关首长在考核过程中的主导作用；另一方面，要注重“群众考核”，发挥同事、公共服务对象、社会中介组织等在公务员考核过程中的辅助作用，听取群众对公务员德才表现、工作实绩的意见和建议，实现“群众公认”。党的十八大报告强调，要“坚持问政于民、问需于民、问计于民，从人民伟大实践中汲取智慧和力量”，“从各层次各领域扩大公民有序政治参与”。

2. 平时考核与定期考核相结合

平时考核是指公务员考核管理机关或主管领导对公务员在日常工作中的表现和成效进行了解和记录,重点考核公务员履行岗位职责的情况。平时考核没有严格的时间限制,也没有程序性的规定,通常有两种考核方式:一是由主管部门或主管领导人对所属公务员的情况进行经常性考核并记录在案;二是由公务员个人建立工作记录,主管领导定期对其检查核实。定期考核是例行考核,按照特定考核周期、程序、标准和方法进行。当前,我国对非领导成员的定期考核一般实行年度考核,对领导成员则采取届中考核、届末考核、年度考核的方式。平时考核是定期考核的基础,定期考核则将平时考核所积累的材料加以综合、提炼,最后形成具体、明确、全面的考核结果,它是对平时考核的一种阶段性概括和总结,因而在公务员考核中需要将这两种考核有机地结合起来。

3. 定性考核与定量考核相结合

定性考核是对公务员的品德、素质、能力等进行诸如好坏、高低、优劣等综合性评价。定性考核简单易行,考核成本较低,但主观色彩较强,科学性、准确性和客观性不够。定量考核是运用数学的方法,把需要考核的内容分解为若干个要素,并尽量数据化,通过对各要素情况数据的收集、整理、计算与分析,最后得出考核结果。将这二者结合就是定性考核必须以定量考核为客观基础,定量考核要以定性考核为基本目的。

二、公务员考核的程序

考核程序是指根据年度考核工作运转规律而编制的先后次序。我国公务员考核的程序分为两种:一种是非领导成员的考核,另一种是对领导成员的考核。两者略有差别。

1. 对非领导成员公务员定期考核的程序

对非领导成员公务员的定期考核采取年度考核的方式,一般在年底或次年年初进行,主要程序是:

(1) 各级国家机关在考核前成立非常设的考核领导小组,协助机关负责人领导本机关公务员的考核事宜。

(2) 公务员个人总结。被考核公务员按照岗位职责进行总结,写成书面材料，并在一定范围内进行口头述职。在公务员述职后，还要口头如实回答考评人员的提问。在个人总结阶段，公务员本人还要填写《公务员年度考核登记表》，以备存档。

(3) 主管领导提出考核等次的建议。在上述程序结束后，主管领导在听取群众和公务员本人意见的基础上，根据平时考核情况和个人总结，对被考核公务员逐一写出书面评语，提出考核等次建议和改进提高的要求。

(4) 对拟定为优秀等次的公务员，在本机关范围内公示。

(5) 确定公务员的考核等次。考核小组接到单位主管领导对被考核公务员写的评语和划分的等次后，要在考核小组全体成员参加的会议上，经过讨论，作出对每位公务员年度考核的结论，确定考核等次，并报送机关负责人审定，以便作出最后决定。

(6) 将考核结果以书面形式通知被考核公务员，并由公务员本人签署意见。

2. 对领导成员考核的程序

按照《党政领导干部考核工作暂行规定》，党政领导干部定期考核基本程序包括：

(1) 考核准备。包括拟定考核方案，组建考核组，组织考核人员进行培训，考核组与被考核单位商定考核工作的实施计划。

(2) 述职。召开述职会议，领导班子作述职报告，参加述职会议的人员由考核组根据考核对象的职务和职责范围确定。

(3) 民主测评。可根据需要进行，包括民意测验和民主评议。民意测验根据考核内容列出评价项目和评价等次，由参加民意测验的人员填写评价意见。民主评议由考核小组主持，采取召开小型座谈会或书面评议的方式进行。

(4) 个别谈话。个别谈话要选择了解情况的人，并注意代表性，具体人选由考核组确定。

(5) 调查核实。考核组根据需要调查核实考核对象的有关情况，采取查阅资料、采集核实有关数据、审计、实地考察、理论学习测试等方法，调查核实考核对象的有关情况。

(6) 撰写考核材料。考核组在综合分析的基础上，写出考核材料，并向考核机关报告考核情况。

(7) 综合分析，评定考核结果。按照管理权限，由党委干部主管部门提出意见，报党委决定。

(8) 反馈。考核结果要正式通知考核对象，考核对象对考核结果若有异议，可以提出申诉。

第五节 公务员考核结果的反馈与使用

一、公务员考核结果的反馈

我国《公务员法》规定，考核结果以书面形式通知本人。考核结果反馈给本人，体现了公务员权利保障原则和考核的公开性，使公务员能了解机关对自己的基本评价，看到自身的优缺点，以便明确自己今后努力的方向。此外，为了保障公务员的合法权益，防止因个别人的好恶或其他原因造成考核结果不公平、不合理，公务员法赋予公务员对考核结果申请复核和申诉的权利。

二、公务员考核结果的使用

公务员考核结果的使用是要切实维护公务员考核的权威性，将公务员考核结果作为正确评价公务员德才表现和工作实绩的尺度。《公务员考核规定(试行)》对公务员年度考核结果的使用作了如下具体规定。

1. 公务员年度考核被确定为称职以上等次的，按照下列规定办理

(1) 累计两年被确定为称职以上等次的，在所定级别对应工资标准内晋升一个工资档次；

(2) 累计五年被确定为称职以上等次的，在所任职务对应级别范围内晋升一个级别；

(3) 确定为称职以上等次，且符合规定的其他任职资格条件的，具有晋升职务的资格；连续三年以上被确定为优秀等次的，晋升职务时优先考虑；

(4) 被确定为优秀等次的，当年给予嘉奖；连续三年被确定为优秀等次

的，记三等功；

(5) 享受年度考核奖金。

2. 公务员年度考核被确定为基本称职等次的，按照下列规定办理

(1) 对其诫勉谈话，限期改进；

(2) 本考核年度不计算为按年度考核结果晋升级别和级别工资档次的考核年限；

(3) 一年内不得晋升职务；

(4) 不享受年度考核奖金。

3. 公务员年度考核被确定为不称职等次的，按照下列规定办理

(1) 降低一个职务层次任职；

(2) 本考核年度不计算为按年度考核结果晋升级别和级别工资档次的考核年限；

(3) 不享受年度考核奖金；

(4) 连续两年年度考核被确定为不称职等次的，予以辞退。

此外，考核结果还应当与培训相结合。考核优秀的公务员，还可以获得培训的权利，如输送到公务员培训机构学习、赴外学习、考察等，这本身对公务员也是一个激励。我国公务员当年考核中被确定为不称职等次的，应予以降职。

第六节　公务员考核的发展趋势

一、全员优化趋势

众所周知，公务员考核的目的是充分调动公务员的工作积极性，使每一个公务员的表现都很优秀、工作实绩都很突出，而不是相反的效果。因此，各具体单位的公务员考核组织和主管领导就不应人为控制“优秀”等次的人数和比例，而应该在坚持考核标准、严格考核程序的前提下，做到有多少人符合“优秀”标准，就评定多少人员为优秀公务员。实行公务员考核的全员优化目标，在现实的公务员考核中是否控制“优秀”等次的人数，如何控制“优秀”等次的人数，应当根据有关规定，慎重对待。

二、主动参与趋势

长期以来，公务员年度考核都有“秋后算账”、“穿小鞋”之嫌，公务员总是被动地接受考核。这显然不利于协调考核者与被考核者之间的关系，不利于公务员之间开展合作性竞争，不利于调动公务员的积极性。为此，不少地区逐步在公务员年度考核中增加了半年初评的内容，通过半年初评让公务员及时了解自己的不足之处，以便迎头赶上，及时改进。

三、目标管理趋势

目标管理体现在公务员考核方面，就是要求被考核人在本职工作的职责范围内自行设定一个时限内必须完成的工作数量、质量、效率等基本指标。此基本指标经主管部门或上级领导批准后就成为公务员考核的基准值和主要依据。被考核人如被认定为达到了基准值，就应评定为合格；如被评定为超过了基准值就应被评定为优秀；如被认为未达到基准值，就应评定为不合格；在此基础上还可以衍生基本合格、良好等考核等次。实践证明，实行目标考核有利于激发公务员的工作积极性和主动性，突出考绩重点，使各项考核指标明确具体。

四、审计监督趋势

1999 年 5 月，《中共中央办公厅、国务院办公厅关于印发〈县级以下党政领导干部任期经济责任审计暂行规定〉和〈国有企业及国有控股企业领导人员任期经济责任审计暂行规定〉的通知》（中办发〔1999〕20 号）正式发布，强调对领导干部的审计监督工作。对公务员的审计监督势在必行，实施公务员审计监督制度有利于公务员主管部门深入考察了解公务员在廉洁自律、遵纪守法等方面的表现，有利于增强公务员考核与使用的准确性。

五、公开监督趋势

长期以来，公务员考核都在单位内部进行，社会公众很少参加。随着公务员政务公开、实行挂牌服务以后，“公务员接受民众监督”已不再是一句空话。为此，不少国家和地区的政府主管部门规定，公务员考核要充分听取服务对象的意见，反映民意，实行立体考核。事实证明，公开监督有利于改进公务员的服务质量和工作作风，有利于提高公务员考核的可信度。

六、简便易行趋势

长期以来，实行公务员制度的国家和地区都感到考核的工作量太大，尤其是一年一度的公务员年度考核，投入的人力成本太大，费时费力。各国都在寻求既科学合理又简便易行的公务员考核途径。随着计算机等现代办公设备的普及，这一期望已经变成现实。使用公务员考核软件不仅大大减轻了公务员考核的工作量，也有利于克服公务员考核中的不正之风，使公务员考核更趋合理，更富生命力。

本章小结

本章主要介绍了公务员考核的含义、意义、原则、内容、方法、等次、标准等重要问题，指出公务员考核通常是指公务员主管部门依据有关法律法规对公务员的工作表现和工作实绩进行考察评价的行政组织活动；公务员考核的原则是全面考核和重点考核相结合，客观公正、民主公开，分类考核，考用结合；考核的内容是德、能、勤、绩、廉五个方面；考核的方法是领导考核与群众考核相结合、平时考核与定期考核相结合、定性考核与定量考核相结合；考核的等次分为优秀、称职、基本称职、不称职四个等次。本章最后还分析了公务员考核的发展趋势，即全员优化、主动参与、目标管理、审计监督、公开监督和简便易行。

关键术语

公务员考核　平时考核　定期考核　定性考核　定量考核　全员优化　主动参与　公开监督

复习思考题

1. 公务员为什么要考核？
2. 公务员考核的原则是什么？
3. 公务员考核的方法有哪些？
4. 公务员考核的等次与标准是什么？

第九章　公务员的升降制度

无论是公务员从较低职位升任较高职位，还是公务员从较高职位降为较低职位，这些都是公务员职务关系的变更，是对公务员的管理活动。近些年来，党中央、国务院对各级公务员职务升降发布了一系列文件，系统规定了公务员职务升降管理的大政方针和实施细则，是公务员职务升降的基本依据。这项依据法规的管理活动，与公务员考核、培训、工资等环节紧密相连。

导引案例

高官“跳崖式降级”：如何花4天降到25年前的级别

2014年7月16日，中纪委给予云南省委原常委、昆明市委原书记张田欣开除党籍处分，取消其副省级待遇，降为副处级非领导职务；给予江西省委原常委、秘书长赵智勇开除党籍处分，取消其副省级待遇，降为科员。

相对于“双开”、移送司法机关等处理，在落马官员的处分方式中，“降级”并不多见。根据现行的《公务员法》，张田欣相当于直降4级，而赵智勇则是罕见地直降7级。1982年大学毕业的张田欣，用了32年爬到副省级领导职位，到2014年7月被免去中共云南省委常委、委员职务，降为副处级——这是张至少25年前就已达到的级别。对赵智勇来说，现在可以查到的简历中，1992年时，时年37岁的他已在中国工商银行资金计划部任处长，“科员”的往事至少还要再往前推数年。1973年就已入党的赵，从2014年6月3日被通报违纪，到7月16日被开除党籍，一个半月时间，他失去了已拥有了40年的党员资格。

这真是童叟无欺的“辛辛苦苦三十年，一夜回到解放前”。在十八大以来落马的30多名省部级“老虎”中，张、赵两位是仅有的被行政降级处分的官员。事实上，自十八大以来，在公开报道中已有多起“降级”处分案例。有媒体统计，自中央八项规定以来，全国通报的近300个案例中，有5例采取了降级处分。此前最出名的，莫过于黑龙江省政府亚布力度假区领导小组常务副组长付晓光，由于造成陪酒人员“一死一伤”，被留党察看一年，并由副省级降为正局级。

在对官员的“实质性处罚”中，降级可以说程度是最轻的。毕竟，从这一级处罚开始，才威胁到了官员“好不容易爬上来的台阶”。但像张、赵二人这样的“跳崖式”降级，此前非常罕见。

降级是一种行政处分，在《行政机关公务员处分条例》中可以找到。处于同一序列的，按照程度轻重，依次是警告、记过、记大过、降级、撤职、开除。处分持续时间，则是24个月。受处分期间，公务员不得晋升职务和级别。即使解除降级处分后，也不恢复原级别、原职务。

该条例的第二十三条这样规定：“有贪污、索贿、受贿、行贿、介绍贿赂、挪用公款、利用职务之便为自己或者他人谋取私利、巨额财产来源不明等违反廉政纪律行为的，给予记过或者记大过处分；情节较重的，给予降级或者撤职处分；情节严重的，给予开除处分。”

如此看来，同样有“利用职务上的便利谋取私利”的张、赵二人，属于这一条中“情节较重”的一类。

中国是一个有着悠久“降级”历史的国家——只不过，那会儿这个词叫作“贬谪”。诗词里这种记载尤其多。“我寄愁心与明月，随君直到夜郎西”，是李白写给被降级的王昌龄的；“座中泣下谁最多，江州司马青衫湿”，是被降级后黯然自伤的白居易；“一封朝奏九重天，夕贬潮州路八千”，韩愈从长安到广东的降级就是分分钟的事儿。

只不过，在古代的政治生态里，“贬谪”与皇帝的贤庸、好恶等紧密相关，带有极大的偶然性和不规范性。但在今天，“降级”已经成为党要管党、从严治党的一种表现。

为什么这么说？首先，这体现了对违纪“程度”的区分和重视。“开除党籍、开除公职”的“双开”，程度无疑是最重的，被这样处分的官员也无一例外有严重的违纪违法行为；但同时，像张、赵这样不涉及违法、但是也触犯了公务员处分条例的“较为严重”的违纪行为，也要严肃追究。

但究竟该处以什么处分，依然要根据情节严重性科学“量刑”，不失之于宽，亦不失之于苛。

而且，这种处分不仅针对以权谋私这样“俗套”的违纪行为，也针对“失职渎职”这样的行为。这警示着党员干部尤其是领导干部，不仅不能有贪腐行为，在廉政建设方面要“打起精神”，同时在决策、在工作中，也要勇于作为、善于作为，不仅不能不作为，更不能乱作为。

同时，对这二人的处分，再次体现了“从严治党”“党纪严于国法”的原则。从公务员处分条例来说，二人的违纪行为“较为严重”，但还没够上撤职、开除的最高处分；但从党纪上来说，从严，直接“开除党籍”。从这个意义上说，这两位被“跳崖式”降级处分的曾经的省部级干部，不啻一本极好的反面教材，警示着所有的党员干部。

资料来源：《官媒解读高官“跳崖式降级”：如何花 4 天降到 25 年前的级别》，见 https://www.thepaper.cn/newsDetail_forward_1256338（《澎湃新闻》2014 年 7 月 17 日）

思考分析：究竟什么是“降级”？为何要用这种方式处理他们？

第一节　公务员职务升降概述

一、公务员职务升降的含义

职务升降即职务的晋升和下降。这里所说的职务，是工作难易程度、责任大小大致相同的职位的称谓。一定的职务，意味着一定组织赋予其成员的职权、任务、责任和与之相适应的地位和待遇。公务员通过任职与行政机关构成一定的职务关系。升职，就是由较低的职务升任较高的职务，意味着公务员所处的地位的上升、职权的加重和责任范围的扩大，同时也伴随着工资、福利等方面待遇的提高。降职，就是由较高的职务降任较低的职务，意味着公务员所处地位的降低、职权和责任范围的缩小，也意味着工资、福利待遇的降低。

公务员职务升降制度，是公务员升职和降职的原则、标准、条件、方式、程序等方面规定和规范的总称。它是根据党在新时期的干部路线和方针，在总结改革开放以来干部选拔任用制度经验的基础上，结合国家行政机关具体情况而建立的。

二、公务员职务升降的原则

我国公务员职务升降的原则有以下几条。

1. 党管干部

在公务员职务升降过程中，要贯彻执行党的路线和方针，实行党的组织领导，坚持党管干部原则。

2. 公开、平等、竞争、择优

我国的公务员制度是开放性的用人制度，它拓展了选人视野和用人渠道，有利于优秀人才脱颖而出。

3. 任人唯贤、德才兼备、注重实绩

在公务员职务升降过程中，要坚持"高标准，严要求"，按照"任人唯贤、德才兼备、注重实绩"的原则，选贤任能。要将公务员职务升降与公务员考核紧密结合，按照科学发展观的要求，从德、能、勤、绩、廉等各个方面对公务员进行全方位的考核和评估。

4. 逐级升降

《公务员职务任免与职务升降规定（试行）》指出，"公务员晋升职务，应当逐级晋升。特别优秀的公务员或者工作特殊需要的，可以破格或者越级晋升职务。"公务员职务升降，原则上应当逐级升降，以稳定公务员队伍。

三、公务员职务升降制度的意义

国家公务员的职务升降制度是公务员管理的关键环节，具有重要的作用。

1. 保证各个职位获得合适人选的主要途径

一定的职务意味着一定的工作内容和工作任务，只有将适宜的人选放到适宜的职位上，各级机关才能正常运转。当各级机关出现职位空缺或者因工作需要而增设新职位时，就需要通过升职和降职等，为各个职位配备适当人选。

2. 合理使用公务员、充分发挥公务员作用

每个公务员，由于其受教育程度和生活经历、工作经历的不同等原因，形成了能力、经验和才干等方面的差异。如果一个公务员能力突出，就应当根据可能，及时晋升其职务，避免人才的浪费。相反，如果一个公务员的能力不能胜任现任职位的工作，就应当及时调低其职务或级别，做到人尽其才。

3. 选贤任能、优胜劣汰的重要手段

建立正常的职务升降制度，能做到选贤举能，形成能者上、平者让、庸者下的优胜劣汰机制，使公务员能上能下，能"官"能民，形成一套法制完备、纪律严明的监督体系，从而保障职务升降工作能够公正合理地进行，在优化配置政府机关和激励广大公务员的积极性方面发挥重要作用。

第二节　公务员的升职

一、职务晋升的基本标准

国家公务员晋升职务的基本标准，是根据党在新的历史时期对国家公职人员的总体要求、德才兼备的原则、干部队伍的"四化"方针以及中央有关规定概括归纳而成的，主要包括以下几项要求：

(1) 能坚定地贯彻执行党的以经济建设为中心、坚持四项基本原则、坚持改革开放的基本路线和国家的各项方针政策，并能掌握和运用建设中国特色的社会主义理论，把党的路线方针政策同本地区本部门的具体情况相结合，去分析和解决问题，创造性地开展工作。

(2) 有强烈的事业心和责任感，并做出工作实绩。事业心和责任感是做好任何工作的重要前提。这一条强调了动机与效果的统一，社会生产力的发展需要选拔兢兢业业、任劳任怨、为人民办实事并有实效的人才。

(3) 能够全心全意为人民服务，品行端正，正确运用职权、廉洁奉公、遵纪守法，并能与不良和不法行为作斗争，这是对晋升人员品质方面的要求。国家公务员是代表国家履行管理职能的，是人民的公仆、勤务员，特别是面临执政和改革开放的考验，所以，必须选用能够正确行使人民赋予的权力、

廉洁自律、勤政为民、遵纪守法的人。

（4）具有良好的工作作风，密切联系群众，善于团结同志，包括团结与自己有不同意见的同志一道工作。良好的工作作风，是联系民众团结同志的前提。选人必须要注重整体结构的合理性、相容性。

（5）具有任职所需要的工作能力、文化水平和专业知识，晋升领导职务还必须具有相应的理论、政策水平和计划、决策、组织、协调能力。

二、职务晋升的条件

职务晋升的条件是指公务员晋升职务所应具备的法定条件和资格，包括标准条件和资格条件。标准条件包括公务员的政治立场、思想品质、工作能力等方面要求。资格条件指对公务员学历、资历等方面的要求。公务员晋升职务，应当逐级晋升。特别优秀的或者工作特殊需要的，可以按照规定破格或者越级晋升。

1. 考核结果

拟晋升人员必须在近两年年度考核连续为优秀或近三年连续为称职以上。年度考核结果是经过严格的考核程序，对每一个工作人员一年里德、能、勤、绩、廉的全面评价和结论。

2. 任职年限

晋升科级正职、处级正职，需分别任下一级职务两年以上；晋升科员、科级副职、副主任科员、主任科员、处级副职、司级副职、厅级副职、司级正职、厅级正职，需分别任下一级职务三年以上；晋升助理调研员、调研员、部级副职，需分别任下一级职务四年以上，晋升助理巡视员、巡视员，需分别任下一级职务五年以上。晋升政府各工作部门副职（如县的副科局长、地方的副局长、省的副厅长、中央的副部长）等，一般应具有在下一级两个以上职位任职的经历。

3. 基层经验

晋升地市以上机关副处级以上领导职务，需具有五年以上工龄和两个以上的基层工作经历。

4. 文化知识和学历

被晋升的公务员必须具有所任更高职务应当具有的文化知识。另外，晋升职位对公务员的学历有着一定的要求。比如，根据《公务员职务任免与职务升降规定(试行)》，晋升乡科级到县处级领导职务的公务员应当具有大学专科以上文化程度。地厅、司局级以上领导职务一般应当具有大学本科以上文化程度。文化程度是一个人接受教育的程度和具有一定知识的重要标志，是履行职责的重要条件。

其余的条件还有如符合回避的规定；身体健康，能坚持正常工作等。任免机关根据具体职位的需要还可规定其他条件，如性别、民族等要求。

三、职务晋升的资格

公务员职务晋升的资格侧重对公务员资历提出的要求，主要包括工龄、经历、任职年限、文化程度以及身体状况等方面。其中晋升领导职务与非领导职务的资格要求是不同的。

1. 晋升领导职务的资格

按照《党政领导干部选拔任用工作条例》的规定，公务员晋升领导职务应当具备下列资格：

(1) 提任县处级领导职务的，应当具有五年以上工龄和两年以上基层工作经历。

(2) 提任县处级以上领导职务的，一般应当具有在下一级两个以上职位任职的经历。

(3) 提任县处级以上领导职务，由副职提任正职的，应当在副职岗位工作两年以上，由下级正职提任上级副职的，应当在下级正职岗位工作三年以上。提任处级以上非领导职务的任职年限，按照有关规定执行。

(4) 一般应当具有大学专科以上文化程度，其中厅局级以上领导干部一般应当具有大学本科以上文化程度。

(5) 应当经过党校、行政院校、干部学院或者组织(人事)部门认可的其他培训机构的培训，培训时间应当达到干部教育培训的有关规定要求。确因特殊情况在提任前未达到培训要求的，应当在提任后一年内完成培训。

(6) 具有正常履行职责的身体条件。

(7) 符合有关法律规定的资格要求。提任党的领导职务的，应当符合《中国共产党章程》规定的党龄要求。

2. 晋升非领导职务的资格

该条例对晋升非领导职务资格也作了规定，其中包括在下一级职务的任职年限及晋升各层次所要求的文化程度与同级领导职务基本一致。

该条例还规定，无论晋升领导职务，还是晋升非领导职务，需要在近两年年度考核中定为优秀或近三年年度考核中被定为称职以上，并符合任职回避规定，符合按照管理权限由有关机关根据具体职位需要规定的其他条件。

四、职务晋升的程序

职务晋升程序，是指晋升国家公务员职务必须经历的法定工作步骤，即由若干个环节所构成的晋升实施过程。晋升程序是晋升方式的具体化。公务员晋升领导职务主要是民主推荐、组织考察、讨论决定、按照规定履行任职手续。公务员晋升非领导职务，参照晋升领导职务的程序办理。

1. 民主推荐、确定考察对象

民主推荐是指按照规定的程序、范围、方法和要求，组织有关人员推荐拟晋升的公务员人选。民主推荐包括会议投票推荐和个别谈话推荐。领导班子换届或个别提拔任职时，应当经过下列程序：第一，召开推荐会，公布推荐职务、任职条件、推荐范围；第二，填写推荐票，进行个别谈话；第三，对不同职务层次人员的推荐票分别统计，综合分析；第四，向上级党委汇报推荐情况。

2. 组织考察

确定预选对象后，按照拟任职所要求的条件，由组织人事部门严格考察其德、能、勤、绩、廉，注重考察工作实绩。考察工作一般按下列程序进行：

第一，组织考察组，制定考察工作方案；

第二，同考察对象呈报单位或者所在单位的党委主要领导成员就考察工作方案沟通情况，征求意见；

第三，根据考察对象的不同，通过适当方式在一定范围内发布干部考察预告；

第四，采取个别谈话、发放征求意见表、民主测评、实地考察、查阅资料同考察对象面谈等方法，深入了解情况；

第五，综合分析考察情况，同考察对象呈报单位或者所在单位的领导成员交换意见；

第六，考察组根据考察情况，研究提出领导班子调整的初步方案。

3. 讨论决定

按照干部管理权限由党委（党组）集体讨论作出任职决定，或者决定提出推荐、提名的意见。属于上级党委管理的，本级党委可以提出选拔任用建议。市、县党委、政府领导班子正职的拟任人选和推荐人选，由上级党委常委会提名，党的委员会全体会议审议，进行无记名投票表决；全体会议闭会期间，由党委常委会作出决定的，决定前应当征求全委会成员的意见。

4. 按照规定履行任职手续

对合格的拟晋升人选办理相关任职手续，对决定晋升职务的公务员，按照管理权限，由任免机关下发任职通知，并指定专人找公务员本人谈话。委任制职务，由任免机关依法任命。选任制职务，进行依法推荐和民主协商，由选举机关选举产生。非领导职务总体上应按照领导职务的主要晋升程序进行，但具体环节可以根据情况简化。

五、竞争上岗与公开选拔

1. 竞争上岗

根据《党政机关竞争上岗工作暂行规定》，竞争上岗主要适用于选拔任用中央、国家机关内设的司局级、处级机构领导成员，县级以上地方各级党委、人大常委会、政府、政协、纪委、人民法院、人民检察院机关或者工作部门的内设机构领导成员。竞争上岗一般在本单位或者本系统进行，涉及重要机密和国家安全的职位，按照法律、法规不宜公开竞争的职位，不列入竞争上岗的范围。

竞争上岗工作按照下列程序进行：

(1) 制定并公布实施方案。实施方案确定后，应当将主要内容在本机关及所属有关单位公布。

(2) 报名与资格审查。报名参加竞争上岗的人员，自愿填报竞争职位。组织人事部门按照竞争上岗实施方案规定的条件，对报名人员进行资格审查并公布结果。

(3) 笔试、面试。竞争上岗应当进行笔试、面试，并量化计分。笔试、面试结束后应将成绩通知本人。

(4) 民主测评、组织考察。对竞争上岗人员应当进行民主测评并量化计分。考察对象一般通过综合遴选的方式择优确定，参加竞争的人数较多时，可通过逐轮遴选的方式择优确定考察对象。

(5) 党委(党组)讨论决定。党委(组)根据竞争者笔试、面试、民主测评的结果和考察情况，集体讨论决定拟任人选。

(6) 办理任职手续。

上述程序中，笔试、面试与民主测评的顺序可以根据实际情况确定。

2. 公开选拔

根据《公开选拔党政领导干部工作暂行规定》，公开选拔适用于地方党委、人大常委会、政府、政协、纪委工作部门或者工作机构的领导成员或者其人选，以及其他适合公开选拔的领导成员或者人选。《公务员法》中规定，副调研员以上及其他相当职务层次的非领导职务出现空缺，也可以面向社会公开选拔。涉及国家安全、重要机密等特殊职位的，不宜进行公开选拔。

公开选拔工作按下列程序进行：

(1) 发布公告。公告内容包括选拔职位以及职位说明、选拔范围、报名条件与资格、选拔程序和遴选方式、时间安排等。

(2) 报名与资格审查。报名人员填报志愿后，由组织人事部门根据公告中确定的资格条件，进行资格审查。

(3) 统一考试。考试包括笔试、面试在内的相关能力和素质测验，根据笔试和面试成绩等相应测评成绩确定应试者的考试综合成绩。

(4) 组织考察，研究提出人选方案。根据考试的综合成绩，从高分到低分考察人选。考察人选与选拔职位的比例一般为 3∶1。组织人事部门对考察对象进行全面考察，结合考试成绩提出任职意见。

(5) 党委(党组)讨论决定。按照干部管理权限，由党委集体讨论作出任用决定，或者决定提出推荐、提名的意见。

(6) 办理任职手续。通过办理任职手续，确定新的职务关系。选拔结果要向社会公布。

第三节　公务员的降职

一、公务员降职的含义

降职是与升职相对应的职务变更形式。在国家公务员制度中降职不再是一种行政处分，而是以法规的形式，把降职确立为一种变更职务关系的任用形式。国家公务员降职的目的是为了合理地使用国家公务员，充分发挥国家公务员的作用，为行政机关的各个职位选择配备适宜的人才。降职的后果，虽然都是低职安排，但国家公务员被降职使用后，本人今后的职务晋升、工资级别的调整奖励等方面均不受影响。

这和以往的降职处分是不同的，由于以往的降职必须是有违法违纪行为，是为了惩处违法违纪人员，促使工作人员遵纪守法，所以，以往受降职处分后，在受处分期间甚至相当长时期内其职务晋升、工资调整、奖励等均受到影响。而公务员制度中降职的原因主要是不胜任现职或不称职或者是由于机构精简、撤销等原因而实行的降职，属于正常的职务变动。

综上所述，正确理解我国公务员制度所规定的公务员降职的含义，必须把握两点：

(1) 降职是由于公务员不胜任现职而采取的一种组织措施；

(2) 降职是一种任用形式和任用行为，而不是一种惩戒种类和手段，不属于纪律惩戒范畴。

降职与停职、免职、撤职、降级的区别：

(1) 目的不同。惩戒是通过惩处违法违纪人员来规范工作人员的行为，以达到维护法纪，制止和预防越轨行为发生的目的。职务升降的降职虽然也有警示、鞭策、激励公务员发奋有为的意义，但主要的目的却在于为职位选择适宜的人选和合理使用公务员，发挥每个公务员的作用从而保证行政机关的高效运转。

(2) 原因不同。惩处工作人员的原因是违法违纪行为；而降职的原因则是公务员不称职，或者是不胜任现职。

(3) 降职作为职务等次的降低，是一次性完成的，并没有一个持续的期间；而降级作为一种行政处分，是有一个持续期间的。

(4) 实施的后果不同。受行政处分时，公务员的某些权利被限制，而公务员降职作为职务关系的正常变更，其权利不受任何限制，在晋升职务晋升级别和工资档次等方面都不受影响。

二、公务员降职的原则

我国公务员降职坚持以下原则：

1. 能上能下原则

在我国，公务员降职不是一种行政处分，而是由于各种原因，将不称职或不能胜任现职的公务员，改任一种较低职务的任用措施。因此，不能将降职视为组织对公务员的惩戒性行为。将降职用法律的形式规定下来，并形成一种制度，有利于公务员能上能下，促进公务员适才适用，达到人事相宜的目的。

2. 逐级降职原则

降低公务员的职务，除特殊情况外，一般每次只降低一级。一旦在新的职务上德才表现和工作实绩突出，经全面考察，可以晋升职务和级别，并不受任职年限的限制。

三、公务员降职的种类

1. 职薪同时降

由于公务员自身条件不符合职位要求的降职，通常是职务和薪金同时降低。

2. 降职不降薪

由于机构调整或撤销，并不是公务员自身原因而引起的降职，一般只降低职务，而不降低薪金。

四、公务员降职的程序

降职程序就是对公务员实施降职时必须经过的过程，降职虽然不是行政处分，但它与被降职公务员的名誉、地位以及未来的发展有直接关系，因此应当慎重进行，并严格按照法定程序进行。

1. 所在单位提出降职安排意见

主要包括两方面内容：一是降职的理由；二是降职后的安排去向。对这两方面，必须在进行任职情况考核或年度考核的基础上提出，经单位领导集体讨论作决定，提出的降职理由必须实在、充分。

2. 征求本人意见

所在单位在正式上报前，应征求本人的意见，即使是本人提出降职要求，也需要走这一步。这样既有利于保障国家公务员的民主权利，又有利于多方听取意见，为任免机关作出降职决策提供可靠依据。

3. 任免机关审批

任免机关审批前，其人事部门应派人到呈报单位进行复查了解，既要向单位领导和人事部门了解，也要向周围群众和被降职的本人了解，全面听取意见进行综合分析，提出审核意见，然后由任免机关领导集体研究决定。

另外，任免机关作出降职决定后，本人不服，可在接到降职决定之日起30日内向原处理机关申请复核，也可以在接到降职决定之日起30日内或者接到复核决定之日起15日内向同级人民政府主管部门提出申诉。受理公务员申诉的机关必须按照有关规定作出处理。复核和申诉期间，不停止对公务员降职决定的执行。

第四节　公务员级别的升降

我国国家公务员的级别分为十五级，并且职务与级别相对应。国家公务员的级别，既反映了国家公务员在行政职务序列中的地位，又是决定国家公务员的待遇、报酬的重要依据。所以，国家公务员的级别升降与职务的升降有密切的联系，直接关系到国家公务员地位、待遇的提高或降低。

国家公务员的级别升降主要有两种途径。

一、随职务的升降而升降

国家公务员在晋升职务以后，其原级别未达到新任职务所对应的最低级别的，可同时升至新任职务所对应的最低级别。在这种情况下，级别可以越级晋升，如某处长晋升副司长，其原级别为十级，晋升职务后，级别可升至八级，即副司长对应的最低级别。职务晋升后，原级别在新任职务对应级别以内的，则不再晋升级别。国家公务员降职时，原级别如果高于降任职务所对应的最高级别，应同时降至降任职务所对应的最高级别。如果原级不高，可以保留原级别。

二、年度考核结果决定级别升降

年度考核连续三年被评为优秀或者连续五年被评为称职的，可以在本职务对应的级别内晋升一个级别。这种晋升只有逐级晋升，而且只能在本职务对应的级别范围内晋升，达到本职务对应的最高级后，即不能再晋升级别。年度考核被评为不称职的，首先必须降职，再按第一种途径决定是否降级。

级别的升降，同时应严格按照一定的程序进行。级别升降的管理权限和职务升降的管理权限一致，应由批准其职务的任免机关办理级别升降的批准手续。级别升降后，其级别工资随之相应调整。

本章小结

本章主要阐述公务员职务升降的意义、条件、程序，同时也对竞争上岗与公开选拔作了简要介绍。公务员职务升降是指行政机关根据工作需要和公务员本人的工作表现，在其法定的权限范围内，依照法定程序提高或降低公务员职务的行为。公务员职务升降制度包括职务晋升和降职两个方面的内容，是关于公务员职务升降的原则、标准、条件、方式、程序等方面的规定和规范的总称。公务员职务升降制度对于合理使用公务员、形成竞争激励机制、优化公务员队伍、避免本单位人才流失和吸引外部优秀人才有着重要意义。

关键术语

职务晋升　晋升条件　竞争上岗　公开选拔　公务员降职　逐级降职　级别升降

复习思考题

1. 试述公务员职务升降的含义与意义。
2. 公务员职务晋升的条件和程序有哪些?
3. 公务员降职的条件和程序有哪些?

第十章　公务员的奖惩制度

公务员奖惩是公务员管理的重要环节，是指机关依照法律规定或有关章程的规定，对工作表现突出、有显著工作业绩或有其他突出事迹的公务员给予奖励，对违法违纪的公务员给予处分，有助于加强公务员队伍建设，提高公务员素质，激发公务员工作积极性与主动性，引导公务员忠于职守、勤奋工作。

导引案例

河南将建公务员诚信档案　作为考核任用奖惩重要依据

河南省政府近日发文，要求建立公务员诚信档案，廉政记录、年度考核结果、违法违纪违约行为等将记入诚信档案，作为公务员考核、任用和奖惩的重要依据。

根据近日发布的《河南省加强政务诚信建设实施方案》，由各级社会信用体系建设牵头部门负责政务失信记录的采集和公开，将有关记录逐级归集至各省辖市、县(市、区)信用信息交换共享平台及河南省公共信用信息平台，并与国家信用信息交换共享平台和"信用中国"网站实现互联共享。依托"信用河南"网站及各省辖市、县(市、区)信用建设网站依法依规逐步公开公务员政务失信记录。

在政府采购方面，该方案要求加强对采购人在项目履约验收环节信用情况的监督，依法处理采购人及有关责任人在政府采购活动中的违法违规失信行为。在政府和社会资本合作方面，明确政府方责任人及其在项目筹备、招标投标、政府采购、融资、实施等各阶段的诚信职责，建立项目责任回溯机制，将项目守信履约情况与实施成效纳入项目政府方责任人信用记录。

该方案提出，到 2017 年年底，省直各部门、省辖市、县(市、区)政务信用信息记录实现全覆盖，政务失信信息在全省范围内实现归集共享，政务失信行为联合惩戒机制初步建立。

资料来源：《河南将建公务员诚信档案作为考核任用奖惩重要依据》，见 http://politics.people.com.cn/n1/2017/0705/c1001-29383918.html.（人民网 2017 年 7 月 5 日）

思考分析：结合案例，思考公务员考核应关注哪些方面？

第一节　公务员的奖励制度

一、公务员奖励的含义

公务员奖励是指国家行政机关在行政管理活动中，依据公务员管理法规，对在工作中表现突出、有显著成绩和贡献的公务员，以及有其他突出事迹的公务员所给予的奖励。

公务员奖励有以下基本特点：

(1) 奖励的主体和客体是确定的，即实施奖励的是各级机关，奖励的对象是各级政府中的公务员；

(2) 奖励的条件、种类、审批程序都要严格按照有关法律法规办理；

(3) 奖励决定必须严格执行，非经法定程序，任何组织和个人不得变更。

二、公务员奖励的意义

1. 保证贯彻实施我国现行宪法有关奖励制度规定的主要措施

宪法对我国奖励制度的基本问题作了许多原则性规定，主要有：国家奖励科学研究成果和技术发明创造；奖励劳动模范和先进工作者；国家主席有权根据全国人民代表大会的决定和全国人民代表大会常务委员会的决定，授予国家的勋章和荣誉称号；县级以上地方各级人民政府依照法律规定的权限，奖励行政工作人员。根据宪法的上述原则规定及我国干部奖励工作和奖励制度改革的实际情况，公务员制度对公务员奖励的原则、条件、种类、机构及权限等各个环节作了明确规定，这些规定对保障我国宪法的执行，以及保障有关奖励制度的具体贯彻实施，具有十分重要的作用。

2. 完善激励竞争机制、鼓励公务员积极向上的主要途径

奖励制度是对取得突出贡献或具有业绩的公务员的褒奖和激励。现代管理学认为,人的动力来自于人的需要,人的需要是多层次的,既有物质需要,也有精神需要。公务员奖励是对公务员优良行为的积极肯定,通过满足公务员的物质和精神需要来调动积极性和创造性,公务员受到奖励时有利于在机关中形成你追我赶、积极进取的工作氛围,会更加努力,再接再厉,争取取得更大成绩、作出更多贡献。

3. 保护公务员积极性、优化公务员成长环境的重要手段

各级机关对在本职工作中表现突出的公务员给予奖励,是对公务员良好行为和工作成绩的肯定和支持。奖励制度给予公务员以确定的预期和正确的信号。确定的预期使得公务员的行为朝着正确的方向行驶而不偏离;正确的信号在各级机关中能扶正压邪,树立良好风气。奖励制度不仅使受激励者保持荣誉再接再厉,而且为广大公务员树立典范,从而有利于在机关形成人人奋发的良好风尚。

三、公务员奖励的原则

《公务员奖励规定(试行)》第三条规定,“公务员奖励坚持公开、公平和公正的原则,坚持精神奖励与物质奖励相结合、以精神奖励为主的原则,及时奖励与定期奖励相结合,按照规定的条件、种类、标准、权限和程序进行”。在公务员奖励过程中,要坚持以下原则。

1. 实事求是原则

实事求是是实施奖励的关键。公务员奖励的依据主要有两个:① 奖励的事实依据,即公务员在工作中做出的成绩或在社会活动中表现出的先进行为;② 奖励的法律依据。只有坚持实事求是,坚持以事实为依据、以法律为准绳,才能防止弄虚作假等不正之风的干扰,客观地评价公务员的工作表现。

2. 公平得当原则

公务员奖励坚持公平得当原则,即公平、公开、公正的“三公”原则。公平是指所有的公务员在奖励面前是平等的,符合公务员相应奖励条件的都能获得相应的奖励种类,不存在多重标准。所谓得当,就是要根据公务员自

身的表现及贡献的大小决定受奖励程度，大功大奖，小功小奖，无功不奖。在实际工作中，贯彻好奖励的公平得当，就要做到：① 严格按照《公务员法》及有关规定进行奖励，各地各部门可以结合实际情况，制定一些具体的奖励办法；② 坚持走群众路线，广泛征求群众意见，防止领导者因个人好恶说了算。

3. 精神鼓励与物质鼓励相结合原则

人的需要包括物质需要和精神需要两个基本方面，这也决定了公务员奖励要坚持物质奖励与精神奖励相结合的原则。所谓精神奖励，是指对受奖者给予精神方面的表彰，目的是满足公务员的精神需要，增强工作的光荣感。所谓物质奖励，就是对受奖者给予实物的激励，满足其物质需求，改善公务员待遇。精神奖励与物质的奖励共同目的是调动公务员的积极性和创造性。因此，对公务员实施奖励要坚持物质奖励与精神奖励相结合，同时以精神奖励为主。在运用这一原则时，要因人制宜，因时制宜，因事制宜。

4. 及时奖励与定期奖励相结合原则

定期奖励指以年度为时间单位且以考核为基础的奖励；及时奖励是指随时奖励，针对某些公务员完成某项任务、处理突发事件或作出突出贡献的奖励。及时奖励没有固定的周期，程序简单、灵活，奖励及时有效。在奖励工作中，要坚持定期奖励和及时奖励相结合，以定期奖励为主、及时奖励为辅，以增强奖励的激励效果。

四、公务员奖励的条件

公务员奖励的条件是指国家公务员具备什么样的行为、达到什么样的程度应该受到奖励，是国家对公务员实施奖励的具体依据，体现了国家在公务员中鼓励和提倡的行为。国家通过确定和发布奖励条件来引导公务员的行为方向。随着社会发展和国家行政机关任务的变化，国家对公务员的要求也将发生变化，奖励条件将不断补充和更新。对不同部门、不同地区、不同职位、不同层次的公务员，奖励的实际操作也会有所区别。规定适当的奖励条件，对于鼓励公务员积极进取，充分发挥公务员的积极性、创造性，提高政府机关的管理水平具有重要意义。

按照我国《公务员奖励规定（试行）》的规定，国家公务员有下列表现的，应当予以奖励：

(1) 忠于职守，积极工作，成绩显著的；

(2) 遵守纪律，廉洁奉公，作风正派，办事公道，模范作用突出的；

(3) 在工作中有发明创造或者提出合理化建议，取得显著经济效益或者社会效益的；

(4) 为增进民族团结、维护社会稳定做出突出贡献的。

(5) 爱护公共财产，节约国家资财有突出成绩的；

(6) 防止或者消除事故有功，使国家和人民群众利益免受或者减少损失的；

(7) 在抢险、救灾等特定的环境中奋不顾身，做出贡献的；

(8) 同违法违纪作斗争的有功绩的；

(9) 在对外交往中为国家争得荣誉和利益的；

(10) 有其他突出功绩的。

五、公务员奖励的种类

公务员奖励的种类，是指给予公务员和公务员集体的奖励。目前，大多数国家实行的公务员奖励种类主要有以下几种。

1. 精神奖励

包括口头表扬、书面嘉奖、记功、授予荣誉称号等多种形式。

2. 物质奖励

主要采取发给奖金或奖品的形式。有些国家还让表现优秀的公务员享受特别休假或免费旅游等。

3. 晋升奖励

即对成绩优异者给予晋级。

我国公务员的奖励分为三个等次，即：嘉奖、记功、授予荣誉称号，其中记功又分为记三等功、二等功、一等功。这三个等次的奖励都属于精神奖励的范畴，最高的奖励是授予荣誉称号，例如在全国范围内，对忠于职守、积极工作、成绩特别显著的公务员，授予“优秀公务员”等荣誉称号。

对符合奖励条件规定的国家公务员应当及时给予奖励。对在本职工作中做出成绩的，一般应当结合国家公务员年度考核进行；对在特定环境中作出突出贡献的，应当随时给予奖励。同时，按照公务员法的规定，对于受到奖励的公务员或者公务员集体，应当通过某种方式予以表彰，并给予一次性奖金或奖品。

六、公务员奖励的程序

公务员奖励程序是指行政机关对公务员实施具体奖励时应遵循的工作程序和工作步骤。实施公务员奖励必须遵循法定的工作程序，一般按下列程序进行：

(1) 奖励提出：当公务员达到受奖条件时，实施对公务员的奖励，一般由受奖人所在单位，通过平时对公务员所作的考核，采取走群众路线、民主集中制的方法，提出受奖人名单。必要时上级机关也可直接提出要奖励的对象。

(2) 奖励申报与审批：奖励申报工作由受奖人所在单位认真查核，整理成书面材料，充分听取群众意见，如实填写奖励审批表，写出请示报告，并以所在单位名义签署授予何种奖励和奖励理由，再向规定的审批机关申报。申报时，附上受奖人的考核成绩和事迹，有关证明和群众座谈记录等。授予审批权的承办单位应及时作出审核，经会议讨论研究后作出审批决定。

(3) 奖励公布与表彰：公务员奖励申报材料，一经主管审批机关批准，就可以通知受奖者本人，并在一定会议上或利用某种宣传形式予以公布。同时，授奖机关要为受奖者颁发奖励证书或奖章，也可同时发奖品、奖金或晋升工资等。

(4) 奖励材料归档：凡有关对公务员进行奖励的决定以及各种主要附件，均应存入本人档案。

启动公务员奖励时，要填写“公务员奖励审批表”。审批表包括受奖者的基本情况、主要事迹、所在单位意见、上级主管意见、批准机关意见、奖励证书和奖章编号等。从形式上讲，奖励程序中的每个步骤都要在审批表上显示出来。

七、公务员奖励的审批权限

公务员奖励的审批权限是指由法律或行政法规规定，有权决定对公务员实施奖励及实施何种奖励的公务员管理机构和领导人员在实施公务员奖励工作方面的明确分工。

公务员的奖励审批权限原则上是根据公务员奖励的种类和对公务员的管理权限，分别由公务员所在机关或上级机关授予的。这里有两层制约关系：一是公务员的管理权限，即行政机关必须对自己管辖范围内的公务员奖励予以审批；二是奖励种类的批准权限，不同奖励种类要求不同层次的审批机关，越是层次高的奖励种类，要求审批机关的层次越高。

2008 年的《公务员奖励规定（试行）》规定，给予公务员、公务员集体的奖励，经同级公务员主管部门或市（地）级以上机关干部人事部门审核后，按照下列权限审批。

(1) 嘉奖、记三等功，由县级以上党委、政府或者市（地）级以上机关批准。

(2) 记二等功，由市（地）级以上党委、政府或者省级以上机关批准。

(3) 记一等功，由省级以上党委、政府或者中央机关批准。

(4) 授予荣誉称号，由省级以上党委、政府或者中央公务员主管部门批准。

(5) 由市（地）级以上机关审批的奖励，事先应当将奖励实施方案报同级公务员主管部门审核。

八、公务员奖励的撤销

公务员奖励撤销，是指公务员获得奖励以后，出现违反法定事由、程序、权限等违法乱纪行为，由有审批权限的机关取消其奖励，并收回奖励证书、奖章奖品等，停止受奖者的有关待遇，并追究责任。

1. 撤销公务员奖励的条件

公务员、公务员集体有下列情形之一的，撤销奖励：

(1) 申报奖励时，隐瞒严重错误或弄虚作假、骗取奖励的；

(2) 严重违反规定奖励程序的；

(3) 获得荣誉称号后，公务员受到开除处分、劳动教养、刑事处罚的，公务员集体严重违法违纪的；

(4) 法律法规规定应当撤销奖励的其他情形。

2. 撤销公务员奖励的效力

公务员奖励一旦被撤销,立即失效。撤销奖励,由原申报机关报请审批机关批准,并予以公布。如涉及国家秘密不宜公布的,经审批机关同意可不予公布。必要时也可由原审批机关直接撤销。公务员获得的奖励被撤销后,审批机关应当收回并公开注销其奖励证书、奖章,停止其享受的有关待遇,撤销奖励的决定存入公务员本人档案。公务员集体获得的奖励被撤销后,审批机关应当收回并公开注销其奖励证书和奖牌。

第二节 公务员的纪律

一、公务员纪律的含义

公务员的纪律是以法律形式规定的指导、调整、约束、规范公务员行为的准则,是公务员的行为规范,保障公务员按其职责履行公务,保障行政工作的正常进行。

二、公务员纪律的特征

1. 法定性

公务员纪律的法定性,表现在公务员纪律的内容、违反纪律的标准、调查处理的程序、处理的依据都必须由法律法规来明确规定。法律法规规定不得违反的纪律,一旦有公务员违反了就必须受到追究;法律法规没有明确规定为纪律的,不得以之为理由追究责任。公务员纪律法定性对于公务员而言,既是对公务员提出了严格的要求,也是对公务员权利的保障,充分体现公务员享有"非因法定事由、非经法定程序,不被免职、降职、辞退或者处分"的权利。公务员纪律对于管理部门而言,则是公务员管理法治化的必然要求,使得管理部门必须依法实施对公务员的管理,依法实施惩戒。

2. 普遍性

公务员纪律的普遍性,是指法律规定的纪律制度和纪律措施对全体公务员都具有约束力,在全体公务员中普遍适用。公务员应当遵循,无一例外。遵守公务员纪律是不区分职务、级别的,任何公务员违反了纪律都要依法受到惩处。当然,公务员的纪律会因其类别、服务机构的不同,具体的要求会有所区别。例如,法官的纪律与行政机关公务员的纪律在具体要求上是不完全一样的,它要体现其工作的特性。

3. 强制性

公务员纪律的强制性是公务员纪律严肃性的必然要求。违法违纪应当承担的纪律责任是法定的,对公务员实施处分是由国家强制力保证的。实施公务员纪律,如果没有国家强制力来保证,公务员纪律的作用就无法发挥出来,就不能有效制约公务员的行为。

4. 全面性

公务员与一般公民最大的区别就在于公务员行使公共权力,他一方面是普通的民事主体,另一方面又是国家权力的执行者。公务员在工作生活中的一切行为都直接关系到国家的形象和声誉,也在社会生活中起到示范作用。如果只对公务员的工作进行纪律约束而不对其日常生活的行为予以一定的约束,则不利于公务员提高自己的道德水平,不利于公务员发挥社会表率的作用。

公务员的纪律除了以上特征外,它与一般团体和组织的纪律也有所不同。一般团体或组织的纪律是为规范团体成员在团体内部的行为而制定的规则,而公务员的纪律不仅规定公务员在公务员系统内必须遵守的规则,还规定公务员与其他社会团体、个人发生关系时应遵循的行为准则。

三、公务员纪律的内容

《中华人民共和国公务员法》第五十三条规定了十六项公务员“不得为”的行为,这些就是我国公务员所必须遵守的纪律的基本内容。同过去的《国家公务员暂行条例》相比,《公务员法》的规定更加严密和规范,并且还增加了一些新的内容。我们把这十六条内容概括起来,可以分为以下几个方面的内容。

1. 政治纪律

公务员是代表国家的工作人员,是国家法律的忠实执行者和捍卫者。因此,维护国家的政治稳定和根本利益是公务员必须履行的义务,也是对公务员政治上的最基本的要求,这是由我国行政机关及公务员的性质决定的。

作为公务员，必须拥护政府的政策和法律，与政府保持一致，只有这样，才能够保证公务执行的正确性和有效性。

《公务员法》对公务员应该遵守的政治纪律作了具体规定，这就是不得散布有损国家声誉的言论；不得组织或者参加旨在反对国家的集会、游行、示威等活动；不得组织或者参加非法组织；不得组织或者参加罢工。国家公务员作为公民，享有结社自由这一公民的基本权利，但不能参加国家法律明令禁止或被依法取缔却仍在进行活动的组织。由于公务员是行使国家行政权的主体，肩负着维护国家正常运转和维护公民合法权益的重要使命，为了保证国家机关的正常运转，《公务员法》还明确规定，公务员不得参加罢工。

2. 工作纪律

工作纪律，是指在行使公权力、履行公共职能、执行公务时必须遵守的行为规范。主要包括以下几个方面：

（1）不得玩忽职守、贻误工作。如果公务员玩忽职守、贻误工作，势必会影响公务的及时处理，打乱行政管理工作的正常秩序，如果后果严重，还可能致使公共财产、国家和人民利益遭受重大损失，所以必须严格禁止此类行为发生。

（2）不得拒绝执行上级依法作出的决定和命令。服从上级的决定和命令是公务员必须遵守的最基本的工作纪律和要求，是保证国家机关系统正常运转的必然要求。但这一规定与原《国家公务员暂行条例》不同，《公务员法》特别增加了“依法”二字，也就是说，公务员必须不折不扣地执行上级决定和命令的前提，是该决定或命令是上级依法作出的；如果是上级违法作出的，则公务员有权拒绝执行。关于这一点，《公务员法》第五十四条单独对公务员的有限抵制权问题进行了阐述：“公务员执行公务时，认为上级的决定或者命令有错误，可以向上级提出改正或者撤销该决定或者命令的意见；上级不改变该决定或者命令，或者要求立即执行的，公务员应当执行该决定或者命令，执行的后果由上级负责，公务员不承担责任；但是，公务员执行明显违法的决定或者命令的，应当依法承担相应的责任。”

（3）不得压制批评、打击报复。根据我国《宪法》的规定，公民有权对任何国家机关工作人员提出批评和建议，并受到法律的保护。不论是社会舆论、人民群众的批评，还是下级公务员对上级提出的建议，都可以帮助、督促行政机关的工作人员更好地执行公务。因此，对采用高压手段打击报复的公务员，必须施以处分。

(4) 不得弄虚作假，误导、欺骗领导和公众。实事求是是我们党的优良传统，也是公务员必须奉行的职业道德和工作准则。弄虚作假，误导、欺骗领导和公众，就会干扰领导机关的决策，同时损害公众对政府的信任，削弱政府的执政基础。因此，此类行为必须严加惩处。

(5) 不得泄露国家秘密或者工作秘密。这是作为公务员的起码条件，也是对公务员的基本要求之一；保守国家秘密还是每个公民应尽的法定义务。《中华人民共和国保守国家秘密法》规定："一切国家机关、武装力量、政党、社会团体、企业事业单位和公民都有保守国家秘密的义务。"工作秘密主要是指为了工作需要，在特定时间内不对外公开，只限一定范围内人员知悉的事项。如果泄露国家秘密，会使国家的安全和利益遭受损失；如果泄露工作秘密，会令国家行政机关的工作陷入被动的局面。

(6) 不得在对外交往中损害国家荣誉和利益。由于公务员的特殊身份，公务员在外事活动中必须忠于祖国，坚决维护国家的荣誉和利益，树立国家的良好形象。

(7) 不得旷工或者因公外出、请假期满无正当理由逾期不归。由于公务员从事的国家和社会管理工作具有稳定性、连续性的特点，这就要求公务员始终如一地保证自己的出勤。

3. 廉政纪律

廉政纪律，是指公务员在遵守公共财物和财政纪律、廉洁从政方面应当遵守的行为规范。党的十八大报告指出："要坚持中国特色反腐倡廉道路，坚持标本兼治、综合治理、惩防并举、注重预防方针，全面推进惩治和预防腐败体系建设，做到干部清正、政府清廉、政治清明"。主要包括：

(1) 不得贪污、行贿、受贿，利用职务之便为自己或者他人谋取私利。廉洁自律是对每个公务员提出的一个基本要求，因此，对那些贪污、行贿、受贿或利用职务之便谋取私利的公务员，给予处分甚至刑事制裁是完全有必要的。这里应说明的是："谋取私利"必须是公务员利用了自己工作上的职权，如果获得利益与自己的工作职权没有关系，就不属于这里规定的情况。

(2) 不得违反财经纪律，浪费国家资财。这不仅是公务员的法律义务，也是衡量公务员道德水准的重要标志。由于公务员的特殊身份，他们掌握着大量的国家资财，用于各项管理活动，一旦放松警惕，公务员做出违反财经纪律的行为，甚至会构成犯罪。所以，《公务员法》将此类行为列入公务员纪律的范畴，用处分等手段加以约束和控制。

(3) 不得滥用职权，侵害公民、法人或者其他组织的合法权益。公务员在执行公务中，许多公务直接涉及人民群众的切身利益。所以，任何滥用职权的行为都是对人民利益的不负责任，都势必在一定程度上对国家的法制建设、对人民的利益、对当事人的利益造成损害。但在实际生活当中，滥用职权的事件却时有发生。孟德斯鸠早就断言："一切有权力的人都容易滥用权力，这是万古不易的一条经验。"德国史学家迈内科也认为："一个被授予权力的人，总是面临着滥用权力的诱惑，面临着逾越正义和道德界限的诱惑。"因此，必须用法的形式来对此类行为加以规范和制约。

(4) 不得从事或者参与营利性的经营活动，在企业或者其他营利性组织中兼任职务。公务员代表国家机关直接行使各项职能，来组织和领导经济建设。如果他们在工作之余经商、办企业或参与其他营利活动，容易分散精力，影响本职工作，而且在处理有利害关系的工作中容易产生腐败，很难秉公办事。《公务员法》第四十二条规定："公务员因工作需要在机关外兼职，应当经有关机关批准，并不得领取兼职报酬。"本款规定指的是公务员在非营利的社会团体或事业单位兼职。法律明确规定不允许公务员在企业或其他营利性组织兼职或从事营利性活动。

4. 道德纪律

公务员除了要自觉遵守其作为公务员的特有的纪律外，还必须在遵守社会公德和职业道德方面起应有的示范带头作用。公务员道德纪律的内容，包括以下两个方面：

(1) 不得参与或者支持色情、吸毒、赌博、迷信等活动。公务员作为国家法律的执行者，当然不允许参与到色情、吸毒、赌博、迷信等国家法律明令禁止的活动当中，也不能支持此类活动。这些活动如果发生在公务员身上，会严重侵蚀国家肌体，影响国家机关及其公务员在人民群众中的形象和威信。

(2) 不得违反职业道德、社会公德。公务员是国家重要的人才资源，公务员的社会公德和职业道德决定着国家的诚信指数和管理能力。在一定意义上讲，公务员的公德心和职业道德是构建现代国家机关体系的重要内涵。

另外，《公务员法》还有一条纪律内容：不得有违反纪律的其他行为。这条规定的目的是防止挂一漏万。前十五条具有较强的针对性，对公务员在行使国家权力过程中可能发生的、危害性较大或者人民群众反映较强烈的行为作了具体规定。但公务员应当遵守的纪律并不以这十五条为限，所以在最后做了一条包容性广泛的原则性规定。

第三节　公务员的惩戒制度

一、公务员惩戒的条件

公务员惩戒即指公务员的纪律与处分，也就是公务员的基本纪律规范和公务员违反纪律的法律责任。

公务员惩戒的条件是指在什么情况下才能对公务员实施惩戒（处分）。

一是公务员有违纪行为。凡有违反公务员纪律且情节较为严重的，就应该进行违纪处分。

二是违纪行为尚未构成犯罪，或虽构成犯罪，但依法不追究刑事责任。

三是主观上有过错，即违纪行为是出于故意或过失。故意就是明知自己的行为会引起违纪的后果，并且希望或放任这种结果发生。过失就是因为疏忽大意或行为不慎而造成违纪。

一般说来，只要具备上述三个条件，公务员就必须承担违纪责任。但在有些情况下，必须具有违纪行为，且造成一定后果，才承担违法乱纪的责任。如违反社会公德，则只在造成不良影响的情况下才承担违纪责任。

二、公务员惩戒的种类

根据《公务员法》第五十六条的规定，公务员的处分共有六种。

1．警告

警告是对违纪公务员提出告诫，督促其及时改正，这是惩戒中最轻的一种。通知受处分者的方式可以是书面的，也可以是口头的。

2. 记过

记过是对违纪公务员给予的一种警诫性的纪律处理方式，是较警告严厉的一种处分。需书面存档。

3. 记大过

记大过是对违纪公务员给予的较记过严厉的一种纪律处分。需书面存档。

4. 降级

降级是对违纪公务员给予降低工资级别的一种纪律处分。需书面存档。

5. 撤职

撤职是对违纪公务员给予撤销现任职务，同时降低级别和职务工资的一种处分。需书面存档。

6. 开除

开除是将违纪公务员从现任机关开除出去，这是惩戒中最为严厉的一种处分。被开除后受处分者不再具有公务员的身份。需书面存档。

在上述六种处分中，前三种属于精神惩戒，一般适用于有较轻违纪行为的公务员；后三种属于实质性惩戒，主要是对有严重违纪行为的公务员使用。

三、公务员惩戒的程序

惩戒的程序，是指有权作出处分的机关处理公务员违纪行为时应当履行的手续和步骤。公务员惩戒必须严格按照法定程序进行，以保证惩戒的客观公正，保护公务员的合法权益。惩戒公务员的程序一般包括以下几个主要环节。

1. 按照国家公务员的管理权限立案

国家公务员的任免机关或行政监察机关发现或受理检举国家公务员有违纪行为需要查处时，要根据有关法律规定，按照国家公务员管理权限或案件管理范围，履行立案审批手续。需要注意两点：一是初步确认国家公务员有违纪行为需要查处时，才能立案，切忌捕风捉影，匆匆立案；二是需要立案时，要先履行必要的手续，以保证行政处分的合法及客观公正。

2. 核实国家公务员违纪的事实

第一，立案之后，应立即组织人员进行调查。在调查工作中，最重要的是坚持实事求是的原则，要本着对组织也对国家公务员本人高度负责的精神，秉公办事，做到不枉不纵，切忌先入为主或者看某些领导的眼色行事。

第二，要有科学、合理的调查方法，坚持群众路线，多方面听取意见，认真听取意见、分析与核实有关材料和证据，做好谈话笔录和证言笔录，查清国家公务员所犯错误的原因、时间、地点、情节、后果及应负的责任。

第三，在调查工作中要注意使用合法手段，决不能执法犯法。

第四，要坚持原则，不能迁就姑息，大事化小，小事化了。

3. 提出国家公务员的处分意见

按照规定的审批权限申报调查工作结束后，应在一定范围人员参加的会议上公布调查结果。应通知本人到会，允许本人申辩，也允许他人为其辩护。与会人员在发言时，应实事求是，切忌从个人的恩怨好恶出发或看领导的眼色行事。在会议讨论的基础上，对调查材料进行核实，然后写出调查报告并提出处分意见，连同有关材料一起呈报审批机关。

4. 审批机关批准，将处分决定以书面形式通知本人

审批机关收到有关国家公务员处分的材料后，要在认真审核的基础上，根据有关法规，作出处分决定。在审批处分这项程序中，必须做到以下原则：

(1) 事实清楚。即对国家公务员所犯错误的事实，要核实清楚，不可草率下结论。

(2) 证据确凿。即对能够证明案件真实情况的一切材料都要核准，不能仅凭本人的陈述立案，更不能凭自己的主观臆断定案。

(3) 定性准确。即按照法律的规定确定国家公务员所犯错误的性质。

(4) 处理恰当。即对违反纪律的国家公务员，要以事实为依据，以法律为准绳，根据违纪国家公务员所犯错误的性质、危害、责任大小以及本人对错误的认识程度，还要考虑本人的一贯表现，给予恰当的处分。

(5) 手续完备。要按法律的规定履行有关程序和手续。

(6) 对国家公务员的处分自批准之日起生效。处分决定要同本人见面，

并由受处分的国家公务员签署意见，如果本人拒绝签署，可由单位写明情况。

四、公务员惩戒的机关

惩戒机关是指对公务员具有法定惩戒（处分）权限的机关。惩戒公务员是一件极其严肃认真的工作，根据有关规定，有权决定处分公务员的国家机关是公务员的任免机关或行政监察机关。

一是各级任免机关及行政监察机关，可以直接给予其管辖权范围内公务员“撤职”以下的处分。

二是各级任免机关及行政监察机关，给予其管辖权范围内公务员“开除”处分的，应报上级机关备案，凡县（市）以下机关开除公务员的，必须报县（市）机关批准。

五、公务员惩戒的处分期

公务员惩戒期限的规定，也是公务员惩戒制度的重要内容。我国《公务员法》规定，惩戒期限依据惩戒种类不同而不同。惩戒轻，则惩戒期限短；惩戒重，则惩戒期限长。对公务员不同惩戒的处分期间分别为：

① 警告：6个月；② 记过：12个月；③ 记大过：18个月；④ 降级：24个月；⑤ 撤职：24个月；⑥ 开除：不存在有限的处分期间。公务员在受处分期间受到新的处分的，其处分期为原处分期尚未执行的期限与新处分期限之和。处分期最长不得超过48个月。

六、公务员惩戒的法律后果

惩戒的法律后果，是指受处分公务员在受处分期间承受的法律规定的不利于自己的结果，主要为在晋升工资档次、级别、职务方面受到的不利影响。具体来说，公务员法规定了惩戒的法律后果是：

受警告处分的，在处分期间内不得晋升职务和级别，但可以晋升工资档次；

受记过、记大过、降级、撤职处分的，在处分期间内，不仅不得晋升职务和级别，而且也不得晋升工资档次，其中受撤职处分的还要降低一定职务层次任职，并且按照新任职务确定相应的级别；

受开除处分的，解除与所在机关的人事关系，丧失公务员身份，并且根据《公务员法》的规定永远不能再次录用为公务员。如果公务员在处分期间内调离原机关，仍然由原处分决定机关作出处分解除决定；如果原处分决定机关被撤销或者合并，则由承接机关作出处分解除决定。

七、复核、申诉与解除处分

1. 复核

国家公务员对所受行政处分不服，应在接受处分决定之日起 30 日内，向原处理机关申请复核。原处理机关接到公务员要求复核的报告后，要在一定期限内，认真听取国家公务员的意见，给予适当的处理，并根据实际情况，分别作出维持原决定、改变原决定或撤销原决定的复核决定，并以书面形式通知公务员本人。

2. 申诉

国家公务员对所受行政处分不服，也可以不经复核，直接向同级政府人事部门或者行政监察部门提出申诉；国家公务员对复核决定不服，应在接到复核决定之日起 15 日内向同级政府人事部门或者行政监察部门提出申诉。受理申诉的机关本着认真负责的精神进行调查，包括调阅有关材料，听取原受理机关、申诉人以及其他国家公务员的意见，然后经过慎重研究，必要时，要重新作出处理决定。

3. 解除处分

国家公务员受开除以外的行政处分，若改正错误的，或经过法定时间的考验后，由原处分机关予以解除。解除处分要注意以下几点：

(1) 解除处分的程序必须合法、手续完备。其程序是：国家公务员提出申请；所在机关根据其对错误的认识和改正错误的情况，提出解除处分的意见；原处理机关作出决定。

(2) 公务员在解除行政处分后，其晋升职务、级别和工资档次等，不再受原行政处分的影响。但是，受到降级和撤职处分的公务员，其处分的解除并不意味着恢复处分前的级别、职务、工资档次，而应按照有关规定重新确定。

(3) 解除处分的决定，要以书面形式通知国家公务员本人。

本章小结

本章主要讲述了我国公务员制度的奖励制度的含义、意义、原则、条件、种类、程序、审批权限以及如何撤销等问题，并且还论述了公务员的纪律与惩戒制度，公务员惩戒的条件、种类、程序、机关、法律后果以及复核、申诉与解除处分也都是有明确规定的。

关键术语

奖励条件　奖励程序　奖励种类　撤销奖励　公务员纪律　公务员惩戒　记过　降级　开除　惩戒程序　解除处分

复习思考题

1. 简述公务员奖励的基本原则。
2. 试述公务员奖励的条件和程序。
3. 试述公务员纪律的内容和意义。
4. 公务员惩戒的程序有哪些？
5. 试述公务员惩戒的机关。

第十一章　公务员的交流与回避制度

在公务员管理中，交流与回避是科学用人的重要措施，既有利于公务员执行公务的顺利进行，最大限度地发挥其个人的专长，又有利于促进公务员清正廉洁、秉公办事。《公务员法》在总结我国公务员交流与回避管理实践经验的基础上，根据公务员范围扩大后出现的新情况，对公务员交流与回避制度的具体内容进行了补充与完善，并注意使这些新条文与其他法律法规相衔接。

导引案例

重庆公务员跨部门交流成功破冰

黄锡感慨道："如果没有这次跨部门干部交流，我不可能这么快成长为县食品药品监督管理局副局长。"他在2013年重庆市公务员跨部门转任试点中脱颖而出。这位从重庆市城口县乡镇机关到县委组织部、县工商局，再交流到县食品药品监管局担任领导的年轻人，压根儿没想到跨部门交流给自己的事业发展带来了新契机。

从2013年开始，重庆市首次在全市工商、质监、食药监系统启动公务员跨部门交流试点工作，打破了以往公务员交流"体内循环"的传统模式。经过1年的努力，目前3个系统间已成功交流干部130人。其中，跨部门提拔性转任6人，培养性转任16名，互派挂职锻炼30人，保护性和回避性交流68名。

动因：旨在解决干部交流不畅问题

"干部交流一直存在部门内部交流多、单位之间交流少，同岗交流多、轮岗交流少，领导干部交流多、一般干部交流少，平级交流多、提拔交流少等问题。"重庆市公务员局局长蒋建国介绍，开展跨部门交流，旨在通过创新交流形式，将各系统干部培养使用由"体内循环"变成"内外循环”,盘活部门之间的干部资源。

据了解,此次干部跨部门交流,既有平职交流,又有提拔交流,既有转任交流,又有挂职交流。具体形式可分为提拔性转任、培养性转任、保护性转任、回避性转任和跨部门互派挂职共5种形式。交流对象也突破了以往党政领导干部多、其他层级干部少,执法执纪岗位多、其他类别岗位少的做法。

方式:不搞“一刀切”

“跨部门交流,不搞一刀切,从培养锻炼干部的角度出发,对不同类型的人员,采取了不同形式的交流方式。”重庆市委组织部综合干部处处长康骞介绍。

重庆干部跨部门交流采取“多岗锻炼干部、培养提升干部、保护关心干部”的原则,针对不同类型干部,分别确定适用提拔性转任、培养性转任、保护性转任、回避性转任和跨部门互派挂职5种形式中的哪一种。

操作:以人为本获共赢

“跨部门交流试点工作启动之初,交流动力不足,跨部门交流试点工作推进阻力较大。”说起具体操作过程,重庆市公务员局职位管理处处长张大勇介绍。阻力来自多种“担心”:干部担心交流后无法适应新环境、胜任新工作;机关担心交流进来的干部的能力和素质,不愿意交流优秀、年轻、有潜力、用得顺手的干部……为了激发干部参与交流的热情,消除交流人员和部门的后顾之忧,重庆市公务员局采取了一系列“以人为本”的举措。

在工作启动之初,市公务员局与试点单位联合召开跨部门交流动员会,设立网上报名平台,除规定必须交流的人员以外,其余人员全部实行自愿报名、双向选择。在转任交流的基础上,增加挂职锻炼方式,3个系统各选派10名优秀年轻干部,实行为期半年互派挂职锻炼。

在整个跨部门交流中,从转任方案的制定、转任文件的出台到转任人员确定等方面,重庆市先后召开13次跨部门转任座谈会,协调解决具体问题。尤其在提拔性转任工作中,市公务员局与试点单位组成联合干部考察组,对拟提拔交流干部进行考察,协商确定任职人选和职位。同时，试点单位之间也及时交换情况，相互支持配合。

“交流工作还考虑了一个细节，就是尽量在本区县或相邻区县之间开展干部交流，避免了异地交流带来工作、生活上的不便，降低了干部交流成本。”从石柱县工商局提拔交流到县食品药品监管局任副局长的吴异成觉得此举非常人性化。

“跨部门转任充分发挥‘鲶鱼效应’，激发了干部队伍活力，同时也把各部门之间的一些好的工作作风、工作方法带到新的部门，有利于部门之间相互学习，共同提高，推动作风转变和工作创新。”市工商局人事处处长陈忠于认为。

资料来源：《重庆公务员跨部门交流成功破冰》，见 http://ylxf.yn.gov.cn/html/news/2013/3/18/15282.html（《中国组织人事报》2013 年 3 月 18 日）

思考分析：公务员跨部门交流活动的意义有哪些？

第一节　公务员交流与回避的含义及意义

一、公务员交流的含义

公务员交流，是指国家机关根据工作需要或公务员个人愿望，通过调任、转任、挂职锻炼等法定形式，变换公务员的工作职位，从而产生或变更公务员职务关系或工作关系的人事管理活动与过程。公务员交流是各级国家机关对公务员的一种惯例活动和手段，无论哪种形式的交流，都必须经过有关国家机关的决定、安排或者批准，公务员个人不得私自交换工作职位或者擅自离职。公务员交流的形式是法定的，每一种交流形式都有其特定的目的、范围、对象以及相应的条件和程序要求。

二、公务员回避的含义

公务员的回避，是指通过对公务员的所任职务、执行公务和任职地区等方面进行限制，以预防、减免、消除亲属关系等人为因素对公共管理工作的干扰，以确保公务员依法任职，依法行政，促进反腐倡廉。

回避制度是以亲属回避为核心，旨在限制亲属干扰的一种人事管理制度。早在两千多年前的春秋战国时期,我国就有了回避制度的萌芽。至西汉初年,伴随宗族势力日益膨胀,统治阶级为避免血缘宗亲的危险,规定了“宗室不宜典三河”、“王舅不宜备九卿”等,这是回避制度正式确立的标志。东汉时期,回避制度正式建立,如“三互法”规定了婚姻之家及两州人不得交互为官。魏晋南北朝时,扩大到一般亲属回避,由地方官回避扩大到京官回避。唐朝的回避制度更加完备,宋代的回避制度也十分发达,官员常常申请自我回避。到了明清时期,回避制度不断得到补充和完善,形成了包括亲属回避、地区回避和师生故友回避在内的较为完备的回避制度。

三、公务员交流与回避制度的意义

公务员实行交流与回避制度有着十分重要的意义,主要有以下几方面。

1. 有利于保障中央权威的发挥和中央政策的贯彻执行

无论是哪种形式的交流,或者是哪种类型的回避,都有助于公务员特别是那些担任领导职务的公务员,摆脱人情关系的束缚,认认真真“甩开膀子”去执行公务,积极贯彻中央与国务院的命令,使中央的政策毫不走样地得到落实,并在实施过程中加以完善与创新,从而使中央的决策深入人心,深得民意,使中央政策得到模范执行,使中央集权得到保障。

2. 有利于国家机关培养锻炼干部和国家机关的廉政建设

公务员的交流可增加被交流者的阅历,开阔视野,增强信息交流,学习先进经验与管理方法,激励公务员在新职位上刻苦学习,勤于思考,认真研究新环境、新情况,以取得工作的主动权。公务员的回避可以避免涉及公务员本人及亲属利益关系的活动,这对克服徇私情、谋私利及“关系网”影响等不正之风,起到了有效的实施防范作用,对公务员秉公执法与清正廉洁也起到了促进作用。总之,交流与回避制度的实施对增强公务员素质锻炼与防治腐败有着十分重要的作用。

3. 有利于公务员学以致用和加强机关管理机制的落实

公务员的交流还可解决被交流者用非所学(如专业不对口,本人对新分配的工作“一窍不通”)或生活困难问题(如夫妻两地分居或工作单位与居住地距离太远等)。公务员的回避可消除国家机关内由于亲属关系而形成的非组织活动,建立健康的组织关系与人际关系,保证顺利、公正地执行公务。

总之，交流与回避制度的实施，便于公务员学以致用与“放开手脚”干公务，同时也便于机关实行民主化、法制化、科学化管理，以促进机关行政效率的提高。

第二节　公务员的交流制度

一、公务员交流的原则

交流制度是我国公务员制度的一个重要组成部分。我国《公务员法》明确规定，国家实行公务员交流制度。实行公务员交流，其目的就是要更好地适应工作需要，实现人与事的优化和合理的配置。为使公务员的交流达到预定目标，进一步提高工作效率，进一步调动公务员的积极性、主动性，在实施公务员交流制度中应该遵循以下原则。

1. 依法进行原则

公务员交流制度对交流的各种形式及其适用的情况，各种交流形式的程序、条件及要求等都有明确、具体的规定。在开展公务员交流工作时，必须严格按照这些规定办事，不得随意变更。

2. 适才适用原则

公务员不能为交流而交流，必须在充分考虑工作需要实施公务员交流的前提下，尽可能地把公务员交流到适合其发挥作用的岗位上，做到适才适用、人尽其才，达到人与事的最佳结合。

3. 个人服从组织原则

党政机关是一个庞大有序的整体，每一个公务员都是构成这一整体的最基本的单元，是组织各项职能的具体承担者。公务员有义务服从组织的管理，包括服从组织因工作需要而作出的各种交流安排。公务员对于交流安排如有不同意见，可向组织提出，但不能借故拖延或拒不服从。

4. 合理原则

公务员交流应当在充分考虑工作需要的前提下，灵活地、实事求是地处理好各种问题，尽量做到合情合理，尽可能地减少公务员的后顾之忧，使其愉快地接受交流安排，投入新的工作。

二、公务员交流的范围

我国公务员交流的范围，包括内部交流和外部交流两种。

1. 内部交流

内部交流是指在公务员队伍内跨地区、跨部门的交流和在同一部门内不同职位之间的交流。也就是说，公务员在国家机关内部交流，既可以跨地区、跨部门交流，也可以在同一部门的不同职位之间交流；既可以在同级国家机关交流，也可以在上下级国家机关之间交流，包括中央机关与地方机关之间交流。

2. 外部交流

外部交流是指与国有企业事业单位、人民团体和群众团体中从事公务的人员的交流。外部交流的范围限定于国有企业事业单位、人民团体和群众团体。主要原因是：公务员的交流是一种特定的组织行为，而公务员与国有企业事业单位、人民团体和群众团体中从事公务的人员同属于国家工作人员的范畴，这种国家人事管理结构内的人员流动，比较容易通过沟通协商来实现。但跨越了这一范围，这种组织行为便很难进行。这里所称的国有企业事业单位、人民团体和群众团体中从事公务的人员，主要包括国有企业、事业单位的管理人员和专业技术人员，工会、妇联、共青团等人民团体机关中的工作人员，以及中国残联、宋庆龄基金会、法学会等群众团体机关中的工作人员等。规定公务员可以与公务员队伍外的其他从事公务的人员交流，充分体现了我国公务员制度的特色。我国公务员制度是党的干部人事制度的重要组成部分。我国的公务员不像西方文官系统那样是一个独立的利益集团、是一个不能对外交流的封闭体系，而是一个对外实行交流的开放系统。

三、公务员交流的形式

1. 调任

(1) 调任的含义。

调任是指国有企业事业单位、人民团体和群众团体中从事公务的人员调入国家机关担任领导职务或者副调研员以上及其他相当职务层次的非领导职务。调任分调入与调出两种形式，由于公务员调出后便丧失了公务员身份，故《公务员法》只对调入作出规定。

（2）调任的对象。

一般来说，拟调任的人员在原来的国有企业事业单位、人民团体和群众团体中担任一定的职务，调入公务员队伍后，主要担任领导职务或者副调研员或相当于副调研员以上的非领导职务。

（3）调任的条件。

根据我国法律法规有关规定，调入公务员机关任职应符合以下几个条件：

第一，调入单位必须要有国家规定的编制空额和相应职位空缺；第二，调入的公务员必须符合回避的规定；第三，调入的公务员要具有拟任职务所要求的政治思想水平、工作能力以及相应的资格条件。

（4）调任的特点。

① 调任的范围较大，既包括《公务员法》规定的中国共产党机关、人民代表大会机构、行政机关、政协机关、审判机关、检察机关和民主党派机关，也包括国有企业事业单位、人民团体和群众团体。

② 公务员调任是双向的。其他机关、企业和事业单位的人员符合条件的，可以经过考试或考核进入国家机关工作；公务员也可以调出国家机关到其他机关、企业和事业单位工作。这是一种双向的流动，表明我国公务员系统是一种相对开放的系统。

（5）调任的程序。

调任的程序一般包括以下几个方面：

第一，在编制和职位允许的情况下，各部门根据工作需要和年度公务员调入计划，提出拟调入人员的要求和资格条件；

第二，如有必要，对符合条件的人进行考试或考核；

第三，对初选合格的人员进行严格考察，考察确定的人员报公务员主管部门进行审核，按照管理权限进行审批并办理调任手续；

第四，报任免机关进行任命，有的还需要进行一定的考核培训才能正式到岗任职。

调任虽然能促进公务员在系统内外合理流动，提高公务员队伍的整体素质，更好地适应公务员工作的需要，但也绝不是调任越多越好。尤其是将国家机关以外的人员调入公务员队伍内担任领导职务或副处级以上非领导职位，必须是确因工作需要，符合法定条件，并且在数量上要有严格限制。否则，调任数量过多，会影响公务员队伍内部人员的发展，挫伤其积极性，还可能会影响公务员工作的连续性，不利于公务员队伍的专业化。

2. 转任

(1) 转任的含义。

转任是指公务员因工作需要或者其他正当理由在国家机关系统内跨地区、跨部门的调动，或者在同一部门内的不同机构、职位之间进行的转换任职。

(2) 转任的条件和要求。

① 公务员转任必须具备拟任职位所规定的条件要求。我国公务员管理按照职位分类对每个职位都有相应的资格条件，转任人员必须符合这些条件，否则就不能转任。

② 公务员转任必须符合规定的编制额和职位结构要求，必须有相应的职位空缺，不能在满编或超编，以及违反职数比例的情况下接收转任的公务员。

③ 转任中如果出现职务升降，应当按照公务员职位升降的有关规定，履行必要的程序。

(3) 转任的原因。

① 因工作需要，有组织、有目的地选调人员充实或加强某一方面的工作。

② 根据工作需要与合理使用、充分调动公务员积极性的原则，通过转任对公务员进行职位调整。

③ 对超编人员的调整和空缺职位的补充。

④ 为满足公务员的自身发展，更好地发挥公务员的作用而进行调整。

⑤ 通过转任帮助公务员解决个人、家庭的实际困难。

(4) 转任的手续。

转任的手续不像调任那么复杂。如果是单位之间转任，由有批准权限的人事部门根据缺额单位需要的条件，提出调任名单，然后经主管领导批准即可办理调任手续；如果是因各种事由，公务员个人请求调任的话，那么，则需本人向有批准权限的部门先提出书面申请，由该部门领导根据拟转任职位所需资格条件作初步考核，认为合格后转到有缺额的单位人事部门复查，如认为符合资格条件，即可办理转任手续。

3. 挂职锻炼

(1) 挂职锻炼的含义。

挂职锻炼是指机关有计划地选派公务员在一定时间内到下级机关或者上级机关、其他地区机关以及国有企业事业单位担任一定职务，经受锻炼，丰富经验，增长才干的一种举措。

(2) 挂职锻炼特点。

公务员挂职锻炼与调任、转任相比，具有如下特点：

① 不改变公务员身份，不改变公务员的隶属关系。挂职锻炼不办理调动手续，在人事行政上仍属原单位管理，在业务工作上应归接收单位领导。

② 挂职锻炼有时间性。公务员挂职锻炼是一种临时性交流，根据锻炼效果的需要，锻炼的时间一般是1～3年。挂职锻炼人员在锻炼结束后仍回原单位，由原单位安排工作和职位。

③ 挂职锻炼是一种内外混合型的交流形式。公务员调任是一种外部交流形式，公务员转任是单纯的内部交流形式，而公务员挂职锻炼既可以在公务员内部及基层进行，也可以在国家机关外部企业事业单位、社会组织、社区进行，是一种内外混合型交流形式。

(3) 挂职锻炼的种类。

从实践看，目前挂职锻炼主要有3种：

一是进行实践锻炼。这种类型主要是针对市(县)以上机关新录用的公务员，凡没有基层工作经验的公务员，一般安排到市区、乡镇或企业等基层单位挂职锻炼，以丰富工作经历和社会阅历，此类挂职锻炼的时限一般为1年。

二是进行培养锻炼。这种类型主要针对那些有一定工作经验和社会阅历，综合素质比较高，工作成绩比较突出，但缺乏领导经验的中青年公务员，一般安排到相应的领导岗位上挂职锻炼一段时间，以培养其领导能力，此类挂职锻炼的时限为1～3年。

三是进行使用锻炼。这种类型主要针对那些准备提拔使用或者准备离开公务员队伍到国有企业事业单位任职的公务员，一般安排到拟任职岗位或相应岗位挂职锻炼。待挂职结束后，根据挂职期间的表现情况决定是否正式任命。对拟安排使用而进行挂职锻炼的公务员，时间上则比较灵活，可长可短，短则几个月，长则几年均可。

四、党政领导干部的交流

为推进干部交流工作，进一步优化领导班子结构，提高领导干部的素质和能力，加强党风廉政建设，促进经济社会发展，2006年，中央下发了《党政领导干部交流工作规定》，对党和领导干部的交流工作作了明确的规定，具体规定如下。

1. 交流对象

(1) 县级以上地方党委、政府领导成员在同一职位上任职满10年的，必须交流。民族自治地方的少数民族党政领导干部经批准可以适当放宽。在同一地区党政领导班子中担任同一层次领导职务满10年的，应当交流。新提拔担任县(市、区、旗)以上地方党委、政府领导成员的，应当有计划地易地交流任职。

(2) 县级以上地方纪检机关(监察部门)、组织部门、人民法院、人民检察院、公安部门的正职领导成员，在同一职位任职满10年的，必须交流；新提拔的一般应易地交流任职。副职领导成员在同一领导班子中任职满10年的，应当交流。

(3) 党政机关处级以上领导干部，特别是从事执纪执法、干部人事、审计、项目审批和资金管理工作的领导干部，在同一职位任职满10年的，应当交流。

(4) 缺少基层工作经验或者岗位经历单一的县(处)级以上领导干部，应当有计划地交流。

(5) 实行干部双重管理、以上级业务部门为主管理的单位的正职领导成员，在同一领导班子中任职满10年的，应当交流。

(6) 党政领导干部任职回避交流按有关规定执行。

(7) 党政领导干部有下列情形之一的，可不交流或者暂缓交流：离最高任职年龄不满 5 年的(属于必须交流的对象，可区别不同情况对其工作进行调整)；因健康原因不宜交流的；涉嫌违纪违法正在接受纪检监察或者司法机关审查尚未作出结论的；其他原因不适合交流的。

2. 交流范围与方式

(1) 干部交流可以在地区之间，部门之间，地方与部门之间，党政机关与国有企业事业单位、人民团体、群众团体之间进行。

(2) 地(厅)级干部一般在本省(自治区、直辖市)内交流，根据工作需要，也可跨省(自治区、直辖市)交流。县(处)级干部一般在本市(地、州、盟)范围内交流，根据工作需要，县(市、区、旗)委书记、县(市、区、旗)长可在本省(自治区、直辖市)范围内交流。

(3) 地区之间的干部交流，重点围绕国家经济社会发展战略和人才战略、地方经济社会发展布局和支柱产业及重大项目建设进行。

(4) 中央和国家机关、省级党政机关应当注意选调有地方工作经验的干部，特别是市(地、州、盟)、县(市、区、旗)党政领导班子中的优秀年轻干部到机关任职，同时根据工作需要有计划地选派机关干部到地方任职。

(5) 实行党政机关与国有企业事业单位之间的干部交流。选调国有企业事业单位领导人才到党政机关任职，推荐党政领导干部到国有企业事业单位任职。

(6) 实行干部双重管理、以上级业务部门为主管理的单位的领导干部，可在本系统内交流，也可与地方或者其他系统交流。

3. 交流程序

干部交流工作按照干部管理权限组织实施。根据工作需要，上级党委(党组)及其组织(人事)部门也可直接组织实施。干部交流应突出重点，增强计划性、针对性，注意与领导班子换届调整相结合。

干部交流工作一般按照下列程序办理：第一，组织(人事)部门拟定交流方案，提出交流人选；第二，征求干部调出、调入单位意见；第三，党委(党组)集体讨论决定；第四，党委(党组)或者组织(人事)部门与交流干部谈话，听取本人意见，做好思想工作；第五，组织(人事)部门办理调动手续。

第三节 公务员的回避制度

一、公务员回避的原则

公务员回避应当遵循的原则,在公务员法中没有明确规定,但我国干部执行回避制度已较为久远,其遵循的原则可供参考,综合起来主要有以下几条。

1. 依法回避原则

国家机关要根据不同部门的特点,制定并出台公务员回避的规章,使回避制度有法可依,使公务员回避工作依法进行。对于需回避的公务员,必须按照法定回避的范围与程序进行回避。

2. 政策配套原则

公务员回避工作的落实必须有其他的配套政策和措施做保证,特别是要摒除与回避制度相违背的社会政策。加强回避制度配套措施以及实施回避的社会保障体系的建立,是完善回避制度、推进人事改革的重要一环。

3. 主动申报原则

公务员要增强回避意识,将回避建立在高度自觉的基础上。公务员需明确回避制度的重要意义,自觉、主动地遵守有关回避的规定。公务员在执行公务或交流中,如遇到需要回避的情形,应主动向主管部门提出,以便于领导及时掌握情况,作出新安排。

4. 内外监督原则

在执行回避政策时,要制定回避监督的措施,充分发挥群众的监督作用,加强群众对回避制度以及公务员实行回避情况的监督与审查,形成群众监督与组织监督相结合的内外监督机制。

二、公务员回避的形式

1. 任职回避

(1) 任职回避的含义。

任职回避是公务员回避制度的重要内容,其目的是通过限制互为亲属关系的人员在一个单位或部门任职，防止和克服亲属聚集及其所产生的各种弊端，为公务员廉洁奉公创造条件。

我国的任职回避是指公务员之间存在法定限制的亲属关系者，不得在同一机关担任双方直接隶属于同一领导人员的职务或者有直接上下领导关系的职务，也不得在其中一方担任领导职务的机关从事组织、人事、纪检、监察、审计和财务工作。

(2) 任职回避的范围。

根据《公务员回避规定(试行)》，我国公务员任职回避制度确定了以下几种应回避的亲属关系：一是夫妻关系；二是直系血亲关系，包括祖父母、外祖父母、父母、子女、孙子女、外孙子女等具有直接血缘关系的亲属；三是三代以内旁系血缘关系，包括兄弟姐妹、堂兄弟姐妹、表兄弟姐妹、侄子女、甥子女以及伯叔姑舅姨等；四是近姻亲关系，包括配偶的父母、配偶的兄弟姐妹及其配偶、子女的配偶及子女配偶的父母、三代以内旁系血亲的配偶。

本规定所指直接隶属，是指具有直接上下级领导关系；同一领导人员，包括同一级领导班子成员；直接上下级领导关系，包括上一级正副职与下一级正副职之间的领导关系。

(3) 任职回避的实施原则。

① 低职回避原则。任职回避的实施应以保证工作不受影响为前提，尽可能调整那些在本部门担任职务较低和承担责任相对较小的人，尽可能减少给工作造成的不利影响。一般说职务高的较职务低的所承担的责任大，所处的地位重要。

② 自主权原则。我国公务员回避制度规定，在实施任职回避中，对职务相同的，应该由本部门根据实际情况自行确定，把任职回避的人员调整职权最大限度地给了各个单位。目的是保证任职回避既能顺利实施，又不影响各项工作的正常开展。

③ 综合治理原则。在实施公务员交流工作中，各级人事部门要全面掌握公务员的情况，对因婚姻、职务变化等新形成的法定回避关系，应予以及时调整。

(4) 任职回避的程序。

根据《公务员回避规定(试行)》第六条规定，公务员任职回避按照以下程序办理：

① 本人提出回避申请或者所在机关提出回避建议。

② 任免机关组织人事部门按照管理权限进行审核，并提出回避意见报任免机关。在报任免机关决定前，应当听取公务员本人及相关人员的意见。

③ 任免机关作出决定。需要回避的，予以调整。职务层次不同的，一般由职务层次较低的一方回避；职务层次相同的，根据工作需要和实际情况决定其中一方回避。

2. 公务回避

(1) 公务回避的含义。

公务回避是指为了保证国家公务员依法公正执行公务而实行的回避。国家公务员执行公务时，涉及本人或者与本人有夫妻关系、直系血亲关系、三代以内旁系血亲以及近姻亲关系的人员的利害关系，必须回避。公务回避是一种强制性措施，回避人要自觉申请。同时，国家行政机关应有相应的行政约束，使回避真正达到目的。

(2) 公务回避的主要特点。

与其他形式的回避相比，公务回避主要有以下几个特点：

① 公务回避具有时限性。公务回避只针对某项具体公务所涉及的对象，要求公务员进行暂时回避。公务回避时公务员的任职关系不发生任何改变。

② 公务回避的范围更为广泛。公务回避的范围既包括任职回避所确定的各种亲属关系，又包括可能对公务员公正执行公务产生影响的其他关系。

③ 公务回避涉及的人员更为普遍。公务员执行的公务活动，既涉及国家机关内部，也涉及国家机关外的各个部门、系统，涉及整个社会的方方面面。因此，公务回避与任职回避相比较，涉及的公务员回避对象更多、更广泛，在日常管理中的运用将更为普遍。

(3) 公务回避的主要内容。

根据《公务员回避规定(试行)》第十条规定，公务员应当回避的公务活动包括：

① 考试录用、调任、职务升降任免、考核、考察、奖惩、交流、出国审批。

② 监察、审计、仲裁、案件审理。

③ 税费稽证、项目资金审批、监管。

④ 其他应当回避的公务活动。

(4) 公务员公务回避的程序。

① 本人或者利害关系人提出回避申请,或者主管领导提出回避要求。

② 所在机关进行审查作出是否回避的决定,并告知申请人。

③ 需要回避的由所在机关调整公务安排。

特殊情况下,所在机关可以直接作出回避决定。

3. 地域回避

(1) 地域回避的含义。

地域回避是对公务员的任职地区进行一定的限制,即要求公务员不得在自己的本籍或原籍担任公职。地域回避与任职回避、公务回避相互补充,使回避制度更为完备,从而有效地制约和避免了各种亲属关系的影响和干扰,为公务员依法执行公务创造条件。我国自唐代开始就有地域回避制度,即所谓的“避乡”、“避籍”。

(2) 地域回避的目的。

地域回避的主要目的是通过限制公务员在本籍或原籍任职,尽量避免亲属关系对工作的干扰,为公务员提供一个好的社会环境。

(3) 地域回避的主要内容。

① 确定回避的地区:我国公务员制度中规定,公务员不得在本人籍贯所在县乡担任县级、乡级人民政府的正职领导职务,这就明确了我国地域回避是以县乡为基础的。

② 明确回避级别层次:根据我国公务员制度规定,实行地区回避的是县乡两级政府中担任一定职务的公务员。

地域回避的范围定为县乡,主要基于两方面的考虑:一是县乡所承担的工作较为具体,容易与亲友的利益产生直接的影响;二是这一范围较窄,较易实行。当然,也不是要求这两级机关的所有公务员都实行地域回避,只是要求在县乡机关及有关部门担任领导职务的公务员必须实行地域回避。

三、公务员实行回避制度的重要性

1. 实行回避制度符合我国国情

在我国，人们历来重视血缘关系和准血缘的亲朋关系，这已渗透到社会生活的各个领域。中国传统文化的一个显著特点就是十分重视家庭、亲属关系。从“三纲五常”的道德标准到“天下一家”的理念，都可看出血缘关系在我国社会生活中的重大影响，这种影响并未随着我国社会、经济的发展而淡化。因此，实行以限制血缘关系为主的回避制度，对于消除其在政治、社会活动中的消极影响，保证国家公共管理工作的正常运转，具有重要意义。

2. 实行回避制度与现代严格、科学的人事管理制度相适应

现代人事管理旨在通过严格、科学的管理制度，保证每个工作人员秉公办事和依法办事，全心全意为人民服务。而亲属聚集则容易出现以某种亲属关系为主的形形色色的“小团体”，这些亲属派系之间，常常会在涉及个人利益问题上产生矛盾，破坏部门内部的整体协调，使内部人际关系复杂化，工作上互相牵制和干扰，影响工作的正常开展，难以取得好的工作效果。为此，应通过建立和实行公务员回避制度，限制互为亲属关系的人在同一部门或单位任职，净化内部的人际关系，避免各种亲属关系的影响，从而严格遵循内部的各项规章制度，确保工作的正常高效运转。此外，回避制度的建立，可以为贯彻公开、平等、择优的现代管理创造条件，并切实做到选贤任能、量才录用。

3. 实行回避制度是加强公务员廉政建设的一项重要措施

廉政建设是党和国家的一项长期战略任务，要搞好廉政建设，就要通过建立和完善各项管理制度，约束和规范国家公务人员的行为，保证其客观公正地行使自己的职权。回避制度作为人事管理制度的一项重要内容，其目的也是为保证公务员工作的正常运转，为公务员廉洁奉公创造条件。我国公务员回避制度是针对过去人事管理制度的弊端而建立的。长期以来，由于我国缺乏有关亲属回避的规定，再加上某些制度的贯彻执行不严格，各种裙带关系、用人上的不正之风较为盛行。受各种关系的干扰，一些公务不能秉公办理，影响工作的正常开展，降低了各级国家机关的威信，挫伤了广大干部群众的积极性，败坏了社会风气，这是我们必须正视和解决的问题。回

避制度的确立可以消除或减少亲属聚集所带来的弊端，避免和减少各种不正之风，为公务员廉洁奉公、依法执行公务创造条件。

四、各国公务员回避制度的比较①

目前，国外公务员回避制度主要集中于任职回避和公务回避。与此同时，部分国家还规定有离任回避，包括：“不得利用过去的职务和影响接受酬礼；禁止在与过去有业务关系的机构就业或取得报酬；不得泄露政府机密以谋取好处等，如法国、澳大利亚、墨西哥等。”通过比较不难发现：国外发达国家对公务员任职回避规定的种类和范围较宽，如瑞士规定的血亲回避范围为四代以内直系和旁系血亲，日本规定公务员任职还要实行政党、同学回避。此外，一些国家还对公务员离职后的从业活动进行了严格的法律限制。

1. 回避的理由

各国行政程序法对回避理由在表述上不尽一致，如美国表述为“个人偏见”，西班牙归纳为“利害关系”，意大利用“招致不公正事由”，日本的“有妨碍程序公正嫌疑”等。目前，各国有关回避理由的规定方式大体有两种：一是概括式，即法律只笼统地规定公务员有偏颇之虞可能影响到行政公正的，应当根据利害关系人的申请决定其回避。采取这种方式的主要为英美法系的国家和地区。二是列举式，即法律比较详细地规定公务员应当回避的各种条件。采取此种方式的大多是大陆法系的国家，如德国、西班牙、葡萄牙等。纵观世界各国行政程序法，详细列举利害关系表现的若干情形已成为立法通例，具有较强的针对性，从而保证了其适用上的高度统一性和完整性。

2. 回避的程序

各国对回避程序的规定主要有三种类型：一是兼有自行回避和申请回避，如西班牙、葡萄牙、日本等国。二是仅有自行回避，典型的代表是奥地利。三是没有对回避程序作明确的法律规定，如德国、意大利等国。在回避的具体程序上，如回避的提出、回避的审查、回避的决定、回避后的代理人

---

① 参见韩锐、李景平：《国外公务员回避制度比较及对我国的启示》，载《行政管理改革》2012年第7期。

等，各国也有不同的规定。

3. 回避的效力

从立法实践看，美国、英国、德国、葡萄牙、西班牙等国对违反回避程序而做出的行为效力的规定基本相似，即在公务员应该依法回避而没有回避的情况下，做出的具体行政行为并不当然无效，只有在公务员存在偏私行为的情况下，才认定该行政行为无效。对违反行政公务回避公务员的法律责任，各国规定公务员本人构成违反纪律行为的，行政机关应当给予处分。

4. 回避的救济

为保障公务员回避制度真正发挥其法律实效，国外许多国家都有关于公务员回避法律救济的明确规定。如西班牙《行政程序法》规定："利害关系人在程序进行的任何时候均可提出拒绝；拒绝应通过书面形式提出，并阐明一条或数条理由；被拒绝者应在次日向其直接上级报告所援引的理由是否成立。如果成立，则上级可立即同意予以取代；如果被拒绝者不同意拒绝理由，上级应在事先有适当报告和证实材料情形下，在 3 天内予以裁决；对就此所作的裁决不得提出申诉，但这不影响在就此结束程序的行为提出申诉时对拒绝提出引证的可能性。"瑞士《行政程序法》规定："可提起诉愿人为受被撤销的行政行为影响的人，而且其对该行为的撤销或变更有受法律保护的利益；诉愿书应一式两份向诉愿机关提出；诉愿应在行政行为宣示后 30 日内提出。"

本章小结

本章主要就公务员交流制度和回避制度进行了阐述，并详细分析了公务员交流方式中的调任、转任、挂职锻炼的内容和回避方式中的任职回避、公务回避、地域回避的内容。本章指出，我国公务员的交流是指各级国家机关根据工作需要或者公务员个人的意愿，通过法定形式，在国家机关内部变换公务员的工作职位，或者把公务员调出国家机关任职，或者将国家机关以外的工作人员调入国家机关担任公务员职务的一种人事管理活动。回避制度能够在人际关系方面，为公务员创造一个比较好的工作环境，从而有利于公务员秉公办事，也有利于公务员的进步，对于加强国家机关管理，提高工作效率等具有重要意义。此外，国外发达国家公务员回避制度有很多好的做法，值得我们学习和借鉴。

关键术语

公务员交流　调任　转任　挂职锻炼　回避制度　任职回避　地域回避　公务回避

复习思考题

1. 试述公务员交流与回避制度的含义。
2. 公务员交流与回避应遵循哪些原则？
3. 公务员交流的形式有哪些？
4. 公务员回避的形式有哪些？
5. 我国公务员回避制度中存在哪些问题？

第十二章　公务员的工资、保险、福利

公务员的工资、保险、福利是公务员管理制度中重要的一环。公务员的工资、保险、福利是保证公务员基本生活需要的基础。建立与公务员制度相配套的科学合理的公务员工资、保险、福利制度，是推行公务员制度的一项重要任务，对于增强公务员制度的生机与活力，增加公务员队伍的吸引力，建设一支优化、精干、高效、廉洁的公务员队伍，具有重要意义。

导引案例

养老金双轨制终结　公务员需按工资8%缴养老保险

国务院昨天公布了《关于机关事业单位工作人员养老保险制度改革的决定》，规定机关事业单位工作人员需缴纳基本养老保险费的比例为本人缴费工资的8%，单位缴纳比例为本单位工资总额的20%。这意味着养老金双轨制在制度上被终结。

决定指出，我国将实行社会统筹与个人账户相结合的基本养老保险制度。基本养老保险费由单位和个人共同负担。单位缴费比例为本单位工资总额的20%，个人缴费比例为本人缴费工资的8%，由单位代扣。按本人缴费工资8%的数额建立基本养老保险个人账户，全部由个人缴费形成。个人工资超过当地上年度在岗职工平均工资300%以上的部分，不计入个人缴费工资基数；低于当地上年度在岗职工平均工资60%的，按当地在岗职工平均工资的60%计算个人缴费工资基数。

按照决定，在此决定实施后参加工作、个人缴费年限累计满15年的人员，退休后按月发给基本养老金；在此决定实施前参加工作、实施后退休且缴费年限累计满15年的，发给基础养老金和个人账户养老金的基础上，再依据视同缴费年限长短发给过渡性养老金；在此决定实施后达到退休年龄但个人缴费年限累计不满15年的，比照《实施〈中华人民共和国社会保险法〉若干规定》(人力资源和社会保障部令第 13 号)执行;在此决定实施前已经退休的:继续按照国家规定的原待遇标准发放基本养老金,同时执行基本养老金调整办法。

人社部专家委员会委员、清华大学就业与社保研究中心主任杨燕绥表示,决定的最大意义,就在于明确了我国养老双轨制并轨的时间表。该决定自 2014 年 10 月 1 日起实施,这就意味着从去年 10 月起,我国就已从制度上实现了养老双轨制的并轨,双轨制也随之被打破。这一时间点的确定,同时使得决定实施前已退休的"老人"、决定实施前参加工作但尚未退休的"中人"和决定实施后参加工作的"新人"界线被划分清楚。

虽然在制度实施方面还存在一系列操作性的实施细则需要明确,但这已经表明,无论参保缴费从何时真正开始,机关事业单位及其工作人员,都得从 2014 年 10 月起就补缴相关的养老保险费了。

资料来源:《养老金双轨制终结　公务员需要按工资 8%缴养老保险》,见 http://www.xinhuanet.com/legal/2015-01/15/c_127387790.htm(新华网 2015 年 1 月 15 日)

思考分析:公务员养老金双轨制终结对我国的公务员制度有什么意义?

第一节　公务员的工资制度

一、公务员工资的含义

公务员工资,是指公务员依法履行公职,完成本职的公共管理工作任务后,国家机关依据按劳分配的原则,由公共财政以货币形式支付给公务员的劳动报酬,是公务员依靠自己劳动所创造的价值的货币表现形式。

二、公务员工资的作用

1. 保障作用

工资的保障作用是指公务员付出劳动后获得劳动报酬能满足其再生产需要。公务员参与的是国民收入的再分配,因而与其他社会部门劳动者在工资的分配职能的表现形式、作用形式上有所不同。公务员不直接创造经济效益,在原则上不得兼职,即使特准的兼职也不得兼薪。所以,工资是公务员唯一的经济来源,必须能够解决本人与家庭的生活需要。保障作用必须满足公务员生存需要、安全需要等基本需要。同时,工资还有一个保障公务员业余爱好与发展需要的作用,以丰富公务员的业余生活。

2. 激励作用

工资是按照公务员劳动的质和量分配的,从而能够激励其尽可能地为社会劳动,使工资成为调动和鼓励公务员积极劳动的经济手段,不能排除工资的激励作用。只有建立起富有竞争的公务员工资制度,给予公务员以与其劳动相适应的工资报酬,才能更好地体现按劳分配的原则,才能使公务员产生一种内在的动力,调动其积极性与创造性。

3. 调节作用

公务员工资与人力资源市场供求状况密切相关,但又不在市场上形成,而是国家在对社会平均工资水平的基础上进行宏观平衡后形成的,以此保证公务员工资的合理水平,从而保证公务员队伍素质水平的提高。政府利用工资的调节功能来吸引更多的人才参与竞争公务员的职位,这是优化公务员队伍的可靠措施。

三、制定公务员工资的原则

公务员工资制度总的指导思想:要进一步贯彻按劳分配原则,克服平均主义,建立符合机关特点的工资制度。

1. 按劳分配原则

按劳分配是社会主义分配制度遵循的首要原则。按劳分配原则首先从理论上考虑"劳动者的报酬应以其劳动的数量质量为依据",并考虑到了机关的特点。其次,公务员工资设置中职务工资、级别工资就是根据公务员本人职务高低、责任大小、工作难易程度以及德才表现和工作经历来确定的,这就鼓励公务员努力完成本职工作任务,使工资真正体现多劳多得少劳少得原则,发挥工资的激励与调节作用。

2. 正常增资原则

正常增资原则就是定期增加公务员的工资,即每年的财政预算中,按照法律规定保证必要的经费用于增加公务员的工资。只有建立起正常的增资机制，才能使公务员的工资随着国民经济的发展有计划地增长，同时也使公务员工资的增长走上正常化、规范化和制度化的道路。我国《公务员法》明确规定："国家建立公务员工资的正常增长机制。"

3. 平衡比较原则

平衡比较原则就是在确定公务员的工资时，应参照国有企业人员的工资水平，使公务员的工资水平与企业单位人员的工资水平大体保持平衡，这是协调公务员系统与外部系统分配关系的主要原则。实行平衡比较原则，是社会主义市场经济体制对公务员工资分配的客观要求。为此，公务员工资的调整不能再简单地依赖行政调配手段，而必须自觉地按市场经济规律办事，通过贯彻公务员工资的比较平衡原则，合理确定公务员工资水平，使之与企业相当人员的工资水平大体持平，才能吸引优秀人才到机关来。

4. 法律保障原则

法律保障原则是指公务员的工资制度以法律的形式确定下来，公务员的工资管理以法律为依据，受到法律的保障。除有国家法律和法规规定者外，任何单位和个人不得以任何形式增加或扣减公务员的工资，否则公务员有权提出申诉并追究其法律责任。

5. 物价补偿原则

国家根据物价指数的变动定期调整公务员的工资，使公务员的工资增长率高于或等于物价上涨率，从而保证公务员的实际工资水平不因物价上涨而下降，实现等量劳动领取等量产品的原则。

四、我国公务员工资的构成

我国公务员的工资由四个部分组成，包括基本工资、津贴、补贴和奖金。

1. 基本工资

按照不同职能，公务员的基本工资分为职务工资和级别工资两部分。职务工资主要体现公务员的工作职责大小，即公务员的职务高低、责任轻重和工作难易程度。一个职务对应一个工资标准，领导职务和相当职务层次的非领导职务对应不同的工资标准。级别工资主要根据公务员所任职务、德才表现、能力、工作实绩和资历等，确定级别和级别工资档次，执行相应的级别工资标准，详见表 12-1。

表 12-1　　　　公务员职务工资对照表　　　　单位：元

职务	职务类别		职务与级别对应关系
	领导职务	非领导职务	
国家级正职	4000		一级
国家级副职	3200		二级至四级
省部级正职	2510		四级至八级
省部级副职	1900		六级至十级
厅局级正职	1410	1290	八级至十三级
厅局级副职	1080	990	十级至十五级
县处级正职	830	760	十二级至十八级
县处级副职	640	590	十四级至二十级
乡科级正职	510	480	十六级至二十二级
乡科级副职	430	410	十七级至二十四级
科员		380	十八级至二十六级
办事员		340	十九级至二十七级

基本工资即职务工资和级别工资，是工资结构的主体，是确定公务员退休金、抚恤金等项目的主要依据。现行公务员的工资制度已呈现多样化。例如，对于“聘任制”的公务员，实行的是“协议工资制”，具体办法由中央公务员主管部门规定。

2. 津贴

公务员津贴是对公务员在特殊劳动条件下或工作环境下付出额外劳动消耗和生活费支出所给予的适当补偿，是工资的一种补充形式和工资制度的重要组成部分。

公务员的津贴分为：地区附加津贴、艰苦边远地区津贴、岗位津贴。

地区附加津贴主要反映地区间经济发展水平、物价消费水平差异，同时考虑机关工作人员工资水平与企业职工工资水平的差距。

艰苦边远地区津贴是对在艰苦边远环境下工作的公务员额外劳动消耗

和特殊生活费用支出等的适当补偿，国家对艰苦边远地区津贴实行统一管理。

岗位津贴是根据公务员的岗位性质及工作条件确定的，主要发给那些在苦、脏、累、险岗位上工作的公务员。公务员离开上述岗位时，相应的岗位津贴即行消失。国家对岗位津贴制度实行统一管理。

3. 补贴

公务员的补贴，是国家适应职务消费和福利等改革的需要，为提高公务员改革承受能力，对公务员进行的适当弥补，具体包括住房补贴、医疗补贴等。这些补贴将随着经济发展和市场的变化而变化。

4. 奖金

公务员的奖金即年终一次性奖金，是对公务员工作表现和工作业绩的奖励。公务员在定期考核中被确定为优秀、称职的，按照国家规定享受年终奖金。年终奖发放时不搞平均主义，要和公务员的职责、业绩以及当年的工作表现相结合，适当拉开差距。

五、我国公务员工资制度的改革历程

我国国家公务员工资制度基本上是在1955年工资改革时与事业单位工作人员工资制度融为一体建立起来的。这套工资制度对保证国家行政公务的顺利进行，推动各项事业的发展曾起过积极作用。但这一制度存在着许多缺陷。纵观公务员工资改革，大致可分为以下几个阶段。

1. 第一阶段：1956年实行统一职务公务员职务等级工资制度

各种职务由高到低共分30个等级、330个工资级。后来虽有过几次调整，但管理高度集中统一、职级不符、劳酬脱节、功能单一、机制僵化等弊端仍未改变。这种工资制度可以概括为这样几个字：低（工资水平低）、平（平均主义趋向）、乱（工资关系混乱）、死（增长停滞、冻结）。它严重影响了国家机关工作人员的积极性，以致留不住人，人才流失，效率下降，官僚主义严重，工资管理也日趋困难。这种情况一直延续到改革开放，迎来了1985年的工资改革。

2. 第二阶段：1985年以职务工资为主要内容的结构工资改革

这次工资改革，公务员与事业单位工资制仍融合在一起。工资结构改革主要内容是把标准工资加上副食补贴及行政费节支奖，按工资的不同职能分基础工资、职务工资、工龄津贴和奖励工资 4 个组成部分：

(1) 基础工资按工作人员本人生活费确定。如 6 类工资区每人每月 40 元，人人如此。

(2) 职务工资按职务高低、责任大小、工作繁简和业务水平确定，一个职务设几个等级的工资标准，上下职务的工资适当交叉。每人按担任的实际职务及级别领取职务工资。

(3) 工龄工资按工作年限每年以 0.5 元计算。

(4) 奖励工资用以奖励有显著成绩的公务员，奖励工资没有拉开差距。

这次改革实行的职务工资为主的结构工资制较过去的结构单一的等级工资制，更好地反映了工资的多种功能，因而适应性及激励性均有所增强，更重要的是把普遍增资与解决职级不符结合起来，克服了公务员工资关系中的混乱局面，体现了按劳分配的要求，实现了与事业单位工资制度分离，注意到公务员工作特点，因而取得了较为显著的效果。

3. 第三阶段：1993 年国家机关工资改革

这是一次动作比较大、解决问题也比较多的重大的工资改革。

1992 年 10 月，中共十四大提出建立社会主义市场经济体制的改革目标，在分配制度上强调，“运用包括市场在内的各种调节手段，既鼓励先进，促进效率，合理拉开收入差距，又防止两极分化，逐步实现共同富裕”。但是，当时的公务员工资制度无法与之相适应，存在以下问题：第一，1985 年工资制度改革以后，工资绝对水平逐年有所提高，但相对水平却呈持续下降趋势，出现了“脑体倒挂”现象，而且平均主义较为严重。第二，以职务工资为主要内容的结构工资制进一步强化了“官本位”，诱发了机构升级、人员膨胀等现象，从而构成了对财政的巨大压力。第三，未建立起正常的工资增长机制。

因此，国务院决定从 1993 年 10 月 1 日起，对国家机关现行工资制度进行改革。内容如下：

(1) 机关工作人员(除工勤人员外)实行职级工资制。其工资按不同职能，分为职务工资、级别工资、基础工资和工龄工资 4 个部分。其中，职务工资和级别工资是职级工资构成的主体。

（2）建立正常的工资增长机制。制度性渠道主要有：职务晋升工资增长；职务工资档次晋升的工资增长；级别晋升的工资增长；工龄增加的工资增长。

（3）实行地区津贴制度。地区津贴制度主要根据不同地区的自然环境、经济发展水平和物价水平等因素，结合对现行地区工资补贴的调整而建立，主要分为艰苦边远地区津贴和地区附加津贴两种。

（4）改革奖金制度。实行职级工资后，改革现行的奖金制度，在严格考核的基础上，待具备条件时，对优秀和称职的公务员，在年终发放一次性奖金。

1993 年的工资制度改革，建立了符合机关、事业单位自身特点的工资制度，实现了机关与事业单位工资制度脱钩，建立了正常的增资制度。此后，国家于 1997 年、1999 年、2001 年、2003 年 4 次调整公务员工资标准，各职务起点工资标准提高到 130 元（办事员）至 1150 元（国家正职），使公务员工资水平随着国民经济的发展得以提高。

但是，当时为了使收入分配适应各个地区经济发展不平衡的状况，体现“效率优先，兼顾公平”的收入分配原则，提出建立“地区津贴制度”。由于财政限制等种种原因，津补贴并没有全国统一的政策出台，而是各地自行制定了津补贴政策。因为经济水平和物价水平不一，各地区、部门间财力不同，所以津补贴实行情况差距很大，种类繁多，名目不同，造成了公务员工资的混乱状态。

4. 第四阶段：2006 年公务员工资制度改革

1993 年地区津贴制度的出台之时恰是我国地方政府预算外资金急剧扩张的时期。因此，地区之间、部门之间的巨大工资差成为 1993 年工资制度的硬伤，也是 2006 年工资改革启动的主要原因。地区差距方面，以 2003 年为例，上海市行政机关人均年工资达 31268 元，而河南省行政机关人均年工资仅为 11032。上海是河南的近 3 倍。[①] 以广东统计局的调研为例，2000 年深圳机关工作人员的月平均工资是梅州的 3.28 倍，而次年这个比例扩大到

---

① 王学力：《我国公务员工资的现状、问题与对策建议》，载《经济研究参考》2006 年第 32 期。

4.36倍；深圳一个科长的工资甚至比梅州市长的工资还要高一些。[①] 此外，即使是同一个城市，各单位的津贴收入差别也很大。一些经济状况较好地区的公务员的津贴远远高于其基本工资收入。因此，部门有较多收入来源与部门没有收入来源的机关工作人员之间形成了工资鸿沟。[②] 同样是国家公务员，在承担的职责大体相同的情况下，工资水平却存在较大差异，不仅严重违反了薪酬管理的内部公平性（或内部一致性）原则，而且造成了不同地区，尤其是不同政府部门之间的工资攀比。一些单位想方设法筹集经费，用于发放内部补贴，在社会上造成了不好的影响，为腐败提供了土壤，损害了公务员队伍和政府的形象。

因此，由党中央、国务院批准的《公务员工资制度改革方案》于2006年7月1日起实施，对当时的公务员工资制度进行改革。

(1) 改革工资制度和清理规范津补贴相结合。一方面，在清理津贴补贴、摸清底数的基础上，结合公务员职级工资制度改革，将一些地方和部门的部分津贴补贴纳入基本工资，适当提高基本工资占工资收入的比重，优化公务员工资结构。另一方面，对津补贴进行规范，合理确定水平，科学规范项目，分类分步调控，严格监督管理，为规范公务员工资收入分配秩序奠定基础。

(2) 简化基本工资结构，增强工资的激励功能。公务员基本工资结构简化为职务工资、级别工资，取消基础工资和工龄工资。此后公务员工资分为4块，由职务工资、级别工资、工作津贴和生活补贴共同构成。其中，前两项职务工资和级别工资构成基本工资，实行全国统一标准，由中央财政支付，各级公务员的职务工资从340元（办事员）至4000元（国家正职）不等。后两项工作津贴和生活补贴由地方财政或各部门财政支付。

(3) 适当向基层倾斜。适当加大不同职务对应级别的交叉幅度，将公务员对应的级别数由现行15个增加到27个，各职务对应的级别数相应增加，科员、办事员从现在的6个级别增加到对应9个级别，副科级从现在对应5个级别增加到对应8个级别，给低职务公务员提供了充分的晋升空间。实

---

① 广东统计局：《2001年广东政府机关公务员工资状况调查分析》，见网址 http://www.gdstats.gov.cn/tjzl/tjfx/20040406_10123.htm。

② 孙晓民：《公职人员薪酬制度改革初探》，载《现代财经》2004年第6期。

行级别与工资等待遇挂钩，使公务员不晋升职务也能提高待遇。

(4) 建立健全正常增资办法，实现工资调整制度化、规范化。除职务和级别晋升外，按照《公务员法》规定，要建立工资调查制度，定期进行公务员工资水平的调查比较，为调整公务员工资标准提供科学依据。

本次公务员工资制度改革，出现了"阳光工资"、"同城同待遇"、"限高、稳中、托低"等关键词，在规范公务员津补贴，确保不同部门以及不同地区公务员之间待遇公平的同时，使公务员工资水平有了较大提高。2007 年公务员实际平均工资增长 17.6%，比 2006 年的 9.9%提高了 7.7 个百分点。通过规范津补贴，省际间最高与最低平均工资之比也从最高的 2005 年的 3.37 下降到 2007 年的 2.72 ，地区间的工资差距开始缩小。但是，一方面，工资改革后多年没有提高公务员基本工资标准；另一方面，政府至今没有出台规范津补贴的相应标准，所以各地方政府为适应经济发展和物价上涨，津补贴项目又有增加趋势，2010 年后地区间的工资差距又有所扩大。可以看出，公务员工资水平调查制度尚未建全，公务员工资增长缺乏科学合理的依据。

第二节　公务员的保险制度

一、公务员保险制度的含义

在我国，公务员保险制度是指国家或社会依法对因生、老、病、残、死等暂时或永久性丧失劳动能力的公务员给予物质帮助的一种社会保障制度。公务员保险制度是公务员制度的重要组成部分，也是整个社会保障制度的一个关键环节。

对于公务员保险，《公务员法》第七十七条作了明确规定："国家建立公务员保险制度，保障公务员在退休、患病、工伤、生育、失业等情况下获得帮助和补偿。公务员因公致残的，享受国家规定的伤残待遇。公务员因公牺牲、因公死亡或者病故的，其亲属享受国家规定的抚恤和优待。"

总之，公务员保险制度是社会主义条件下个人消费品分配的一种辅助形式，是公务员受法律保护的权利，其目的在于防止收入的减少、中断或丧失，为满足公务员的基本生活需要提供保障。

二、公务员保险制度的特征

公务员保险制度既有与普通社会保险相同的属性，也有其自身的特点。这些属性和特点表现为：

(1) 防范性。公务员保险制度是为了防范一定情形的出现，有效保护公务员的权益而设置的一项特殊的社会保障制度。它可以防止因失去劳动收入而导致公务员无法维持生计的情况出现。

(2) 针对性。公务员保险制度是对特定情形下公务员的救助和帮助，公务员保险扶助的对象是丧失劳动能力的公务员以及应当由他们供养的直系亲属。

(3) 福利性。绝大部分保险费用由国家支付，公务员个人无须支付，或只支付某些险种中的一小部分费用，保险本身成为公务员福利的一种实现形式。

(4) 协调性。公务员保险制度是社会保险制度的一个组成部分，其操作模式和支付水平都要参照普通社会保险来进行，以维持公务员与其他劳动者在享受保险待遇方面的协调。

三、公务员保险制度的意义

(1) 建立公务员保险制度有助于健全公务员制度。公务员制度是在对传统干部管理制度和体制进行深入研究、科学分析的基础上提出的一种崭新的人事管理模式。公务员保险制度是整个国家公务员制度中的一部分，并且处于重要的支撑地位。建立公务员保险制度与公务员制度建设必须同步进行，否则将直接影响公务员制度推行的效果。

(2) 建立公务员保险制度有助于保障公务员基本权利、稳定公务员队伍。稳定的保障条件和相对优厚的福利待遇，不仅能够充分调动广大公务员的工作积极性，不断提高公共行政的服务效率，而且还有利于公务员队伍的优化。推行公务员保险制度，改变过去一切由国家包下来的不合理局面，既能促进社会保障经费的合理使用，又会增加公务员的主人翁意识。

(3) 建立公务员保险制度有助于是维护社会安定。在国家行政管理活动中,公务员的行政行为涉及面广,情况复杂,多数同广大群众切身利益相关。因而,必须将公务员造就成为高效、廉洁、稳定的队伍。公务员保险制度若得不到完善,公务员的后顾之忧不解除,势必影响公务员队伍的稳定和工作效率的提高,还可能波及整个社会的安全和稳定。

(4) 公务员保险制度是衡量整个国家行政管理水平和社会文明程度的重要标志。公务员作为社会事业中的一支重要力量,其基本生存条件应得到切实保障。以法律形式明确规定适用于公务员的保险制度,不单是为了从根本上满足公务员个人生理及心理方面的需要,也是现代社会文明程度的重要标志和集中体现。

四、我国公务员保险的基本构成

《公务员法》第七十七条规定:"国家建立公务员保险制度,保障公务员在退休、患病、工伤、生育、失业等情况下获得帮助和补偿。公务员因公致残的,享受国家规定的伤残待遇。公务员因公牺牲、因公死亡或者病故的,其亲属享受国家规定的抚恤和优待。"根据这一规定,公务员保险的种类应当包括养老保险、医疗保险、生育保险、失业保险和工伤保险。

1. 公务员养老保险

公务员养老保险是指国家和政府根据法律规章的规定,在公务员按法定退休年龄退休,或因年老退出工作岗位后,给予一定补偿并为之提供维持基本生活的物质帮助的保险制度。

实际上,到目前为止,真正意义上的公务员养老保险制度还未建立起来。自新中国成立以来,我国的机关事业单位一直实行的是干部职工离退休制度,即公务员达到规定的退休年龄,或因病残丧失了工作能力,离开工作岗位,依法办理退休手续,国家给予生活保障并给予妥善安置和管理。这样的公务员养老制度是典型的财政预算支付制,资金来源于国家税收,每年根据支付退休费的实际需要直接由各级财政预算安排。其稳定性、保险性高,但也给财政和当地的社保基金造成了沉重的负担。

总体说来,我国公务员养老保险制度改革在 20 世纪末才在部分地区试点。2011 年 7 月开始实施的《中华人民共和国社会保险法》和国家"十二五"规划也对机关事业单位养老保险改革作了相应规定。在总结实践经验、深入研究论证的基础上，2015 年 1 月 14 日，国务院以国发〔2015〕2 号文发布了《国务院关于机关事业单位工作人员养老保险制度改革的决定》，这项决定意味着延续几十年的养老金“双轨制”的废除。

2．公务员医疗保险

医疗保险是指公务员因患病暂时丧失劳动能力时，从国家或所在单位获得物质帮助的制度。公务员医疗保险主要由患病期间医疗待遇和治疗期间的生活待遇两部分组成。

1998 年 12 月 14 日，国务院颁布了《国务院关于建立城镇职工基本医疗保险制度的决定》，对传统的公费医疗制度进行了重大的改革，建立了公务员基本医疗保险制度。2000 年 5 月 20 日，国务院办公厅转发了《关于实行国家公务员医疗补助的意见》，结合当时我国公务员医疗保险的实际情况，在实施城镇职工基本医疗保险的基础上，对公务员实行医疗补助。其主要内容有：

其一，医疗补助经费来源于财政预算，专款专用、单位管理，与基本医疗保险基金分开核算。

其二，医疗补助经费主要用于基本医疗保险统筹基金最高支付限额以上，符合基本医疗保险用药、诊疗范围和医疗服务设施标准的医疗费用补助；在基本医疗保险支付范围内，个人自付超过一定数额的医疗费用补助；中央和省级人民政府规定享受医疗照顾的人员，在就诊、住院时按规定补助的医疗费用。

其三，社会保险经办机构负责医疗补助的经办工作，财政部门和审计部门负责补助经费的财务和审计工作。

3．公务员生育保险

生育保险制度是指国家对女性公务员在怀孕和分娩时所给予一定的照顾和物质帮助的制度。2012 年 4 月 28 日，国务院颁布了《女职工劳动保护特别规定》，这是公务员生育保险制度的主要法律依据。

生育保险制度的主要内容有：

其一，女性公务员产假为 98 天，其中产前休 15 天。难产的，增加产假 15 天。生育多胞胎的，每多生育 1 个婴儿，就增加产假 15 天。

其二，不得在女性公务员怀孕期、产期和哺乳期降低基本工资或予以辞退;怀孕的女公务员,在工作时间内进行产前检查,应当算工作时间;女性公务员在哺乳期内,单位必须提供方便。

其三,女公务员较多的单位必须建立女公务员卫生室、孕妇休息室、哺乳室等设施,以便解决女公务员的困难。

4. 公务员失业保险

公务员失业保险制度,是指公务员由于非本人意愿失去公职,收入中断,失去生活来源,国家在一定时期内对其进行生活援助并促进其再就业的一种社会保险制度。这里需要说明的是,“公务员由于非本人意愿失去公职”从本质上讲是退出公务员序列、丧失公务员身份,主要包括辞退、引咎辞职等情况,而免职、降职和自愿辞去公职均不属于此范畴。

公务员的失业保险制度主要包括失业保险金的筹集、失业救济金的发放和失业保险金的管理三个方面。《公务员法》第八十五条规定:“被辞退的公务员,可以领取辞退费或根据国家规定享受失业保险。”

5. 工伤保险制度

工伤保险是指公务员因工作遭受事故伤害或者患职业病时所应享受的保险待遇。在现实生活中,公务员因工作发生事故的情况时有发生,受伤或者患病的公务员暂时丧失劳动能力,有的甚至永久地部分或全部丧失劳动能力。导致他们受伤或患病的原因是履行公职,如果国家不给予他们相应的补偿是不合理的。因此国家应当给予他们适当的待遇,以弥补他们丧失劳动能力的经济损失和精神伤害。建立完善工伤保险制度,将有利于公务员减轻在执行公务时的后顾之忧,增强他们对单位的责任感。

第三节 公务员的福利制度

一、公务员福利的含义

公务员福利制度,是指国家和机关单位为了满足公务员的物质、文化生活需要,解决公务员的工作与生活困难,提高其工作生活质量,在工资、社会保险、社会优抚、社会救助之外给予公务员的补助措施。公务员福利是公务员薪酬制度的重要组成部分,是公务员工资、保险制度的补充。

二、公务员福利的特征

与工资、保险相比，公务员福利的特征如下。

1. 补充性

在整个公务员薪酬中，工资和保险起主要作用，福利则是必要的补充。

2. 灵活性

福利制度不像工资、保险那样有法律规范，《公务员法》对福利制度只有一般性的规定，具体操作由各机关自行实施。

3. 多样性

福利既有物质的，也有精神的；既有货币的，也有实物的。

4. 两面性

如果福利制度运用得当，可以起到激励作用，对机关管理效率的提高产生推动作用；如果福利制度运用不恰当，会造成多种负面效应。

三、公务员福利的作用

(1) 公务员的福利是对公务员的基本生活需要给予必要的保障，福利制度主要是为解决公务员生活困难而设立的一项制度。

(2) 公务员的福利可以提高公务员的物质文化生活水平。

(3) 公务员福利的作用还可以增加公务员队伍的吸引力和凝聚力，可以稳定公务员队伍，提高满意度，减少流失率。

四、制定公务员福利制度的原则

制定公务员福利制度应该遵循以下几个原则。

1. 社会性原则

公务员福利虽然是一种单位福利，基本上取决于单位的实际需要和自身的经济条件，但职员福利中的主要项目以及职员福利经费的提取和使用办法，一般都是按照或参照国家统一规定执行的，这在一定程度上体现了职员福利的社会性。

2. 普遍性原则

公务员工资是按照公务员任职进行分配的，公务员福利不能实行工资的分配制度,单位里的公务员应该机会均等地享受单位提供的福利补贴和福利服务。

3. 集体性原则

虽然有些福利项目是直接分配给个人的,但主要项目是举办集体福利事业,满足职员的共同需要。

4. 补充性原则

公务员福利是社会保障制度的一种补充形式,也是国民收入再分配的一种辅助形式,使劳动者在工资收入之外,获得某种补充性的收入。这种收入,在生产力尚不发达、职工工资水平较低、社会化服务还不完善的条件下尤其必要。

五、我国公务员福利制度的主要内容

新中国成立以来,我国逐渐形成了一套国家机关工作人员的福利制度体系,主要包括工时制度、福利费制度、探亲假制度、年休假制度、冬季宿舍取暖补贴制度和交通补贴制度等。

1. 工时制度

工时制度是国家为合理安排职工的工作和休息时间、维护职工的休息权利、调动职工的积极性而制定的职工工作时间的规定。国家机关实行统一的工作时间,每日工作 8 小时,每周工作 40 小时,星期六和星期日为周休息日。在特殊条件下从事劳动和有特殊情况需要适当缩短工作时间的,或者因特殊情况和紧急任务确需延长工作时间的,按照国家有关规定执行。

2. 福利费制度

福利费制度是国家为解决职工的生活困难问题而建立的一种专项费用制度,由福利费的提取比例和适用范围两部分组成。福利费的适用范围是以解决工作人员及其家属的生活困难为主。对工作人员的困难补助,应根据“困难大的多补助,困难小的少补助”的原则,酌情予以定期或临时补助。

3. 探亲假制度

探亲假制度是国家为解决职工分居两地的配偶、父母亲团聚问题而建立的一种福利制度。在国家机关工作满一年的固定职工,与配偶不住在一起、与父母亲都不住在一起的，又不能在公休假日团聚的，可以享受探望配偶、父母的待遇。职工探望配偶的，每年给予一方探亲假1次，假期为30天。未婚职工探望父母的，原则上每年给探亲假1次，假期为20天。已婚职工探望父母的，每4年给假1次，假期为20天。

4. 年休假制度

年休假制度是国家为保护职工身体健康、每年安排职工集中一段时间进行轮休的一种福利制度。这项制度是1991年6月建立的，年休假天数的确定，要根据工作任务和各类人员的资历、岗位等不同而有所区别，最多不得超过2周。

5. 冬季宿舍取暖补贴制度

冬季宿舍取暖补贴制度是国家为补偿居住在寒冷地区职工因宿舍取暖所支出的费用而建立的一种补贴制度，包括实行取暖补贴的地区范围、取暖期限、享受补贴的对象和补贴标准等内容。

6. 交通补贴制度

交通补贴制度是国家为保证职工正常开展工作、合理负担交通费支出而建立的一种福利性补贴制度，主要有上下班交通费补贴和出差补贴两种。

六、公务员福利制度存在的问题与改革趋势

1. 现阶段公务员福利制度存在的问题

改革开放以来，我国对干部的福利改革虽然有所调整，但还没有进行系统的改革。随着社会主义市场经济体制的逐步确立和完善，出现了一系列需要研究解决的问题。

(1) 福利制度比较陈旧，总体水平偏低。现行的福利政策大都是改革开放以前或改革开放之初制定的，有的甚至还是新中国成立初期制定的，制定过时、标准陈旧、明显不合理。随着住房、医疗等福利待遇逐步走向市场化，或过渡到社会保障体系，而公务员工资收入考虑这些因素严重不足，使得公务员的福利待遇水平和实际收入水平下降较多。

(2) 福利发放差距大和平均主义并存。一方面，由于经济发展水平不平衡等因素，造成了地区间、部门间、单位间的差距不断加大，这种差异近年来

更有扩大趋势，如“权力部门”与“清水衙门部门”差距越来越大；另一方面，单位内部享受福利与所担任职务和贡献大小基本不挂钩，平均主义严重，起不到应有的激励作用。

(3) 改革后，与各项制度改革不配套。特别是住房、医疗、供暖等各项制度改革都在不断深化进行，福利制度却长期处于停滞状态，没有相应地进行调整，没有与工资制度改革相结合，改革相对落后。

2. 改革的趋势

改革福利制度要按照“完善公务员职务与级别相结合的制度，建立公务员激励和保障机制”的要求，将提高工资与改善福利相结合，坚持福利货币化、透明化、规范化的方向，实行合理的福利待遇，鼓励公务员长期为国家服务，使公务员的福利与现行工资制度相配套，与时代同步。

就改革的方向而言，应着重从以下三个方面努力：

(1) 逐步降低工资收入中福利的比重，将一部分福利性补贴纳入工资标准，尽可能实现公务员工资收入的工资化和货币化；

(2) 采取切实可行的措施，尽可能地交由社会办福利，提高福利制度的社会化、商品化程度，促进我国第三产业的发展和市场的发育；

(3) 建立健全有关规章制度和加强监督管理，使公务员的福利制度能够充分发挥应有的作用。

本章小结

本章内容主要涉及公务员工资制度、保险制度和福利制度三个方面。本章首先对公务员工资制度的含义和建立原则进行说明，我国工资制度包括基本工资、津贴、补贴和奖金四个部分。第二节论述了我国保险制度的内容，包括公务员保险制度的特征和作用，重点就养老保险这一类型进行说明。随着养老保险制度的改革，我国进入公务员养老保险制度并轨的新时代。第三节论述了公务员福利制度的特征以及制定原则。公务员福利是公务员薪酬制度的重要组成部分，是公务员工资、保险制度的补充。公务员福利主要包括工时制度、福利费制度、探亲假制度、年休假制度、冬季宿舍取暖补贴制度和交通补贴制度等。

关键术语

工资制度　按劳分配　职务工资　级别工资　正常增资　保险制度　养老保险　福利制度　工时制度　年休假制度

复习思考题

1. 我国公务员工资制度制定的原则有哪些?
2. 我国公务员工资制度包括哪些内容?
3. 公务员保险制度有哪些作用?
4. 制定公务员福利制度的原则有哪些?
5. 公务员福利制度有哪些内容?
6. 公务员福利制度存在的问题与改革的趋势是什么?

第十三章　公务员的退出制度

公务员的辞职、辞退、退休等属于公务员“出口”机制。公务员退出制度体现了公务员择业自主权与机关单位的用人自主权之间的紧密结合，有助于优化公共部门人力资源配置。退休作为公务员的法定权利，有助于保持公务员队伍的生机活力。

导引案例

苍南县40人被解除聘用关系　2名公务员被辞退开除

今年苍南县纪委县监委将全县“吃空饷”问题和在编不在岗专项治理作为落实县委县政府重大决策部署之一，认真履行“监督的再监督，检查的再检查”职责，加强对主责单位开展专项治理工作情况的监督检查。为确保专项治理顺利推进，日前，苍南县纪委县监委成立7个督查组，由7名领导班子成员带队，对县卫计、市监、住建、农业、林业、水利、广电等7个县直单位及其部分下属事业单位、基层站所的“吃空饷”问题和在编不在岗专项治理工作进行了督查。检查中发现，大部分单位上下班考勤较正常，多数干部职工较遵守工作纪律。但督查中也发现了一些违反专项治理工作政策的行为，如部分单位中层退二线人员管理不规范，未严格执行《苍南县退出中层岗位干部管理办法》相关规定，距退休年龄5年以上的中层退二线人员未返岗照常上班；多数单位对距退休年龄不足5年的中层退二线人员，仅出台成立工作组文件，未制定日常管理、督查方案等配套制度；个别单位甚至至今未成立工作组。通过此次抽查，还发现一些单位日常管理制度执行不力，个别单位存在局领导和退二线人员没有参与考勤现象；部分单位存在请销假制度执行不规范，如事先未报备、审核不严谨、审批手续不到位、未及时销假等；此外还有混岗借调人员手续不规范等问题；部分单位存在工作人员上班时间未经报告审批擅自外出现象。

据了解，自今年4月苍南县开展“吃空饷”问题和在编不在岗专项治理工作以来，已有40人被解除聘用关系，申请预退56人，另有2名公务员被辞退、开除。

资料来源：《苍南县40人被解除聘用关系　2名公务员被辞退开除》，见https://c.m.163.com/news/a/CPSM4HVI04098FEB.html? spss＝newsapp&spsw＝1（苍南新闻网2017年7月21日）

思考分析：根据上述材料，分析苍南县解除、辞退相关公务员对完善公务员队伍有何意义？

第一节　公务员的辞职

国家机关并非“只能进，不能出”的围城。政府机关、事业单位、企业、非政府组织之间，不应该“壁垒森严”，应当有灵活、机动的“旋转门”，以促进不同社会组织之间进行自由的人才流动。通过建立和完善辞职制度，在法律上确保公务员的择业自主权，允许公务员根据自身的意愿、素质，以及机关的待遇、工作性质、任务等情况辞去职务，这体现了我国公务员队伍的开放性。

一、公务员辞职概述

1. 公务员辞职的含义

公务员辞职是指公务员根据本人意愿提出申请，并经任免机关批准，依法解除公务员与机关职务关系的一种人事行为，或者是担任领导职务的公务员，依照法律规定的条件和程序，辞去所担任的领导职务。辞去公职，其直接结果就是解除公务员与机关的一切职务关系，丧失公务员的身份。辞去领导职务而不辞去公职，其直接结果是公务员职务的变更，而非公务员身份的消失。

2. 公务员辞职的特点

(1) 辞职是公务员的一项基本权利。辞职属于公务员个人的择业行为和愿望，必须由公务员本人提出，这是辞职得以实施的前提条件。我国《宪法》明确规定公民有劳动的基本权利，劳动权自然包括了择业权，辞职正是公务员根据本人愿望自主选择职业的具体体现，它不受任何机关团体和个人左右，完全是自己个人意志的选择，受到法律的保护。

(2) 辞职须经过一定的法律程序。从法律上讲，公民行使权利，必须遵守宪法和法律的规定，越出法律规定的范围，就是滥用权力，要承担相应的法律责任。同理，公务员行使辞职权利时，要遵守法律规定的程序，按照规定由本人提出申请，报经任免机关审核同意后方可生效；公务员不得擅自离职。

(3) 辞职的主体是有法律限制的，必须以维护国家安全、保守国家机密为前提条件。例如我国《公务员法》明确规定，在涉及国家机密等特殊职位任职或者离开上述职位不满国家规定的脱密期限的，以及未满国家规定的最低服务年限的，不得辞职。

(4) 辞职作为公务员的一项权利，是有法律保障的。辞职的公务员享有法定的辞职待遇。比如公务员辞职后虽然其公务员身份随之消失，但其工龄可以在其重新任职后连续计算。

3. 公务员辞职的意义

(1) 有助于优化公共部门人力资源配置。公务员辞职制度确立了公务员的自由择业权，使那些业务不对口、志趣转变、不愿在机关工作、善于经营或更适合其他工作的公务员，通过辞职另辟天地，进而优化社会人力资源配置，促进经济社会发展。

(2) 有助于促进公共部门人力资源合理流动，提高行政效率。实行公务员辞职制度，砸破"铁饭碗"，完善公务员竞争激励机制、优胜劣汰机制，促进了公共部门人力资源合理流动，推动了公务员新陈代谢和良性循环，能够保持公务员队伍的活力，提升行政效率。

二、公务员辞去公职

公务员辞去公职，是指公务员根据本人意愿，依照法律规定，在一定条件下，辞去公务员的职务，解除与工作单位关系的行为。辞职是法律赋予公务员的一项基本权利。

1. 公务员辞去公职和擅自离职、免职的区别

(1) 辞去公职、擅自离职的区别。

辞去公职和擅自离职虽然都是公务员本人意愿的表现,但两者在法学上仍然存在质的区别。

第一,公务员辞去公职的意愿是得到法律确定的,因而受到法律的保护;而擅自离职的意愿并没有得到法律的认定,因此,擅自离职可以认为是公务员不履行公务员义务,从而承担不履行义务的法律后果。

第二,辞去公职是公务员自主择业的权利。公务员是否行使这种权利以及行使辞去公职的法律后果,法律不加干涉,由公务员自行处理;而擅自离职则是一种违纪行为,违纪行为是要追究责任的。因此,违纪行为的法律后果并不是公务员本人所能决定的,而是由公务员所在机关根据其情节轻重给予公务员本人相应的处理。可见,擅自离职的法律后果是事先设定的。

(2) 辞去公职与免职的区别。

免职是公务员的任免机关依照一定的法律事由和经过法定的程序,免除公务员所担任职务的一种人事行政行为;而免职则是机关的一项人事行政权力。免职是相对于任职而言的。辞去公职与免职存在本质的差别。

一是性质不同。辞去公职是公务员的自主择业权利,是公务员自愿的法律行为;而免职则是机关的一项人事行政权力,是任免机关的单方面的法律行为,公务员必须服从。

二是发生的原因不同。辞去公职的原因是因公务员个人而引起的,是出于公务员的个人意愿;而免职则必须有法定的事由,如因转换职位任职的,离开工作岗位学习超过一定期限的,因健康原因不能坚持正常工作的,等等。没有这些法定事由是不可能任意免职的。

三是导致的法律后果不同。辞去公职是公务员与机关职务关系的废除。免职则有两种情况:一种是因退休、离休、辞退等原因而引起的免职,这种免职是终止公务员与机关之间的职务关系;另一种是由于公务员职务的变更,工作岗位变换等原因引起的免职,这种免职不是公务员与机关职务关系的终止和公务员身份的消失,而是职务关系的变更,即免职是为了任新职。

2. 公务员辞去公职的条件

公务员辞去公职的条件，是指在什么情况下公务员能够行使辞去公职的法律权利，根据立法技术的不同，可分为肯定性条件和限制性条件。

肯定性条件就是指正面列举的方法规定的有效条件，但在公务员法中没有明确规定。因此，我们可根据劳动法中有关规定和以往的实施情况归纳为一句话，即公务员不愿意或不适宜继续在国家机关工作，可以提出辞去公职的申请。

限制性条件是指公务员不能辞去公职的法定情况。根据我国《公务员法》及有关规定，公务员辞职的限制性条件主要有以下五方面情况：在涉及国家秘密等特殊职位上任职以及调离上述职位不满国家规定的脱密期限的；重要公务尚未处理完毕而且须由本人继续处理的；正在接受审计、纪律审查或者涉嫌犯罪司法程序尚未终结的；未满国家规定的最低服务年限的公务员；法律行政法规规定的其他不得辞去公职的情形。

3. 辞去公职的程序

辞职是一种法律行为，作为法律行为要产生预期效果，必须履行一定的法律程序。根据《公务员法》和《公务员辞去公职规定（试行）》的规定，辞职必须遵循以下程序：

首先，公务员要辞去公职，首先必须向任免机关提出书面申请。公务员辞去公职，意味着公务员身份的消失，是关系到公务员个人重要切身权利的法律行为。以书面形式提出申请，符合法律行为的形式要件，既可以使公务员严肃对待、慎重处理，又能防止可能出现的纠纷，便于纠纷的妥善处理。

其次，任免机关进行审批。任免机关应当根据公务员辞去公职的条件，自接到申请之日起 30 日内予以审批，确定是否同意公务员辞去公职。没有得到任免机关批准的离职，属于擅自离职。

最后，办理交接手续。公务员辞去公职的申请被批准后，离职前应当办理公务交接手续，将其职位的内容、要求等向其接任者进行交接，以保证机关工作照常进行。离职前还要按照规定进行财务审计，对其任职期间执行财务纪律的情况进行监督检查，以保证本单位财务开支的合法和正确。

此外，辞去公职的原机关，要负责给其办理好有关身份、职务、级别、工资待遇、工作年限等的各种证明材料和递转手续，以作为他们重新就业时确定各种待遇的参考。

4. 辞去公职的法律后果

公务员辞去公职的法律后果包括三个方面：

(1) 职务关系废除，公务员身份消失。公务员在被录用之后，通过任免机关的任命，和国家机关就建立了职务关系，获得了公务员的身份。当公务员辞去公职，公务员与国家机关的职务关系就自然废除，公务员身份就自然消失。

(2) 失去公职待遇。公务员一旦辞去公职，公职待遇立即丧失。自辞职申请批准之月的下月起，公务员不再拥有与公共职务相对应的工作条件，不再享受国家机关所支付的工资、保险、福利等待遇。

(3) 再次任职受到一定的限制。公务员辞去公职后，一定时期内一般不得到与原机关有隶属关系的企业或营利性事业单位任职，确需任职的要经原任免机关批准。公务员辞去公职的，原系领导成员的公务员在离职三年内，其他公务员在离职两年内，不得到与原工作业务直接相关的企业或其他营利性组织任职。

三、公务员辞去领导职务

1. 辞去领导职务的四种类型

《公务员法》第八十二条规定，根据辞去领导职务的事由不同，公务员辞去领导职务有以下四种类型：因公辞去领导职务、自愿辞去领导职务、引咎辞去领导职务、责令辞去领导职务。

(1) 因公辞去领导职务。

因公辞职，是指担任领导职务的公务员因工作需要变动职务，依照法律或者政协章程的规定，向本级人民代表大会、人大常委会或者政协提出辞去现任的领导职务。因公辞去领导职务主要适用于人大、政协选举产生的领导干部。

(2) 自愿辞去领导职务。

自愿辞去领导职务，指担任领导职务的公务员因个人或者其他原因不愿意继续在领导岗位工作时，自行提出辞去现任领导职务，一般称为自愿辞职。自愿辞职与因公辞职的不同之处在于，因公辞职是公务员要调任其他公职，是由于组织上的安排。担任领导职务的公务员自愿辞职后，可以担任其他非领导职务，继续留在公务员队伍。

(3) 引咎辞职。

引咎辞职，指担任领导职务的公务员，因工作严重失误、失职造成重大损失或恶劣影响，或者对重大事故负有重要领导责任的，不宜再担任现职，由本人主动提出辞去现任领导职务。引咎辞职制度不同于因自己直接的违法违纪行为导致的带有强制性的纪律处分和法律制裁，而是在领导成员的行为尚不够纪律处分和法律制裁的情况下，退下领导岗位的一个“体面”的方式。

(4) 责令辞去领导职务。

责令辞去领导职务，指按照管理权限的管理主体根据领导成员任职期间的表现，认定其已不再适合担任现职，通过一定程序责令其辞去现任领导职务。责令辞职有两种情形：第一是领导成员应当引咎辞职而本人不提出辞职的；第二是任免机关认定其不再适合担任现任领导职务，本人不提出辞职的。

2. 公务员辞去领导职务的法律后果

(1) 因公辞去领导职务的，只是现任领导职务消失，改任其他领导职务，其待遇不变或提高。

(2) 自愿辞去领导职务的，领导职务消失。一般情况下其待遇降低，但公务员的身份不变。

(3) 引咎辞职的领导成员，辞职后现任职务消失。如责任较轻，辞的又是兼职，原任领导职务不变，一般情况下待遇也不变；如果责任较重，辞去现任领导职务后，可改任较低的领导职务或非领导职务，现任的领导职务将消失，其待遇将随新任职务而变动，公务员的身份不变。

(4) 责令辞去领导职务的，现任领导职务消失，待遇随新职务而定，一般是会降低的，但公务员的身份不会消失。

第二节　公务员的辞退

公务员辞退制度维护和保障了公务员的择业自主权，使“铁饭碗”能砸破。公务员辞退制度，则维护和保障了机关单位的用人自主权。健全的辞退制度是公务员退出机制的重要组成部分。

一、公务员辞退的含义

公务员辞退，是指各级机关按照法律规定的条件，通过一定的法律程序，在法定的管理权限内，作出破除公务员全部职务关系的行政行为。辞退不具有惩戒性，不是一种行政处分。一般来讲，辞退无须事先征得公务员同意，只要符合法定条件，管理部门就可按照法定程序作出辞退的决定。

1. 辞退是国家管理机关单方面的法律行为

辞退公务员是国家管理机关依法解除其同公务员的任用关系，是国家机关的法定权力，只有国家机关才能行使。无论公务员是否同意，只要符合法律规定的条件或法定的事由，管理机关可以按照法定程序辞退公务员。

2. 辞退公务员必须按照法定的事由

辞退公务员必须是基于一定的法定事实，即只有当公务员的某些行为表现符合《公务员法》的条件时，机关才能单方面终止公务员的职务关系。非因法定事由，公务员不得被辞退。

3. 辞退公务员必须遵循必要的法律程序

如不符合法定程序，作出的辞退决定是无效的。法定程序既是公务员权利的有效保障，又是对公务员机关自由裁量权的必要限制。

4. 被辞退的公务员享有法定的待遇

按照规定，被辞退的公务员可以享受失业保险或领取一定的辞退费。

二、公务员辞退与开除的区别

辞退和开除公务员的直接法律结果，都是终止了公务员与机关的一切职务关系，公务员身份消失，是行政机关单方面的行为。但是辞退和开除这两种人事行政行为存在着根本的差别：

一是性质不同。开除是对公务员的一种行政处分行为，具有明确的惩戒性质；而辞退不是行政处分，不具有任何惩戒性质，是公务员管理中的正常行为。

二是原因不同。辞退的原因是由于公务员的德才水平或本人主观努力不够而不能胜任公务员职务，无法履行公务员义务而产生的；开除则是由于公务员在行使公务中的违法违纪行为造成的。

三是法律后果不同。辞退的公务员依法可以获得辞退费和享受失业保险；而被开除的公务员只能享受失业保险，不能享受其他待遇。

三、公务员辞退的条件

公务员辞退的条件，是指公务员可以辞退或不得辞退的法定情形。公务员辞退条件包括肯定性条件和限制性条件。公务员辞退条件的设定，应当宽严并济，轻重适度，以真正起到约束、激励和监督的作用。

1. 公务员辞退的肯定性条件

公务员辞退的肯定性条件，是指机关单位可以辞退公务员的法定情形。《公务员法》第八十三条规定，公务员有下列情形之一的，予以辞退：

① 在年度考核中，连续两年被确定不称职的；② 不胜任现职工作，又不接受其他安排的；③ 因所在机关调整、撤销、合并或者缩减编制员额需要调整工作，本人拒绝合理安排的；④ 不履行公务员义务，不遵守公务员纪律，经教育仍无转变，不适合继续在机关工作，又不宜给予开除处分的；⑤ 旷工或者因公外出、请假期满无正当理由逾期不归连续超过十五天，或者一年内累计超过三十天的。

2. 公务员辞退的限制性条件

为了从根本上维护公务员的合法权益，特别是弱势群体的合法权益，《公务员法》规定了四种情况下不得辞退公务员：

① 因公致残，被确认丧失或者部分丧失工作能力的；② 患病或者负伤，在规定的医疗期内的；③ 女性公务员在孕期、产假、哺乳期内的；④ 法律、行政法规规定的其他不得辞退的情形。

四、公务员辞退的程序

为了保证各级公务员机关正确行使辞退公务员的权利，充分发挥辞退制度的作用，公务员辞退的程序应遵循两个原则：要保证辞退权力得以顺利实施；要防止辞退权力滥用，损害公务员的合法权益。基于这两个原则，辞退公务员必须经过以下程序：

(1) 所在单位在核准事实的基础上，提出建议并填写《辞退国家公务员审批表》报任免机关。辞退公务员只能由该公务员所在的单位提出，其他个人和单位都无权提出，而且必须经过单位领导集体研究后以书面的形式提出，并说明辞退的法定事由和事实依据。

(2) 任免机关人事部门审核。任免机关接到材料后要认真审核，特别是对辞退的事由是否充分、事实是否属实、运用法律是否恰当、程序是否合法等要进行审核，提出明确意见。符合条件的予以审批，不符合条件的予以退回。

(3) 办理公务员交接手续。公务员接到辞退通知书后，如有异议，可通过行使申诉权和控告权保护自己的合法权益；如无异议，必须在规定的期限内办理辞退手续，进行公务交接。

五、公务员辞退的法律后果

公务员机关辞退公务员同公务员辞职一样，也会引起相应的法律后果。

1. 公务员与机关职务关系废除，公务员身份消失

被辞退人员离开公务员系统后，丧失了公务员身份，不再履行公务员的义务，也不再享有公务员的权利。

2. 按照规定享受辞退待遇

辞退费发放标准由省、自治区、直辖市人民政府根据低于公务员办事员的最低工资、高于“社会救济”的原则确定。辞退费的发放期限为：工作年限不满两年的，发放期限为三个月；工作年限满两年的，发放期限为四个月；工作年限满两年以上的，每增加一年，增发一个月，但最长不得超过二十四个月。

3. 重新进入公务员系统的限制

公务员被辞退后，可以从事其他各种行业，但在一定时限内不得重新回到公务员队伍。这也是许多国家通常的做法。我国的限制时间为五年，即公务员辞退后五年内不准重新录用到公务员机关工作。

第三节　公务员的退休

一、公务员退休的含义与意义

1. 公务员退休的含义

退休,是公务员管理的重要环节,是维护公务员权益的重要措施。公务员退休,是指公务员达到法定退休年龄,或者工作时间达到一定年限,或者完全丧失工作能力时,依法办理手续,退出公共管理岗位,由国家或单位给予基本生活保障,以安度晚年的公共部门人事管理制度。

2. 公务员退休的意义

建立公务员退休制度,对于实现公务员队伍的不断更新,增强公务员队伍的活力,解除公务员的后顾之忧,提高行政效率,具有十分重要的意义。

(1) 有助于促进干部年轻化,优化公共部门人力资源结构。

我国公务员退休制度建立的初衷与废除干部终身制紧密联系在一起。正如邓小平同志所言:"庙只有那么大,菩萨只能要那么多,老的不退出来,新的进不去,这是很简单的道理。因此,老同志要有意识地退让。……我们将来要建立退休制度。"①

(2) 有助于体现公务员老有所养的权利,保持公务员队伍的稳定与发展。

无论是因到年龄的退休,还是因虽不到退休年龄但已丧失工作能力的退休,他们退休以后,均得到国家和社会的妥善安排,在政治上与物质上享有各种退休待遇。这是《公务员法》赋予公务员的权利。建立和实施公务员的退休制度,保障了公务员退休权利的实现。这些保障又有助于解除现在在职公务员的后顾之忧,使其安心本职工作,廉政勤政,稳定公务员队伍,保证机关工作的连续性与健康发展。

(3) 有助于巩固废除我国干部领导职务终身制,保持公务员队伍朝气蓬勃。

---

① 《邓小平文选》第二卷,人民出版社 1994 年版,第 193 页。

领导干部职务事实上的终身制，是我国传统干部人事制度的弊端之一。造成此弊端的重要原因就是长期以来没有坚持正常的干部退休制度。应警惕领导干部职务终身制，个别领导成员以造假年龄等方式来延迟退休，以岗位“需要”为借口延迟退休，把着位子不放，严重影响了领导干部队伍正常的新陈代谢。因此，公务员的组织管理部门应实行严格的退休制度，强制其退休，以保证公务员集体是一支朝气蓬勃的队伍。

二、公务员退休的方式

公务员退休方式，是指依据不同条件、程序，适用于不同对象的公务员退休种类。按照《中华人民共和国公务员法》以及相关配套法规，结合公务员本人的退休意愿和机关工作需要，公务员退休方式可以分为强制退休和自愿退休两种。

1. 强制退休

强制退休又称为“应当退休”，是指公务员达到法定的退休年龄，或完全丧失工作能力，无论其愿意与否，由任免机关依法命令其办理退休手续，离开工作岗位，并享受相应的退休待遇。强制退休，体现了公共部门人事管理的权威性和严肃性，要求符合法定年龄、工作年限，或完全丧失工作能力的公务员必须退休，令行禁止，任何人不得以任何理由拒绝退休。

2. 自愿退休

自愿退休又称为“可以提前退休”，是指公务员达到一定年龄，或具备法定的工作年限，由公务员本人主动申请退休，办理退休手续，离开工作岗位，并享受相应的退休待遇。

实践证明在公务员退休制度中，采用自愿退休与强制退休两种方式，既能够较好地体现公务员退休权利与义务相一致的原则，又有利于建立和推行我国公务员退休制度。

三、公务员退休的条件

公务员退休条件，是指公务员应当退休或可以提前退休的法定情形。公务员退休条件包括年龄、工作年限、健康状况、劳务能力等各方面。下面依两类退休情况具体分析公务员的退休条件。

1. 公务员应当退休的条件

我国《公务员法》规定公务员应当退休的条件有两种:

一是年龄条件,公务员年满国家规定的年龄;二是身体条件,即完全丧失工作能力。凡是符合这两种条件之一的公务员,应当退休,并享受规定的退休待遇。公务员制度中关于"应当退休"的规定意味着符合条件的人员必须退休,没有选择的余地。

2. 公务员提前退休的条件

可以提前退休的条件可分为工龄、年龄、辅助条件3种。

《公务员法》第八十八条规定:"公务员符合下列条件之一的,本人自愿提出申请,经任免机关批准,可以提前退休。"

其一,工作年限满30年的;

其二,距国家规定的退休年龄不足5年,且工作年限满20年的;

其三,符合国家规定的可以提前退休的其他情形的。符合国家规定的可以提前退休的其他情形主要有:一是在高度危险、接触有毒有害物质等职位任职的公务员,因为工作环境对公务员的身体健康有明显的损害,可以赋予比其他公务员更为优惠的提前退休条件。二是在机构改革和机构调整中,需要缩减人员编制,为了便于人员分流,亦可适当放宽提前退休条件。但是,退休条件关系到千千万万公务员的利益,必须由国家法律、行政法规或者中央公务员主管部门作出规定,其他部门和单位无权改变国家规定的退休条件。

四、公务员退休的待遇

1. 确定公务员退休待遇的原则

公务员是行使行政权力、执行国家公务的公职人员,其身份和职业的特殊性决定了在确定公务员退休待遇时必须遵循以下原则。

(1) 国家保障原则。

公务员地位的特殊性、工作岗位的神圣性和任务的重要性,决定了他们在职时的工资福利由国家财政负担,他们退休后的退休待遇由国家法律来保障,任何单位和个人都不能以任何形式扣减或拖欠退休公务员的退休金,也不能以任何借口降低国家规定的其他退休待遇。实行法律保障原则,有利于保证退休公务员的合法权益不受侵害，有利于保障公务员退休后的政治待遇与生活待遇等得以顺利实施。

(2) 退休待遇与社会发展水平相适应原则。

退休公务员在过去几十年中为国家和公众利益，为国民经济和社会发展作出了重大贡献，今天经济与社会的发展与他们过去的积累贡献密不可分，他们理应分享经济社会发展所带来的成果。为此，要建立正常的、科学的公务员退休待遇调节机制，分享社会发展成果，使退休公务员的待遇与社会发展水平相适应。

(3) 退休金免税原则。

退休金与工资存在本质差别：退休金不是工资，而是福利，按照国际惯例，福利收入是不缴纳个人所得税的。退休金免税原则也体现了国家对曾为国家和社会作出贡献的退休公务员的关爱和照顾。

2. 公务员的退休待遇

公务员退休的待遇主要包括政治待遇、退休金待遇和其他待遇。

(1) 政治待遇。

政治待遇是指退休公务员的社会地位、政治地位和享有的各种政治权力。如阅读机密文件、听重要报告、看必要的学习材料、参加党和国家组织的有关会议，为加强和改善党的领导、改善政府行政工作、提高工作效率作出贡献，等等。

(2) 退休金待遇。

退休金待遇也称退休费、养老保险金等，是由国家规定发给退休公务员的生活经费，也是退休公务员享受物质待遇的基本部分。根据公务员退休待遇“国家保障原则”，退休金由国家财政支付。公务员退休金发放的“累积贡献”所参照的指标就是公务员在职时的工资。在职工资是坚持按劳分配的，付出的劳动越多，则对社会的贡献越大，工资就越高，反之亦然。

(3) 其他待遇。

公务员退休后除享有政治待遇和退休金待遇外，还享有其他待遇。其他待遇主要包括以下部分：

① 在职时享受的地区津贴、公费医疗部分、住房标准和房租补贴、取暖补贴等，退休后继续享用。

② 对因公致残的公务员，除发给基本退休金外，另发给因工伤残保险金。其中生活不能自理、饮食起居需要人扶助的，每月发给一定数额的护理费。

③ 公务员退休后，其住房标准按同级在职公务员的标准执行。

④ 退休公务员去世后，丧事处理、丧葬补助费和供养直系亲属抚恤金，与在职公务员去世后一样对待。其遗属生活有困难的，按照国家有关规定给予补助。

⑤ 对获得部级以上荣誉称号、有特殊贡献的老专家，长期在青海、西藏及“三级”等艰苦地区工作的公务员，退休金可以在一般标准的基础上，区分不同情况再提高 5％～15％，但最高不得超过在职时的最高工资。

五、退休公务员的管理

退休公务员的管理，是指对已批准退休公务员的安置以及使其安度晚年并发挥余热而进行的全部工作。退休公务员的管理内容，一方面是制定有关公务员退休的政策，另一方面是办理退休手续、发放养老保险金、联系落实安置地点、组织文化娱乐活动、帮助解决生活困难、医疗保障等具体工作。

1. 退休公务员的安置

这涉及退休公务员的去向问题，必须慎重对待，一般应“就地安置”，有特殊情况的可“异地安置”。

(1) 退休公务员的安置地。

对退休公务员的安置应遵循“就地安置”原则。但有特殊情况的，可根据规定异地安置：依照国家有关规定，可以到本人或配偶原籍或配偶、子女所在地安置；如果要异地到京、津、沪、渝等特大城市的，要从严掌握；国家鼓励退休公务员到农村或中小城镇安家落户；对在边远、高原、沙漠等特别艰苦地区工作的退休公务员的安置地点，可区别不同情况予以照顾。

(2) 退休公务员的住房。

对安置到异地城市的，原单位要补助安家费。对安置到异地农村的，要给建房补助费。一句话，让异地安置的公务员住得舒服、安全。

(3) 退休公务员的接受单位。

退休公务员的原单位，要与异地安置退休公务员的接受单位事前联系好，确定该单位有能力管理好该退休公务员，并将异地安置退休公务员的户籍、医疗关系及经费关系等转换手续和接收单位交接好。

2. 退休公务员的管理方式

我国目前公务员的管理方式大体有两种。

(1) 分散式管理。

分散式管理即以退休公务员原所在单位负责为主，对退休公务员实行周全的服务。公务员退休后，由于环境的变化和地位的变化，他们有着多方面的要求和愿望，因此，退休公务员管理部门对他们的管理工作要做到家。

(2) 集中的社会化管理。

集中的社会化管理即以统一的社会保障机构负责为主，除由政府等国家机关统一进行管理外，还要发挥社会组织特别是社会保障系统的作用，由政府等国家机关专门机构管理过渡到由政府、社会、退休公务员组织三方共同管理的体制，实现退休公务员管理的社会化。

无论采用哪种管理方式，都要通过建立管理机构、建立规章制度和筹措一定资金，落实国家规定的管理内容，保障退休公务员的晚年生活。目前，我国公务员的退休管理基本上由政府和退休公务员所在单位共同负责，办理退休手续，按公务员管理权限进行；退休金由政府拨款，公务员所在单位代发。落实安置地点、解决政治生活待遇，都由公务员所在单位负责。对退休公务员的这种管理目前尚不规范，将随着社会养老保险改革的推进而逐步规范化。

本章小结

本章第一节分析了公务员辞职的含义与意义，并将辞职与自动离职、免职进行了比较，分析了辞职的条件和应遵循的程序以及相关的法律后果；第二节论述了公务员辞退的含义、条件、程序与法律后果，比较辞退与开除之间的区别；第三节在概括了公务员退休的含义与意义之后，接着论述了公务员强制退休与自愿退休两种方式及相应的退休条件和程序等内容，最后探讨了公务员的待遇和管理体制的复杂问题，建议对退休公务员实行统分结合的社会化管理体制及妥善安置、周全照料等服务机制。

关键术语

公务员辞职　免职　辞去领导职务　因公辞职　自愿辞职　引咎辞职　公务员辞退　公务员退休

复习思考题

1. 简述公务员辞去公职的程序。
2. 简述我国公务员的退休方式。
3. 公务员辞职与辞退的法律后果是什么?
4. 退休公务员的管理方式有哪些?

第十四章　公务员制度的发展趋势与展望

随着经济全球化的深入发展，全球化时代的政府治理课题成为一个全新的研究领域。面向市场经济条件下社会利益的分化，公共管理主体多元化，社会发展、稳定、协调等重大问题的挑战，肯定政府的重要作用，重视政府治理的廉洁高效，特别是国家公职人员队伍治理科学规范，已成为各国政治家与学者的共识。为了回应经济全球化对政府提出的挑战，西方国家对行政体制进行了改革，其中对国家公务员制度进行改革成为行政体制改革的重点和难点。纵观英、美、法等国的公务员制度改革，它们在精减人员、量化考核、强化公务员培训和交流、市场化定位和管理绩效化以及关注公务员道德等方面的经验可以为我国公务员制度改革提供有益借鉴。

导引案例

聘任制公务员，遇到"招人难"?

2015 年 5 月 9 日、10 日，江苏省公务员招录进入面试阶段，从参加笔试的 20 万人中胜出的近 2 万考生，竞争 5872 个职位，热度依旧。与之相比，该省试点的聘任制公务员招聘偏"冷"。去年 12 月 18 日，江苏省在医药、规划、资本运营等领域，首次公开招聘 11 名聘任制公务员，但有 9 个岗位因报考或符合条件人数不足并未开考。是岗位设限过多，待遇不够好，还是发展前景不明朗？哪些因素让聘任制公务员"遇冷"?

待遇是普通公务员的 2～3 倍，但招聘条件较高。根据《公务员法》和《聘任制公务员管理试点办法》，江苏省首先在宿迁、泰兴和省食品药品监督管理局开展试点。记者了解到，这 11 个职位大多专业性较强、需要具备特定专业技术资质或者特殊技能、经验、资历，且均为政府部门高级主管，用人单位开出的 13 万元到 30 万元的年薪，是当地其他公务员的2～3倍左右。但这些职位的招聘条件普遍较高，例如“宿迁市审计局工程审计复审主管”一职，要求“具有注册造价师职业资格、建筑工程类副高以上专业技术职称”，“担任大中型项目负责人或主审5次以上”等条件。宿迁人小张是个刚刚海归的工程类博士，他告诉记者：“据我所知，海归队伍中有不少年轻人对从事公共管理工作感兴趣，如果聘任制公务员能在一些条件上灵活一些，报名的人会更多。”

符合条件的专业人才不多，其职业选择更多元。全日制普通高校硕士研究生及以上学历学位、从事药品研发3年以上并担任过药品研发课题负责人、具有较强的综合分析和独立研究能力……这是“江苏省食品药品监督管理局泰州医药高新技术产业开发区直属分局药品注册监管主管”职务的要求。南京某中医药大学教授余刚（化名）符合资格要求，但他并没有报名。余刚告诉记者，在高校工作虽然收入没有那么高，但毕竟是一个稳定的平台，目前的环境又鼓励创新创业，因此很知足。而聘任制公务员在创业上会受到限制。13万～30万元的年薪，尽管已高于普通公务员，但余刚坦言，对于一些“达到职位标准”的人才，薪资的吸引力并不强。不少企业给他开出的薪水，都会远远超过30万元。“年轻一些、有创业冲动的学者也许会尝试聘任制公务员，通过三五年的时间积累经验和人脉。”对此，先声药业一名资深管理人员告诉记者：“符合这样高精尖要求的‘全才’不多，我们公司只有部分大的院所负责人符合条件，但聘任制公务员的薪水也只是高于一般公务员，即便是30万元，在业内也算不上高薪。”他也说，毕竟同普通公务员相比，聘任制公务员起点较高、薪水较丰，不用熬年头，企业中有从事公共管理意愿的人也许愿意尝试。

做好顶层设计增强吸引力，配套管理措施要跟上。王莉（化名）是南京一家上市公司的财务人员，她的条件符合“宿迁市京杭运河岸线资源管理委员会办公室资本运营主管”的要求，但她告诉记者：“符合资格的女同志，多数也都30岁以上了，拖家带口，举家搬迁不太现实。”家庭生活是一方面，而事业发展前景更让很多人打起了“退堂鼓”。现年45岁的陈先生在江苏省内一家设计院担任管理工作，他说：“我目前工作已经进入一个稳定发展期，如果再去一个地方重新开始，新的工作内容还要不断学习。对于我这个年纪，‘转换跑道’就会很慎重考虑。”

“试行聘任制公务员是一种制度创新，其初衷是要打破公务员的‘铁饭碗’。但由于文化、待遇、未来保障与走向等因素，聘任制公务员在一些地方招不到适合的人才。”江苏省社科院社会政策研究所副所长张超认为，“与专业领域相比，聘任制公务员待遇低对人才缺乏吸引力，一旦待遇过高又影响现有普通公务员的积极性，如何平衡处理有待进一步探索。此外，在现有公务员管理制度框架下，聘任制公务员的进入与退出制度还有待进一步完善。”

资料来源：见 http://www.chinagwy.org/html/gdzk/zhejiang/201505/69_101494.html(《人民日报》2015 年 5 月 14 日)

思考分析：公务员试行聘任制预示着我国公务员制度未来改革的方向是什么？

第一节　当代西方各国的公务员制度改革

随着信息化和全球化时代的来临，人们对传统公务员制度以及官僚体制普遍感到不满，这成为 20 世纪最后 20 年西方政府改革以及公务员制度改革的一个诱因。财政压力是西方国家行政改革的最初原动力，经济信息化是西方国家行政改革的内在推动力，经济全球化是西方国家行政改革的外在压力。这三大经济推动力交互作用推动了当代西方国家行政改革。而西方公务员制度在长期发展演变中积累的矛盾导致了一些“制度疲劳”，管理权限集中于中央人事管理机构，造成“管人与管事脱节”；职位分类制度过于复杂，带来了僵化烦琐；终身雇佣制度保证了公务员“非因法定事由、非经法定程序，不被免职、降职、辞退”，但降低了政府人力资源开发的灵活性；对公务员规制过度，“为了监督 5%的坏人，结果遏制了 95%的好人的创造性”等，这些成了公务员制度改革的直接动因。

正如英格拉姆所说：“当政治家和公民要求规模更小、行动更迅速、更灵活和更负责任的公共组织时，公务员(制度)和公共管理体制已经在各种层次上成为改革的目标。”①桑德斯说：“行政改革的浪潮席卷全球，其中一个共同的方面是对公务员制度的改革。因为它已成为官僚化墨守成规和信誉扫地传统的化身。”②显然，公务员制度改革成了西方政府改革的一个核心或焦点。

公务员制度改革最快的第一组国家有新西兰、澳大利亚、英国、瑞士、瑞典；处于中间状态第二组国家有：丹麦、挪威、芬兰、加拿大、美国、韩国；步子稍慢的第三组国家有：日本、法国、德国、波兰等。③

一、英国公务员制度的最新改革④

英国从20世纪80年代撒切尔政府到21世纪初布莱尔政府的一系列行政改革中，涉及许多公务员制度改革项目。英国公务员制度改革的重点是提高管理成本意识、压缩规模和层次、改进工作效率、实行分权及权力下放、关注“核心”事务及产出和结果等。例如，在实行分权及权力下放方面，公务员管理的许多权力，从财政部和内阁办公厅转移到了各部门，从各部门转移到了承担职责的机构，从人事部门和高层管理者转移到了基层管理者。

布莱尔政府上台后，立即践行竞选承诺，发起了“政府现代化”的行政改革运动，进一步加速公务员制度的改革。为响应政府现代化改革的要求，2002年布莱尔首相亲自领导和启动了“递送与改革”计划。该计划涉及向公众提供服务的每一个公务员，如福利、教育、保健和执法等部门的公务人员。该计划提出中央政府在2004～2005年的首要任务是改革公共服务以更好地满足顾客（公众）的需要。对于公众而言，这意味着可以得到对个人需求更具回应性的公共服务，以及对接受公共服务的内容、方式、地点、时间的选择；对于公务员而言，这意味着直接或者间接通过公众中的其他人、志愿者

① [美]帕特里夏·英格拉姆：《公共管理体制改革的模式》，载国家行政学院国际合作交流部：《西方国家行政改革述评》，国家行政学院出版社1998年版。

② [美]罗纳德·桑德斯：《美国的公务员队伍：是改革还是转型》，载国家行政学院国际合作交流部：《西方国家行政改革述评》，国家行政学院出版社1998年版。

③ 宋世明：《当代西方公务员制度改革与我国公务员立法》，载《理论探讨》2004年第2期。

④ 参见刘厚金：《价值维护与服务递送：英国公务员制度的最新改革》，载《中国行政管理》2006年第11期。

组织、私人部门向公众提供更好的服务。

2004年2月24日公务员制度改革会议在伦敦港区的ExCeL中心举行。此次会议评价了当时公务员制度改革的进程，设定了面向未来的变革形态，出版了题为“公务员制度改革：服务递送与价值维护”(*Civil Service Reform: Delivery and Values*)的报告。会后，政府发起了“价值维护与服务递送”的公务员制度改革运动。会议报告指出更大范围改革的目标是提高政府机构及其公务员的工作对公众的利益。为实现这一改革目标，英国中央政府机构从两个方面着手推进公务员制度的改革与转型：

首先，在改革过程中，自始至终坚决维护廉洁、公正、诚实、独立性、适应性等核心价值。公务员制度的核心价值从其建立之初沿袭至今，逐渐演进成为五条历久弥新的铁律。这也是英国公务员制度历次改革的成功经验和优良传统。

其次，提高公务员在实际工作中的成就结果和适应环境变化的能力。英国政府进一步提出了公务员制度改革的五个向度，即引进人才、更广泛的公共部门、战略思维、服务效率和信息技术。此次改革就是要致力于把这些热切的期望变成现实的绩效并且寓于公务员制度相对稳定的结构之中。

由此可见，维护核心价值与提升公务员能力两个方面在运行机制上能够相互影响、共同作用、形成合力，建构更加有绩效的公务员制度，进而在维护核心价值的基础上向公众提供更便捷的公共服务，最终实现顾客对公共部门满意度的最大化。

此次改革为实现预期战略愿景，不仅提出了维护核心价值和提升公务员能力两大机制，还精心设计了机制内的具体操作内容。这使得改革措施具有更大的可操作性，便于阶段性的绩效评估，及时修正。

二、美国公务员制度的新动向①

美国国会于1978年10月3日通过了《公务员制度改革法》，从而拉开了美国新一轮公务员制度改革和行政改革的序幕。

① 参见吴志华：《发达国家公务员制度改革及其启示》，载《国家行政学院学报》2008年第6期。

1987年秋，公民自发地成立了一个“沃尔克委员会”，该委员会对美国公务员制度进行了为期一年多的调查研究，并于1989年发表了《沃尔克报告》，就改变公众对政府工作的看法、公务员的录用与留任、公务员的教育与培训、公务员的工资与福利待遇，以及政务官和事务官的关系等问题，向政府提出了许多改革建议，从而对美国新一轮的公务员制度改革和行政改革起了推波助澜的作用。

美国联邦政府在1993年至21世纪初先后进行了两次重大的公务员制度改革。

1993年3月，克林顿总统宣布了一项为期6个月的计划，并成立了由副总统戈尔为首的一个工作组来对联邦政府的行为进行调查研究。同年9月，戈尔按时完成了这一使命，并提交了一份长达100多页的《联邦政府工作考察报告》，提出要建立一个“花钱少、效率高的政府”，从而将美国新一轮的公务员制度改革和行政改革推向了高潮。10月，克林顿总统发布行政命令，成立了由公务员工会代表和联邦政府管理部门的代表共同组成的“全国合作委员会”。该委员会的主要任务就是向总统提出有关工会与政府管理部门的关系、公务员管理等方面的立法建议。1994年1月，该委员会就实施《联邦政府工作考察报告》中的建议向克林顿总统提出了报告，建议建立公务员工会与政府管理部门的合作关系，使公务员的录用制度更具有灵活性。在1993～2000年的“重塑联邦政府”运动期间，被称为“重塑人力资源管理”的公务员制度改革推出。联邦政府的重塑人力资源管理，既是为了解决传统公务员制度中存在的种种问题，也是为了实现制度变革与发展的愿景，即形成一种“既以功绩制和公正为基础、又能够适应目前的管理需要和面向未来的公务员制度”。

继克林顿政府的8年“重塑人力资源管理”改革之后，布什政府进一步对联邦政府的公务员制度进行了后续性变革。布什政府的公务员制度变革的期望目标是推动公务员制度的现代化转型，形成一种以人力资本战略管理为特征的新型公务员制度。布什政府的公务员制度转型设定了4项战略原则：① 维护基本理念，即指维护由功绩制原则所阐述的公务员制度的基本价值；② 实行最大弹性，也就是在不危及或侵蚀制度的基本价值的同时，公务员制度的运作方式可以因机构而异；③ 利用规模效益，它是指公务员管理中采用联邦政府作为一个整体所能够产生更大效率、更大经济效益或更好效果的做法；④ 合作和协调，这是指联邦政府各机构在公务员制度转型过程中应该与各部门进行必要的合作及协调。美国联邦政府公务员制度转型的愿景是要在4项战略原则的架构内逐步形成一种体现人力资本战略管理特征的新制度。

三、其他国家公务员制度的改革[①]

其他发达国家也在新公共管理运动以及后续的行政改革中对公务员制度进行了重大改革。

1. 澳大利亚

在澳大利亚，政府早在1983年底就拟定了"改革澳大利亚公务员制度"方案，提出公务员制度的改革目标，即建立一支更有效率、更加公开、更具责任的公务员队伍。澳大利亚公务员制度改革包含4个方面的主要内容：

第一，全面实行合同制雇佣，建立高级公务员队伍；

第二，下放人事管理权力，缩减公务员队伍；

第三，扩大公务员监督范围，强化公务员监督机制；

第四，制定了《1999年公务员法》。

2. 新西兰

新西兰从1988年开始对公务员制度进行重大改革。新西兰公务员制度改革的主要内容包括：公务员由终身制改为任期制，并根据1991年颁布的《雇佣合同法》签订雇佣合同；建立负责实施公共行政项目的首席执行官制度；1997年对与职位及行政级别挂钩、按工龄逐年增长的薪酬制度进行了改革，改革后的薪酬结构由固定工资和浮动工资两块构成，浮动工资多少由工作绩效决定。

3. 日本

日本于2001年制定了《公务员制度改革大纲》。该改革大纲列出的改革内容包括：建立能力等级制度，各层级公务员职位制定以职务为依据的能

---

① 参见吴志华：《发达国家公务员制度改革及其启示》，载《国家行政学院学报》2008年第6期。

力标准及其评价体系。

(1) 实行以能力评价和绩效评价为主的考核制度；

(2) 实行反映职责、能力、绩效的薪酬制度，基本工资根据职务和能力确定，奖金等绩效薪酬由实际工作业绩决定；

(3) 健全公务员培训制度，有计划地培养有潜力的后备干部，增派公务员出国留学深造；

(4) 某些职位的任用实行公开竞聘，鼓励政府部门与企业之间进行人才交流；

(5) 建立灵活和有弹性的公务员管理机制，给予各部门更多的人事自主权。

第二节　西方各国公务员制度改革的共性特征①

近年来，西方各国掀起了行政改革浪潮，对公务员制度进行了较大改革。公务员管理制度可以分为基本制度、管理体制和运行机制三个层次。基本制度包括职业常任、两官分途等根本性的制度安排。管理体制主要指公务员管理机构、管理权限及相互关系。运行机制指公务员管理各个环节较为制度化的关系模式，包括竞争择优等机制，每种机制又有相应的具体化的制度设计。西方各国对公务员制度的三个层次都进行了改革。虽然西方各国改革有较大差异，但也有大致相同的基本方向，主要体现在以下几个方面。

一、公务员管理基本制度改革

1. 对职业常任制度的变革

职业常任制在本轮改革中面临空前的挑战，主要表现在以下几个方面：

(1) 强制性的大规模裁员。英国政府将中央公务员从 1979 年的 75.2 万人减至 1994 年的 53.3 万人。美国从 1993 年起至 2000 年联邦政府裁员

---

① 参见杨波：《当代西方公务员制度改革的基本方向》，载《云南行政学院学报》2004 年第 4 期。

27 万余人。法国近 10 年来中央公务员精简近 20 万人。德国从统一至 2003 年，裁减公务员 100 万余名。日本近 20 多年来进行了 8 次行政改革，削减公务员近 30 万人，每年员额精减率为 5％。澳大利亚从 1990 至 1997 年，各级公务员总数减少 25.7 万人。

（2）合同制特别是短期合同制的推行。英国梅杰政府于 1996 年 4 月进行大幅度改革：所有公务员都要与政府签订目标管理合同书，公务员不再是终身制。在澳大利亚，1997 年 5 月，公务员委员会颁布了合同协议的指导性政策，除 15％的老公务员是固定制的，其他均实行合同制，一般公务员一年一签。新西兰 1991 年颁布了雇佣合同法，公务员也实行合同制，一般公务员一年一签，高级公务员五年一签。

（3）聘用制和临时人力资源。在过去的 10 年中，7 个工业化国家有 6 个国家公职部门临时性岗位增长，快于固定岗位增长，增长率一般为 10％～20％，有的国家为 30％～40％。美国实行考绩制的常任雇员，比例由 20 世纪 30 年代的 87.9％下降为 2000 年的 55.5％。澳大利亚 1989～1991 年间，联邦政府部门非全日制工作增加了 104.1％。近年来，连一贯强调终身制的日本使用临时工也有大幅增长，1992 年临时职工已占日本公务员总数的 11.9％，并持续增长。根据欧洲统计中心劳动力调查，德国非正规录用的人员，从 1985 年至 1995 年增长了 12.6％。而且，德国地方政府非常任人力是常任公务员的 6 倍。

2. 对两官分途制度的变革

（1）政务官在改革中加强对公务员的政治控制。政治家对公务员体制脱离政治领导和缺乏责任心提出了明确批评。撒切尔政府重建政治权威，强化了对雇员工会的权威；压抑一些对改革的怀疑主义者（权高望重的高级公务员也难幸免）；部分地重构了公务员队伍管理，加强政治控制；在数目日增的半自治非政府组织中任命政治上的朋友。荷兰强调政治优先和民主控制，德国、法国、西班牙等多数国家也在改革中加强了对公务员的政治控制。

（2）加强对高级公务员的管理，提高其对政治的响应性。在任用上，政治家拥有较大的自主权任命大量高级公务员，特别是任命和自己政治观点相同的人。在管理上的一个主要特点是，对失去了公务员体制许多传统保护的高级公务员实行合同制。他们的工作绩效经常由政治性的部长和主管来评估，为了获得奖励，他们必须积极响应政治领导人的政策。

(3) 公务员更多地参与决策，介入政策制定。每届政府新任命的部长，不熟悉也不可能很快了解本部门情况，而很多问题又需要迅速决策；而且事务官与政务官观点不同时，会以各种借口或技术问题，影响甚至改变政务官的决心。这两种情况下事务官都参与甚至可能主导了决策。而在理论方面，盖·彼得斯在《政府管理与公共服务的新思维》中总结出的四种新型政府管理模式都不同程度地涉及公务员对决策和政策制定的介入。

(4) 公务员的政治权利在日益扩大。美国国会以政治中立使公务员成为政治上的二等公民为由，两次通过了公务员政治权利法案。尤其是公务员工会有更多的政治权力。近年来，许多国家放宽了公务员结社和与政府谈判的限制，但谈判权力多限于工资和工作条件等方面。美国1994年成立了“国家合作伙伴关系委员会”，允许和鼓励公职部门及其职工就公务员制度改革、工资、劳动争议、工会权力等问题进行谈判。英、澳、荷、葡等国政府表示允许与公务员工会谈判。公务员工会力量不断增强，工会之间联系也日益增多，工会可以就公务员结社、劳动合同等问题广泛磋商并负责与政府谈判。

3. 职位分类制度与品位分类制度交叉融合

西方各国在公务员制度改革中，出现了不同公务员制度与模式相互融合、辩证互补的趋势，主要体现在职位分类制度与品位分类制度交叉融合、功绩工资制与年资工资制互相补充、通才模式与专才模式取长补短等方面。西方各国模式互补，公务员制度日渐趋同，形成了折中式的分类制度。如以英国为典型的通才型公务员模式和以美国为典型的专才型公务员模式有各自的优缺点。当科技发展日益精密化、专门化时，行政管理的专业性增强，英国的通才模式暴露出严重弊端；然而，当科技发展出现交叉、整合的趋势时，美国的专才型模式也显露出其缺陷。与科技发展的专业化、整合化两种趋势相适应，英、美两国为典型的两种公务员模式正沿着互补化方向发展。

美国过于强调专才作用，导致了职位分类细化程度过高等一系列问题。加利福尼亚州政府公务员拥有大约4500个类别，其中600个类别只有5位甚至更少的雇员。职位定义过于狭窄不仅使得公务员画地为牢，缺乏必要的业务沟通和工作协调，还压制了公务员的积极性和创造性。为了解决这一问题，美国于1986年通过了公务员制度简化法案。20世纪90年代后，美国政府推行了一系列改革措施以更好地贯彻这一法案。其中最为突出的一点是在职位分类上，变细划分为粗划分。本着宜粗不宜细的原则，由原来强调职位的区别转为重视职位的相似，把性质相近的职位进行合并。这样既减少了职位，降低了成本，又方便了职位的交流和人员的变动，增强了机构的活力。

4. 放松规制

效率成为公务员制度改革的中心目标，规制变成次要方面，而且被认为是妨碍效率提升的因素而遭到批评。放松规制成为西方许多国家的改革措施，其中以美国较为典型。在理论上，许多学者对过度规制提出严厉的批评。奥斯本和盖布勒提出的十项革新措施中，至少有两项直接针对规制，要求建立"有使命感的政府"和"讲究效果的政府"，改变照章办事。罗纳德·桑德斯认为，美国联邦政府已陷于官僚规则的泥潭，功能失调，不能满足公众对政府绩效的需要和应付挑战。他主张改革"规则优化"战略，建立以结果为本的公务员制度。

在实践中，继1978年《公务员制度改革法》之后的几次改革试验后，1993年9月戈尔领导下的"国家绩效评论"(NPR)发表了名为《从繁文缛节到结果为本——创造一个工作更好而花费更少的政府》的报告。报告认为，政府的繁文缛节窒息了公务员的创造力，一个有效的企业家政府将抛弃繁文缛节，简化预算和人事审批程序，变循规蹈矩的体制为追求产出的体制。因此，政府应废除一万页的《联邦人事手册》；简化分类体制和辞退体制；授权给雇员，使其对结果负责；废除其他规制。1993年，国会通过《政府绩效与结果法》，开始了"战略性规划设计"，逐步建立"以结果为本"的新模式。

这项改革已在克林顿政府的改革中执行并取得初步成效。其他西方国家也同样面临着公务员管理程序烦琐、制度复杂的弊端。所以放松规制这一措施已成为各国公务员制度改革的共同趋势。

二、公务员管理体制改革

1. 人事管理机构从统一走向分设，职能分化

加拿大原来由单一的文官委员会掌握人事管理权力，后来议会通过法

律将人事管理机构分为财政委员会、公务员委员会和公务员关系委员会。财政委员会负责制定人事政策;公务员委员会负责执行政策;而公务员关系委员会则是“准司法”机构,其职能类似于美国的联邦劳雇关系局和英国的惠特利委员会。

1978 年美国公务员改革的一项重要措施就是建立新的人事管理机构。① 撤销文官委员会,成立美国人事管理总署,由美国总统直接领导,向领导人提供咨询并管理联邦政府工作人员。② 成立功绩制保护委员会,监督联邦政府的人事制度,保证功绩制的实施。③ 成立联邦劳雇关系局,制定联邦政府机构内关于劳工管理关系的改革,并负责监督公职人员工会的建立、选举,听取公职人员的申诉,受理仲裁案件中任何一方当事人对仲裁提出的异议。

近年来,英国政府的下一步行动计划、公民宪章、《公务员白皮书:延续与变革》、1995 年颁布并在 1996 年加以修正的公务员枢密院令等,均对现行公务员体制造成了前所未有的冲击。英国公务员主管机构形态已脱离集权式,完全朝向分权式、民主式及授权式方向发展。1981 年,公务员主管机关分别为财政部及隶属于内阁办公室之管理及人事局。前者后接管与公务员各有关事项。后者于裁撤公务员部后改设,承接大部分原公务员部业务。1993 年,公务员主管机关分别为财政部及隶属于内阁办公室的公共服务及科学办公室。前者负责财政性的人事事宜,后者负责非财政性的人事管理计划等事宜。1995 年以后,公务员主管机关为各部及隶属于内阁办公室的公共服务及科学办公室,而且公务员枢密院令将原属财政部所管辖的人事事项移转给各部部长。

2. 人事管理权力从集中到下放

由上述英国公务员主管机构调整及其职能变化可见,政府除了高级公务员任命须获得公务员委员会同意外,其余所有公务员的考选、培训、待遇、福利、升迁等人事、财政均授权各部负责。各部间的公务员等级、待遇等均不相同,完全授权给部长。

美国法律规定:“中央人事部门可以把自己的某些权力委托或下放给各部门的人事机构。”在美国的行政部门中,“局”是政府中最基本的雇佣和资金开支单位。政府向其布置工作任务,并根据人事配备、平均级别和财政预算权力情况拨发资金。每个局都有人事管理机构。联邦人事部门负责制定总的人事管理方面的原则、方针、政策并行使监督权，而大政方针的贯彻执行则委托各局和办事机构负责。另外，法律还允许各部门进行某种管理方面的试验，寻找最佳方案。美国呈现了各式各样的人事制度并存的局面。

澳大利亚于1996年颁布了《工作场所关系法》，其基础原则是使雇员与雇主之间进行更直接有效的协商确定劳资关系，使雇员拥有更大的选择权。与此一致，政府给各部门领导人以更大的人事权。1997年10月，澳大利亚实施公务员新的等级标准，对高级公务员以下用新的8个等级代替原先的13等81级，给各用人部门以更大的灵活性和自主权。澳大利亚公务员委员会原有工作人员800人，现在与功绩制保护委员会合并后只有170人。

3. 公务员管理机构由原来的微观管理转变为现在的政策监督，职能发生了根本性变化

英国1995年发布枢密院令，提高公务员委员会的地位和作用，强化其对各部的监督以确保各部确实依据其所颁布的公务员遴选规则来选拔人员。如制定的《公务员录用规范》及《高级公务员录用指导规范》作为各部考选公务员的准绳，具有强制性，不得违背。同时英国赋予公务员委员会受理公务员申诉的调查及裁定权，以保护公务员的权益。在美国，联邦政府与各部门的关系也有了很大变化。在人员规划方面，旧模式是由联邦政府按机构的人员编制规定，而在新模式下联邦政府只规定各部门的目标和使命，各部门自主决定雇多少人。旧制度下，中央有一个考试机构，统一制定规则、出题、考试，对人员素质要求是千篇一律、标准化的；新模式是允许机构根据自己的需要去发展自己的录用程序、标准等等。

4. 公务员管理机构及管理职能的民营化

1991年，英国枢密院颁发两个命令，一是内政公务员枢密院令，一是外交公务员枢密院令，将各部部长公务员任命权扩张：可任命所属机关95%的公务员。同时，公务员委员会组织及功能又被缩减，主要原因是下列两单位的成立：一是隶属于内阁办公厅的公务员委员会办公室，其成立目的是因公务员委员会是委员会组织形态，需要成立上述办公室来协助公务员委员会工作；二是成立录用和评价服务机构，也隶属于内阁办公厅。但是，1996年10月录用和评价服务机构改为民营，由Capita集团公司收购而去。人员的

考录及评价属技术性很强的工作，由专家而非官员去做更适宜于选才用才的需要。同时，商业化能够排除各种干扰，保证这项工作的客观性、公正性。

5. 执行机构公务员管理的自主化

西方各国出现了把政策制定与日常管理运作分开的趋势，创设负责日常管理的半自治性执行机构。这些执行机构在政策确定的目标和绩效指标的框架内拥有较大的自治权。英、荷、丹、加等国不同程度地扩大了执行局的数量和公务员队伍。其中，英国在1995年，100多个执行机构雇用了近70%的公务员，并宣布将把90%的公务员转到执行机构。这些执行机构实行经理负责制，经理职位向社会开放，竞争录用，人事管理更加自主。

三、公务员管理运行机制创新

1. 改进竞争择优机制

改进竞争择优机制，重点是对考录制度进行改革。一是变集权为分权。政府在可行的程度内，尽量下放人事权，使一线管理者有更大的权力。二是推销政府，吸引人才。政府人事部门在劳动力市场上，像私营部门一样投入相当的努力推销和宣传自己，使政府形象深入求职者心中。三是简化录用程序。1994年，克林顿总统签署文件，取消了长达1万页的联邦人事管理手册，简化了录用程序，也使录用工作更趋规范化。四是录用方式多样化。打破统一的标准考试；改进面试方式；缩小笔试范围，考录形式日趋多样，更重视实际效果。1990年，在美国进入到职业公务员队伍的只有15%是经过标准化考试的，85%的公务员则是通过其他方式来录用。五是扩大招考范围。英国1993年属于资深开放级职位的甄选约有20%开放供外界人士竞争。1994年对外开放竞争职位提高到30%，1995年甚至将国家统计局以及就业部常务次长职位向社会公开招考。1995年4月获得任命的113位执行机构的行政首长中，有71位是通过竞争获得任命的，而且其中多达35位来自外界非公务员部门。

2. 强化更新发展机制

公务员的更新和发展机制除了择优录用外，主要包括培训和交流制度。

(1) 强化培训，提高公务员素质。第二次世界大战后，各国公务员培训出现了变一次教育为终身教育的趋势，培训机构出现多元化趋势，培训方式与内容日益丰富，使培训制度更加完善。日本目前每年培训公务员约占总数的1/5，美国的公务员培训率则达到每年1/3。法国推行以就职前的入门培训为主的方针，入门培训约占全国公务员培训的70%。一些国家在公务员培训中，还制定了相关的能力标准。1994年，美国政府将不同层次甚至不同部门工作人员需要的工作能力开列出了一份清单，作为公务员培训和自我提高的指南。英国90年代初将高级公务员的培训定位于能力本位，并订立了统一的能力标准。

(2) 扩大交流。为克服职务常任造成的公务员管理的封闭性，各国普遍加强了公务员的交流。而交流的渠道主要有3种：政府内部同级公务员的横向流动、不同级公务员在保留原职级基础上的纵向流动、政府同外部企业部门高级管理人员之间的流动。在加强公务员交流方面，日本的改革较为突出。强调效忠精神和采用雇佣制的人事管理特点，对于日本二战后的经济起飞发挥了重要作用，但这一制度背后也隐藏着很大的缺陷。于是日本及时改革，采取了轮换工作法，定期改变公务员的工作岗位，一般在3～4年内就让公务员交流一次。

3. 完善激励保障机制

(1) 改革传统的等级制工资结构，实行以绩效工资为主要形式的灵活工资制度。在美国，1990年联邦政府颁布了《联邦雇员工资持平法》，要求对政府雇员的工资进行调整。由于工资水平的提高，政府部门在劳动力市场上提高了竞争力。在此基础上，美国政府以绩效工资制取代传统工资发放模式。绩效工资制改变了以往不同级别的公务员工资固定化并依年资自动增长的做法。新的工资结构中增加了绩效工资这一内容，能否得到这部分报酬及得到多少都要依据其业绩表现而定。到目前为止，半数以上的州政府对本州公务员实施了绩效工资制。英国1989年以来建立绩效工资，绩效评估的结果不一样，工资数量也不一样。澳大利亚取消等级工资制，根据市场机制和谈判确定工资水平。新西兰采取了与私营部门通用的谈判方式确定公务员工资的制度。北欧四国都改等级工资制为与绩效挂钩的灵活工资制度。

(2) 加强功绩保护。澳、新两国注意加强公务员的功绩保护，保护公务员在晋升、奖励、惩戒、降职、解职等方面的申诉权，由功绩保护与监督机构受理公务员的申诉。澳大利亚功绩保护检查委员会是根据 1984 年澳大利亚《政府雇员功绩保护法》设立的独立行政管理检查机构。委员会主席及其他成员由总督任命。每受理一个申诉，就成立一个三人委员会，由功绩保护机构出一名主席，单位出一名，另一名由工会出，进行调查寻求解决公务员申诉的办法，一般经他们解决的在法律上生效，单位必须服从。

4. 加强廉政监控机制

为提升道德标准，取得公众对政府和公务员的信任，遏制腐败行为，各国对公务员的道德水平提出了新的更高的要求。加强廉政监控机制的措施包括：① 坚持不懈反思伦理价值。特里·库珀等行政学家和伦理学家对行政伦理进行了大量深入研究。② 纷纷建立专门道德管理机构。日本在国家人事院建立"国家公共事业道德委员会"，负责有关涉及公职人员道德的事务。③ 普遍运用组织制度和伦理准则。④ 持久开展伦理道德训练。⑤ 完善道德净化机制，如财产公开和举报机制。⑥ 全面提升公共伦理基础，如培育良好的公民文化。

其中，行政伦理法制化是一个重要趋势。1978 年，美国国会通过了《政府道德法案》，1993 年美国又颁布了《美国行政部门雇员道德行为准则》。加拿大于 1994 年颁布《加拿大公务员利益冲突与离职后行为法》。墨西哥又紧随其后制定了《公务员职责法》。法、德、英、荷、挪、芬等许多发达国家都先后颁布了类似的道德法典。1998 年，联合国经济合作与发展组织发布的《公共服务道德管理原则》建议书中提出，为推进公共服务中的道德行为，成员国需要采取行动，确保体制和制度的良好运行。经济合作与发展组织(OECD)建议，应该给担任公职的公务人员提供明确的道德规则和指南。日本于 2001 年 4 月实施了《国家公共事业道德法》。

5. 引进市场机制

公务员管理的运行机制中逐步引入市场机制。其实质是将价格机制和成本-效益原则引入到公务员管理体系中来。

(1) 加强绩效评估，注重经济效益和效率。英国在医疗、科学、教育、环境等广泛的服务领域进行评估，出现"审计爆炸"的情况。英国已成为以经济效益和效率为标准，监督政府政策与管理的"评估性国家"。在美国，联邦政府和州政府较为普遍地实行绩效评估、全面质量管理。它旨在改变忽视效果的传统目标管理制度，强调以顾客服务为目标取向，以公众的满意程度为评估绩效的主要标准，从而形成重工作结果而不是工作过程的、低投入、高效率的工作机制。在新西兰，绩效评估主要用来评价高级公务员工作业绩，评估工作由相对独立的国家机构委员会承担，评估结果对高级公务员的任职、待遇都有重大影响。

(2) 公共服务市场化。一些公共服务为了更加适应不同公众的要求，采取了按"使用者付费"原则进行改革，如英国的公民宪章运动和竞争求质量运动，合同出租、标杆管理、经营分散化、客户竞争等都是其具体的方式。一方面，政府向专门进行公共服务提供的部分行政机构按这一原则付酬，从它们手中"购买"公共服务；另一方面，这些行政机构按这一原则向享受特定服务的公众收取服务费用。另外，市场化趋势表现在政府运行方式上引入竞争机制，建立内部市场。例如英国的代理人市场，公共服务的生产机构的经理职位向全社会开放，实行竞争，择优录用，取得了良好的效果。

总之，20 世纪末期西方公务员制度改革的涉及面之广，力度之大，是前所未有的，以至于不少学者称之为公务员制度的全面变革或转型。还有学者认为，在西方已出现所谓的"后公务员制度"①。这种转型以及改革的成效如何？温森特·怀特是这样评价英国的公务员制度改革成果的："行政改革已使公务员体制的结构、运作和精神特质深受影响，其结果是根本动摇了传统行政模式的某些主要特点。录用方式的变化以及付酬方面的谈判，不断地划分公共服务的购买者和供给者(其中许多仍是公务员)，原先占主导地位的共同价值观念的破碎等，已经影响了公务员队伍的统一性。公务员内部组织受到撼动，某些神圣不可侵犯的原则被动摇：强制性的裁员和日益增多的短期合同侵犯了职位永久性原则；公务员的匿名原则已让位于在公众面前抛头露面；以谈判确定工资以及由工作结果确立奖励代替了原来的级别一样则待遇平等；等级制已被合同制或成本制取代；任命私有组织的管理者已动摇了原有的排外原则；行政管理者的'放手'传统已受到新一代倾向于干预主义管理者的挑战；对使命的关注取代了规则和程序的敏感。公务

---

① 杨冠琼：《后文官制度的模式转换特点、模式构架及其前途》，载《社会科学战线》1998 年第 3 期。

员的精神特质也得到部分的改变:提供公共服务时的普遍和统一原则已让位于选择性和针对性;已不那么坚定地信奉马歇尔的社会权利概念;崇尚市场机制取代了对计划和公共财产的偏爱;对社会民主式的再分配也多有怀疑;以次序、成本意识和消费者权利为基础的管理主义无可辩驳地留下自己的痕迹。最后,坚定执行政府意志的热情而富有开拓精神的实干家逐步取代了怀疑主义和'但是派'。"①

然而,"改革的举措已经导致了许多问题,并且可能导致更多的问题。许多问题植根于问题重重且自相矛盾的改革理论前提之中,而另一些问题则是非预期的后果"②。怀特列出的主要问题有:一是协调问题因执行机构林立而日益突出,对政策执行控制不力的问题日益加剧,因而没有实现将政策制定与管理以及政策执行分离的设想,提高了执行成本。二是绩效评估问题成堆:政府想来一次"国家总退却",却引来对自治部门的更多的国家干预;想设立"客观的"绩效指标,却难以摆脱政治或意识形态的影响而保持中立,即使把绩效评估建立在"3E"(效率、效益和经济)基础上仍无济于事,因为三者都承载价值且往往相互矛盾,评估绩效往往因人而异;评估不仅发现浪费,而且发现需求,这意味着增加成本,公共开支因改革举措而被迫提高。此外,官员士气低落、缺乏动力也导致成本增加。三是公共责任方面的问题。这一问题既产生于半自治性的非政府组织的急剧增长并取代公共组织,也产生于部长与执行机构之间的模糊关系——在实践中,部长们坦然接受因执行机构运转良好而带来的赞扬,而把政策失效的责任推到执行机构领导身上。四是决策与运作管理之间的界线划分具有太多的人为因素。大量的证据表明,一些部长不停地干预部里的日常运作,甚至对一些细枝末节的事情也不放过。实际上把政策制定与管理以及实际执行分开,这可能是根本性错误,因为这种分离可能导致扭曲的政策执行或有缺陷的政策执行或两者同时出现。

英格拉姆立足于美国的情况,论及了西方公务员制度改革存在的一些

---

① [英]温森特·怀特:《欧洲的公共行政现代化:英国的个案分析》,载国家行政学院国际合作交流部:《西方国家行政改革述评》,国家行政学院出版社 1998 年版。

② [英]温森特·怀特:《欧洲的公共行政现代化:英国的个案分析》,载国家行政学院国际合作交流部:《西方国家行政改革述评》,国家行政学院出版社 1998 年版。

主要问题，如各国的改革没有对公务员体制及结构的现实给以足够的注意和关心，只涉及复杂而僵化的公务员结构的表层，常常不涉及人员录用、分类和工资等实质性的内容；许多改革措施旨在增加公务员的灵活性和自主权，却与现存法规形成的僵化体制相对立；在改革过程中，各国的统治传统与强调效率和效益的管理主义传统往往不一致，它们的结合导致内部不协调以及相互冲突；改革以放松管制和增强灵活性取向，但并没有提供可以从根本上改变基本公务员体制的改革立法；管理主义的改革往往忽视了公共部门与私人部门的不同——最重要的一条是，对许多公共组织来说，效率并不是所追求的唯一目标，还存在其他目标；相似的公务员制度改革政策传播过程中往往忽视对各国面临问题的界定，忽视对国情进行系统分析；等等。①

显而易见，西方公务员制度历时 20 余年的改革已取得显著成效，也存在突出的问题。由于这种改革正在持续进行和深化之中，以及改革的成果有眼前或短期与长远之分，要对这种改革作出全面的评价为期尚早。②

第三节　我国公务员制度的改革与发展

进一步完善公务员制度对于 21 世纪的中国有着特殊的意义。为 21 世纪世界经济一体化所创设的一整套规制和原则体系体现了市场经济和价值规律的基本要求，它决定了各国政府必须按市场经济的规则运作，开放市场，促进贸易自由化。“入世”后我国经济与世界经济的接轨，必然在客观上要求我国政府及时改革不适应世界贸易组织（WTO）规则的管理制度及行为方式，建立符合 WTO 体制的运行机制与管理模式，进一步完善政府与市场和企业的关系，规范政府管理行为，提高政府管理水平。政府的管理行为及其运行机制都是与国家公务员制度息息相关的，因为一国的公务员体制决定着政府官员的内容、特点、品质、行动方向和效力。相应地，它还决定着公共组织的特质。因此，我们必须深化人事制度改革，引入竞争激励机制，

① ［美］帕特里夏·英格拉姆：《公共管理体制改革的模式》，载国家行政学院国际合作交流部：《西方国家行政改革述评》，国家行政学院出版社 1998 年版。

② 陈振明：《转变中的国家公务员制度：中西方公务员制度改革与发展的趋势及其比较》，载《厦门大学学报（哲学社会科学版）》2001 年第 2 期。

完善公务员制度的要求，建设一支廉洁、勤政、务实、高效的公务员队伍，以适应“入世”后对行政管理的要求。为此，公务员制度继续深化改革的方向应该是：一手抓制度完善，在用人环境、用人机制、监督体系上有所创新；一手抓队伍建设，努力培养造就一支高素质、专业化的公务员队伍。具体来说，围绕着这一改革目标，建立新的公务员体制模式必须考虑三个方面的问题：第一，是理念问题，即公务员在行政过程中的角色理念；第二，是管理方式问题，即以何种管理方式将公共管理部门实行优化组合；第三，是人事问题，即如何录用、激励和管理公务员。基于这三重考虑，中国公务员制度的创新必须吸纳西方国家在市场化取向下的改革举措：第一，对政府人才资源管理所制定的新的原则——功绩制、公平竞争、对公众的责任等；第二，建立在分权和非集中化基础上的以产出和结果为基础的责任机制。但这种改革不是改变制度的价值取向，而是改造其不适应新形势的运行机制，使价值取向更好地体现于新的运行机制之中。这种制度创新既是对具有中国特色的公务员特征的深化，也是对传统人事管理制度特征的突破。从这个意义上看，中国公务员的制度创新，并不是对传统体制特征的完全否定，而是在不打乱各行政机构基本运作的前提下，着眼于职能的重新划分与调整。

一、管理理念的创新：从“权力导向型”转向“市场导向型”

当今政府管理是建立在完全开放的自由市场经济的基础上的，市场化取向是其建立的基础。“消费者导向”正是市场化取向在管理理念上的显现。它是在市场化取向下以“买方市场”为中心所建立起来的管理者的新思维。所谓“消费者导向”，是指在管理理念上政府的管理将为“顾客”（国民）提供服务列为公共管理的第一需要。其在指导思想上以顾客取向和服务对象为中心，亦称“顾客主权”。具体措施包括：公共服务小规模化，打破传统划片服务的办法，从而给公民提供“用脚投票”即自由选择服务机构的机会；在公共服务机构之间引进市场竞争机制，期望“顾客主权”能形成对公共机构的压力；推行公民参与管理，定期广泛征求公民对公共服务满意程度的意见。“消费者导向”理念的提出是“以服务导向代替传统的政府中心主义”的结果。最典型的例子是英国的“公民宪章”运动，它被英国前首相约翰·梅杰称为“整个 90 年代政府政策的核心”，被认为是提高公共服务质量的有效途径。

公共管理的市场化取向在管理理念上用“消费者”取代了传统价值的“公民”概念，无疑是“政府管理文化”与“市场管理文化”在理念上的同轨。其意义不在于服务对象的名词置换，而是体现了一种新的价值认同，即政府作为“公仆”向“公民”提供服务的理念，转向市场契约下的供需理念。

“服务质量承诺”制度的推行，开辟了纠正行业不正之风、杜绝官僚主义的新途径，成为加强社会主义精神文明建设的重要载体。然而，也应看到，某些公共管理部门的“服务质量承诺”制度变成了市场支配下的商业炒作，停留在形式上而缺乏实际效果。究其原因，这正是“消费者导向”理念内在矛盾的深刻凸显。这又一次证实了学习国外的先进经验，必须结合中国国情，取其精华，弃其糟粕，因为，任何新的管理模式都是在特定的制度安排下形成的，在将这种管理模式移植于新的制度下时，必须以本制度的抗体剔除其恶的基因，使之真正融合于新制度之中。具体而言，首先，我国的“服务质量承诺”制度必须与国家公职人员“为人民服务”的理念统一在一起，“服务质量承诺”应以“为人民服务，让人民满意”为最高宗旨，才能产生持久的动力。其次，“服务质量承诺”制度应像英国“公民宪章”运动那样确立明确统一的服务标准，使之有章可循。再次，应将其纳入我国整个行政改革的框架之中，使之成为我国行政改革的有机内容之一。最后，对“服务质量承诺”建立完善的监督机制是十分必要的，尤其是建立畅通的投诉渠道，以保证服务对象直接参与监督，使作为公民的消费者能真正圆满地实现自己的权利。总之，要结合我国行政改革的进程，全面、持续而有成效地推进“服务质量承诺”制度，完成管理理念的转换；按照建设“廉洁、勤政、务实、高效”政府的要求，进一步转换职能，转变工作方式，转变工作作风，提高工作效率；积极推行政务公开，让人民群众了解办事程序和规则，接受群众监督；充分利用现代信息技术，发展电子政务，实施政府上网工程，提高办公自动化程度，适应行政公开化、透明化的要求，提高行政管理的现代化水平，提供更加高效、优质的公共服务，从而为中国在新世纪提高市场竞争力与社会承受力提供坚实的保障。

二、管理方式的创新：从“指令性管理”转向“结果预算”

在西方行政改革中，各国政府内部管理的方式是围绕着“效率战略”提出的，其侧重点是树立成本意识，提高公共管理部门内部管理的经济和效率水平。“结果预算”作为体现“效率战略”的具体方式，被认为不仅是对传统方式的改进，而且是一种新的管理体制（这种管理体制的核心就是“为结果而管理”）。结果预算的优势在于把制订计划和项目实施连为一体，从而弥补了管理环节中的漏洞。

公共部门与私人部门之间有着明显的区别。首先，公共机构大多在竞争性不强的环境下运作，尤为明显的是，公共商品和劳务是在垄断和近乎垄断的市场结构下提供的。这使公共部门缺少改进工作所必需的竞争压力。其次，公共部门没有“底线”，这种“底线”在私人部门中是工作改进的唯一或主要动力。在商业公司里，底线也通常作为员工奖金的根据。这为激励职工提供了最为直接的手段。传统的公务员没有同样的动力和奖励来提高工作质量。一些人甚至认为，由于行政事务工作的复杂性以及公务员工作的社会和政治环境，要制定行之有效的工作指标是不容易的。

“结果预算”正是在引入竞争机制的前提下，明确公务员责任“底线”的一种管理方式。所谓“结果预算”是以明确的绩效标准为前提，以结果而不是程序的正确性来评估管理绩效。就是管理将以输出为导向，而不是以输入为导向。结果预算的目标是要把行政事务从紧盯投资部门的传统金融管理观念转移到私人部门中以产出为导向的金融管理观念。“结果预算”本质上是以成本控制为核心，以资源利用和管理者个人责任为特点的内部控制机制。在理念上，它注重资金的价值，强调公共服务的针对性而不是普遍性。所以，“结果预算”不是单纯的成本收益分析的技术，而是一种内部管理合理化的方式。

“结果预算”的政府机关内部管理模式的成效在于实现了两个转变。第一，是从以规则为本到以结果为本的转变。传统的科层制管理模式最主要的特点是依赖正式的规章制度进行管理，使公共部门形成了以规则为本的服从意识：管理人员“最初为实现组织目标设计的规则采取了一种与组织目标无关的积极的价值观”。于是，评价工作人员的主要标准不是看他们的业绩和对组织目标所作的贡献，而是看他们能否严格遵守规则。彻底市场化条件下的新思维则要求在政府机关内部树立浓厚的结果意识和绩效意识。第二，是从过程控制到结果控制的转变。过程控制机制是上级对下级的控制，它着眼于过程而不是结果，即上级对下级工作过程中的每个环节和行动都进行控制。过程控制导致按命令行事的心态，工作人员唯以服从上级的命令为己任，既不对组织的成功与否承担义务，也没有追求良好结果的动机和条件。结果预算则反其道而行之。它并不看重工作过程，而是着眼于对最终结果的控制，它允许工作人员的自由发挥。结果预算作为管理方式的革新手段在西方各国的行政改革中都取得了不同程度的成功。当然，任何改革的方法都绝非尽善尽美，结果预算（包括与之相联系的成本核算与绩效指标体系）同样也遭到一些非议，认为它“将会导致忽略外部经济、社会环境的影响”。

三、管理机制的创新：在选拔和提升中推行竞争机制以确保公务员素质

为了适应新的历史条件对政府管理人才素质的要求，必须将竞争机制引入公务员队伍。我国政府在公务员管理机制的创新中注意下述环节的改进是必要的：

其一，进一步改进和完善考试录用的办法。伴随着公务员制度在我国的推行，竞争性考试已成为招聘公务员的法定办法。问题在于，过去的招聘考试偏重于文化知识的考核，偏重于以学历取人，导致被录用人员实际工作能力不一定适应现代公共管理的需要。为此，必须首先转变考核方式，将考试由重视文化知识转变为重视素质和能力，同时增加口试的比重，便于考查应试者的实际操作能力。其次，应通过一定的渠道与方式加强岗前培训，并对培训内容进行改编和发展，尤其是加强管理文化的训练，使其更具有针对性。再次，引入通过内部竞争考试晋升的机制，并使之制度化。要积极鼓励在职公务员通过内部竞争考试得到晋升，并逐步增加内部考试的录用人数。目前，西方各国都先后在公务员晋升环节中引入通过内部竞争性考试晋升的机制。例如，法国政府规定：在政府工作 5 年的人员（包括教师）都可以作为应征者，不受限制地参加内部竞争考试。最后，应考虑到对公务员的素质提出新要求，对公务员录用标准作出新的战略部署，即根据将来环境的变化，现有的某些职位可能不复存在，将被新的职位所取代，这就要求公务员必须具备开拓能力、应变能力和适应能力。在实践中录用公务员应按这三

个标准取舍,尽可能录用三种条件都具备的人员。

其二,进一步改进和完善晋升制度。晋升制度的效果直接决定了公务员的工作士气和组织效率。西方发达国家的公务员职务升迁主要是通过考绩与内部竞争考试实现的。这无疑有利于调动各级公务员工作的积极性,且体现了公平公正的原则。而我国公务员的晋升制度主要是采取组织考察、任命的运作方式,其中,主管领导的意志具有至关重要的作用。这种带有浓厚"人治"色彩的晋升制度在实际操作中已面临着愈来愈多的问题,尤其是对那些处于行政机构最低层的公务员来说,得到提升的平均概率很低。究其原因,一是缺乏法定的竞争规则,公务员的晋升不是通过客观竞争实现,而是由长官的主观意志所决定。其负面影响必然导致公务员以取得"领导信任"为要旨,而不以工作绩效为重。二是只考虑当前的工作成绩,而不考虑未来职位对能力素质的特殊要求。三是受逐级晋升原则的限制,缺乏"不拘一格降人才"的机制。四是缺乏足够的岗前培训计划,使新职位的竞争者缺乏担任新职务的必要知识储备。五是晋升中"单向"选拔限制了群众的参与,造成了选拔结果"领导满意、群众不满意"的尴尬局面。针对实际中存在的上述问题,必须对职务晋升的方法作出一系列的改进。第一,应从改革晋升评估手段着手。从制度上规定各级政府部门应采用审计与跟踪办法,对本机构内公务员系统的成果及业绩进行定期分析,根据获得的可靠数据所确定的指标值对行动结果予以衡量,以"三 E"——经济(economy)、效率(efficiency)、效益(effectiveness)为衡量工作的标准。第二,引进竞争性考试的方法,并将其与业绩考核结合起来。定期业绩考核的优秀者即自动取得了晋升的权利,再通过竞争性考试选拔确定晋升对象。竞争性考试作为一种工具,是用于检查候选人的能力(主要是其在未来履行职务所必备的能力),而不是实现晋升的目的。第三,改进选拔的方式,变"单向"选拔为"双向"选拔。除必须的考试外,还应引入群众参与机制。例如可以采取对话的方法,召集其直接上级领导和下属进行座谈,座谈应采取讨论的方式而不是鉴定的方式,来评估晋升对象的实际工作能力及潜在能力。选拔名单确定后应实行公示,征询群众意见,以便得到群众的认可。第四,建立客观、公正的评估体制。评估不能仅仅由高级别的人员进行,也不能由部门管理职员单方面进行,应建立部分外部评估体制。第五,应将晋升与培训有机地结合在一起，因为“预算职位规定及其职位再分配的工作与设计培训计划的工作之间有着天然的相互作用”。

其三，进一步改进和完善激励机制。激励机制是激发公务员工作热情的动力，完善的激励机制是公务员系统正常运转的润滑剂。中国公务员体系在激励问题上的矛盾焦点主要体现在两个方面：一是按公务员薪水的规章制度规定，同等级别的每个单位成员，其主要报酬基本相同，这一事实上的平均主义规则不利于调动公务员个体的积极性，从而影响了工作效率；二是工资外收入（包括奖金及有关津贴）制度。目前我国公务员的工资外收入在其总体收入中占有愈来愈大的权重，使其在激励机制中具有重要的地位。问题在于，当前公务员的工资外收入基本上是建立在行政等级制的基础上的。且部门与部门之间有着较大的差别，而且规则缺乏透明性与公平性。针对这两个矛盾焦点，应在公务员制度改革中采取相应的举措。首先，可通过对相同机构和同等级别实行报酬差异的原则，打破“大锅饭”和平均主义，使公务员更注重自身能力的发挥与责任感。其次，改进工资外收入的奖金制度。额外奖金收入要以任务的客观数据为依据，同时考虑每个人的工作义务和效率。考虑的出发点应当是部门之间的总体水平及每个机构的内部情况。实际上，这种针对成绩引进更大比例报酬成分的做法已开始在西方一些发达国家各行政部门推行。从推行的实践来看，它也受到了一些限制：行政工作的特殊性，工作指标的量化难度，以及某些单位对工作指标与业绩的认定所存在的主观性，都在一定程度上减弱了这一方法的价值。这就有待于我们在汲取别人长处的基础上，结合我国的实际，开发一种更好的职位和能力管理模式以及对个人事业进行更好的跟踪的方式来完善这一方法。

最后必须强调，虽然当今西方各国公共行政市场化取向的趋势是一致的，中国政府行政为了少走弯路而汲取别国运作模式中的成功经验，奉行“拿来主义”确有必要，对于后发展国家而言尤须如此，但由于各国的行政历史传统、行政现实环境以及在此基础上形成的不同行政模式决定了任何行政运作模式在不同的国家必然产生不同的功效。因而，生吞活剥别国的成功经验并照单全收，只会适得其反、南辕北辙。毕竟，“批判的武器不能代替武器的批判”，别国的先进经验不能代替本国的操作实践。总之，中国在新世纪行政改革的成功，首先需要的是中国人自己的智慧。

本章小结

本章简单介绍了经济全球化、公共治理主体多元化以及政府财政压力的背景下，以英国、美国、加拿大为代表的西方发达国家进行的公务员制度改革。英国旨在以提高公务员管理成本意识、压缩规模、改进工作效率、分权、关注产出和结果为目标的公务员制度改革，从20世纪80年代撒切尔政府延续到21世纪初布莱尔政府的一系列行政改革实践中，涉及许多公务员制度改革项目。美国国会于1978年10月3日通过了《公务员制度改革法》，拉开了美国新一轮公务员制度改革和行政改革的序幕。在各国改革实践中，虽然有较大差异，但也有大致相同的基本方向；中国公务员制度与西方公务员制度确实处于两个不同的发展阶段，但西方公务员管理中的一般原则与做法给我国公务员制度改革带来了一定的启示。

关键术语

经济全球化　改革　绩效　权力下放　竞争择优　市场机制　廉政监督

复习思考题

1. 西方各国公务员制度改革的背景是什么？
2. 英国公务员制度改革的内容有哪些？
3. 西方各国公务员制度改革有哪些共性？
4. 西方公务员制度改革对我国公务员制度改革有什么启示？

附录　国家公务员通用能力标准框架(试行)

国人部发〔2003〕48号

一、政治鉴别能力

——有相应的政治理论功底，坚持党的基本理论、基本路线、基本纲领和基本经验，认真实践“三个代表”重要思想；

——善于从政治上观察、思考和处理问题，能透过现象看本质，是非分明；

——具有一定的政治敏锐性和洞察力，正确把握时代发展要求，科学判断形势；

——贯彻执行党的路线、方针、政策。

二、依法行政能力

——有较强的法律意识、规则意识、法制观念；

——忠实遵守宪法、法律和法规，按照法定的职责权限和程序履行职责、执行公务；

——准确运用与工作相关的法律、法规和有关政策；

——依法办事，准确执法，公正执法，文明执法，不以权代法；

——敢于同违法行为做斗争，维护宪法、法律尊严。

三、公共服务能力

——牢固树立宗旨观念和服务意识，诚实为民，守信立政；

——责任心强，对工作认真负责，密切联系群众，关心群众疾苦，维护群众合法权益；

——有较强的行政成本意识,善于运用现代公共行政方法和技能,注重提高工作效益;

——乐于接受群众监督,积极采纳群众正确建议,勇于接受群众批评。

四、调查研究能力

——坚持实践第一的观点,实事求是,讲真话、写实情;

——坚持群众路线,掌握科学的调查研究方法;

——善于发现问题、分析问题,准确把握事物发展的历史、现状和产生的影响;

——积极探索事物发展的规律,预测发展的趋势,提出解决问题的建议;

——善于总结经验,发现典型,指导、推动工作。

五、学习能力

——树立终身学习观念,有良好的学风,理论联系实际,学以致用;

——学习目标明确,根据自己的知识结构和工作需要,从理论和实践两方面积累知识与经验;

——掌握科学学习方法,及时更新和掌握与工作需要相适应的知识、技能;

——拓宽学习途径,向书本学、向实践学、向他人学。

六、沟通协调能力

——有全局观念、民主作风和协作意识;

——语言文字表达条理清晰,用语流畅,重点突出;

——尊重他人,善于团结和自己意见不同的人一道工作;

——坚持原则性与灵活性相结合,营造宽松、和谐的工作氛围;

——能够建立和运用工作联系网络,有效运用各种沟通方式。

七、创新能力

——思想解放,视野开阔,与时俱进,具有创新精神和创新勇气;

——掌握创新方法、技能，培养创新思维方式；

——对新事物敏感，善于发现、扶植新生事物，总结新鲜经验；

——善于分析新情况，提出新思路，解决新问题，结合实际创造性地开展工作。

八、应对突发事件能力

——有效掌握工作相关信息，及时捕捉带有倾向性、潜在性问题，制定可行预案，并争取把问题解决于萌芽之中；

——正确认识和处理各种社会矛盾，善于协调不同利益关系；

——面对突发事件，头脑清醒，科学分析，敏锐把握事件潜在影响，密切掌握事态发展情况；

——准确判断，果断行动，整合资源，调动各种力量，有序应对突发事件。

九、心理调适能力

——事业心强，有积极、乐观、向上的精神状态和爱岗敬业的热情；

——根据形势和环境变化适时调整自己的思维和行为，保持良好的心态、情绪；

——自信心强，意志坚定，能正确对待和处理顺境与逆境、成功与失败；

——良好的心理适应性，心胸开阔，容人让人，不嫉贤妒能。

参考文献

[1] 安应民.特区服务型政府公务员行政能力建设研究[M].北京:人民出版社,2009.

[2] 巴尔扎克.公务员[M].资中筠,译.北京:人民文学出版社,1989.

[3] 白钢,姜文明.公务员职业道德培训教材[M].北京:人民日报出版社,2012.

[4] 彼得斯 B.政府未来的治理模式[M].吴爱明,夏宏图,译.北京:中国人民大学出版社,2002.

[5] 伯恩斯,等.民治政府:美国政府与政治[M].20 版.北京:中国人民大学出版社,2007.

[6] 曹沛霖,徐宗士.比较政府体制[M].上海:复旦大学出版社,1993.

[7] 陈振明.公务员制度[M].福州:福建人民出版社,2007.

[8] 德姆克.欧盟 25 国公务员制度[M].北京:国家行政学院出版社,2005.

[9] 登哈特 V,登哈特 B.新公共服务:服务,而不是掌舵[M].丁煌,译.北京:中国人民大学出版社,2004.

[10] 傅礼白.国家公务员制度概论[M].济南:山东大学出版社,2005.

[11] 龚祥瑞.文官制度[M].北京:人民出版社,1985.

[12] 何凤秋,等.公务员考核体系理论与实践[M].北京:中国人事出版社,2007.

[13] 亨利.公共行政与公共事务[M].北京:中国人民大学出版社,2002.

[14] 靖祺.国家公务员制度[M].北京:航空工业出版社,2012.

[15] 李和中.比较公务员制度[M].北京:中共中央党校出版社,2003.

[16] 李和中.国家公务员制度导论[M].北京:中国人民大学出版社,2011.

[17] 李如海.公务员制度建设[M].北京:党建读物出版社,2000.

[18] 李如海.公务员制度[M].北京:高等教育出版社,2007.

[19] 李如海. 公务员制度概论[M]. 北京:中国人民大学出版社,2014.
[20] 刘洪潮. 外国腐败之风与廉政之道[M]. 北京:新华出版社,2000.
[21] 刘厚金. 中外公务员制度概论[M]. 北京:北京大学出版社,2011.
[22] 刘嘉林. 公务员培训新方法[M]. 北京:中国人事出版社,2005.
[23] 刘文英. 日本官吏与公务员制度史[M]. 北京:北京图书馆出版社,2008.
[24] 鲁茨欧. 德国政府与政治[M]. 北京:北京大学出版社,2008.
[25] 马国泉. 美国公务员制度和道德规范[M]. 北京:清华大学出版社,1999.
[26] 帕金森 N. 官场病[M]. 陈休征,译. 北京:生活·读书·新知三联书店,1982.
[27] 任爽,石庆环. 科举制度与公务员制度[M]. 北京:商务印书馆,2001.
[28] 沈文莉. 公务员制度教程[M]. 修订版. 北京:中国经济出版社,2008.
[29] 沈文莉,古小华. 公务员制度教程[M]. 北京:中国经济出版社,2007.
[30] 辻清明. 日本官僚制研究[M]. 王仲涛,译. 北京:商务印书馆,2008.
[31] 舒放,王克良. 国家公务员制度[M]. 2 版. 北京:中国人民大学出版社,2011.
[32] 舒放,王克良. 公务员制度教程[M]. 4 版. 北京:中国人民大学出版社,2012.
[33] 宋大涵. 事业单位改革与发展[M]. 北京:中国法制出版社,2003.
[34] 宋振国,刘长敏,等. 各国廉政建设比较研究[M]. 北京:知识产权出版社,2006.
[35] 苏延林. 当代国家公务员制度的发展趋势[M]. 北京:中国人事出版社,1993.
[36] 谭功荣. 公务员制度比较研究[M]. 重庆:重庆出版社,2007.
[37] 王建新. 香港政制、公务员与廉政[M]. 北京:中国经济出版社,1995.
[38] 王伟. 公共行政伦理读本[M]. 北京:国家行政学院出版社,2005.
[39] 沃尔曼. 德国地方政府[M]. 陈伟,段德敏,译. 北京:北京大学出版社,2005.
[40] 吴春华,温志强. 中国公务员制度[M]. 天津:南开大学出版社,2008.

[41] 谢夫利兹，罗森布卢姆. 政府人事管理[M]. 彭和平，等译. 北京：中共中央党校出版社，1997.

[42] 谢庆奎，燕继荣，赵成根. 中国政府体制分析[M]. 北京：中国广播电视出版社，1998.

[43] 徐振寰，王晓初. 世界各国公务员制度比较[M]. 北京：中国人事出版社，1998.

[44] 杨海坤，李兵. 公务员法学习读本[M]. 北京：中国传媒大学出版社，2006.

[45] 杨建祥. 中国古代官德研究[M]. 上海：上海古籍出版社，2004.

[46] 杨建祥. 儒家官德论[M]. 南昌：江西人民出版社，2007.

[47] 杨士秋. 公务员制度与管理[M]. 北京：中国劳动社会保障出版社，2012.

[48] 杨士秋，王京清. 公务员考核[M]. 北京：中国人事出版社，2008.

[49] 杨士秋，王京清. 公务员录用[M]. 北京：中国人事出版社，2009.

[50] 俞可平. 当代中国政治体制丛书[M]. 兰州：兰州大学出版社，1998.

[51] 张峰. 国家公务员制度新论[M]. 北京：中国人民公安大学出版社，2006.

[52] 张荆，赵晓霞，袁娟，等. 国家行政效率之本：中日公务员制度比较研究[M]. 北京：知识产权出版社，2007.

[53] 张觉文. 现代政府与公务员制度[M]. 成都：四川人民出版社，2000.

[54] 张骏生. 中外公务员制度比较[M]. 北京：中国劳动社会保障出版社，2008.

[55] 张骏生. 中外公务员制度比较[M]. 北京：机械工业出版社，2012.

[56] 张康之. 公共行政的伦理视角[M]. 北京：中国人民大学出版社，2002.

[57] 张旭霞. 公务员制度[M]. 北京：对外经济贸易大学出版社，2006.

[58] 中共中央组织部，人力资源和社会保障部，全国人大常委会法工委，等.《中华人民共和国公务员法》教程[M]. 北京：中国人事出版社，2005.

[59] 周敏凯. 比较公务员制度[M]. 上海：复旦大学出版社，2006.

[60] 佐藤达夫. 国家公务员制度[M]. 北京：中国人事出版社，1992.

后　记

实行国家公务员制度是我国干部人事制度的一项重大改革举措，作为中国政治体制改革的重要组成部分，它对当代中国建立一支高素质的公务员队伍，提高政府工作效率，促进政治民主，建设和谐社会有着显而易见的作用。但在实施过程中，由于某种意义上我国对国家公务员制度的借鉴与运用只是一种制度模仿与移植，更由于中国传统政治文化与现代公务员制度理念的对立与冲突以及前现代社会的基本社会生态环境，中国国家公务员制度建设遇到一系列的阻碍与困难甚至出现制度变异，因此有必要从本质与内涵上对其重新审视以进一步推进中国国家公务员制度建设。

在本书撰写过程中，中国矿业大学公共管理学院的硕士研究生李欣、谢小雨、王艳、邓勇新、金妍含、穆海拜提、熊笑影以及唐晓雷、邵国美、施雪明等在校对、统稿和参考文献的梳理等方面付出了心血，在此表示感谢！本书在写作过程中，参考了国内外学者的大量学术专著与论文，对此我们表示由衷的感谢！本书的出版得到了中国矿业大学“十三五”品牌专业建设项目资金的专项资助，在此一并表示真诚的感谢！本书的出版也离不开中国矿业大学出版社的大力支持，尤其是侯明编辑为本书的顺利面世所付出辛劳，在此深深表达感谢！由于作者的水平有限，书中难免存在不足之处，敬请各位专家和读者批评指正。

主编于翡翠谷

2017 年 10 月